巴蜀史
研究丛书

四川上古史

新探

任乃强 著

四川人民出版社

图书在版编目（CIP）数据

四川上古史新探 / 任乃强著.—成都：四川人民出版社，2019.11
（巴蜀史研究丛书）
ISBN 978-7-220-10940-9

Ⅰ.①四… Ⅱ.①任… Ⅲ.①四川—地方史—上古史—研究 Ⅳ.①K297.1

中国版本图书馆CIP数据核字（2018）第183686号

SICHUAN SHANGGUSHI XINTAN

四川上古史新探

任乃强　著

策划组稿	周　颖　吴焕姣
责任编辑	吴焕姣　杨雨霏
封面设计	派客设计
版式设计	戴雨虹
责任校对	王　璐
责任印制	王　俊

出版发行	四川人民出版社（成都槐树街2号）
网　址	http://www.scpph.com
E-mail	scrmcbs@sina.com
新浪微博	@四川人民出版社
微信公众号	四川人民出版社
发行部业务电话	（028）86259624　86259453
防盗版举报电话	（028）86259624
照　排	四川胜翔数码印务设计有限公司
印　刷	成都东江印务有限公司
成品尺寸	145mm×210mm
印　张	11.75
字　数	200千
版　次	2019年11月第1版
印　次	2019年11月第1次印刷
书　号	ISBN 978-7-220-10940-9
定　价	68.00元

序

　　巴蜀史研究会（后更名为巴蜀文化研究会）成立于1979年，张秀熟先生是第一任会长，杨析综先生是第二任会长。2001年，实际承担具体工作的李有明先生力主年轻化，遂由四川大学教授罗志田继任会长。2018年再次换届，由四川大学教授徐亮工接任会长。研究会成立不久，即于1981年编辑出版了这套《巴蜀史研究丛书》，侧重秦统一以前巴蜀地区的文化、政治、经济、民族等问题。徐亮工教授以为是书亟应再版，而四川人民出版社也乐助成之，于是有了现在的新版。

　　黑格尔曾说："我们之所以是我们，乃是由于我们有历史。"正是过去工作的成果，构成我们的现在，彰显出那"共同性和永久性的成分"。他引用了赫尔德的话：过去的传"通过一切变化的因而过去了的东西，结成一条神圣的链子，把前代的创获给我们保存下来，并传给我们"；而我们必须感谢过去的传统，把传统接受过来并传承下去。还要对接受过来的遗产进行加工和改造，使它们能更为丰富地保存和传承。（黑格尔：《哲学史讲演录》，贺麟、王太庆译）

今天我们所说的传统，大体是来自人类学的词汇。从中文意思看，传统大概就是守先待后，最好还能发展提高。如黑格尔所说，"当我们去吸收它，并使它成为我们所有时，我们就使它有了某种不同于它从前所有的特性"（同上）。这套书的重印，为巴蜀文化研究的发展提供了可以入手的实体基础。作者皆一代名家，吾辈一时难以超越，唯寄望于后来者。

巴蜀文化研究会

2018年6月

目　录

上篇

羌族的迁徙与蜀族的发展

第一章
古羌人与蜀族的关系

在我所写《羌族源流考》[1]中，认为西南的大部分民族及西北各民族皆是古时康、青、藏高原上居住的羌族支派。此说主要的理由在于：

一、古时青康藏大高原的地理条件最适合于人类生存和发展，最适于原始狩猎和畜牧。这些条件，使它成为亚洲原始文化发祥的地区，成为人类生殖繁衍的地区

古康青藏大高原，包括今四川的甘孜、阿坝两个自治州、青海省和西藏自治区的全部地面；高原平均海拔4000米

---

① 《羌族源流探索》，重庆出版社，1984年。

以上，有许多山脉都是长期积雪的，平地多是草原，只少数河谷内有可耕之地。高原上空气稀薄，日晒酷烈，而平均气温却很低。这在今天看来，自然条件很差，但在原始社会的人类生活环境中，则是福地，或说是"乐土"。当原始人类（可能在百万年前，还是猿人的时候）从横断山脉的森林猎食前进，进入了这一大草原地区后，便定居下来了。定居的原因在于：第一，那里的草食兽如羊类、牛类、马类、驴类和野禽，万千成群，容易捕获与驯养，食粮丰富。第二，没有毒蛇和瘟疫，肉食的猛兽很少，居处安全。第三，百万年前，这个高原的上升还未达到现在的高度（可能比今天要低一千米），气候还不似今天寒冷，而且北面又有很多崇山峻岭拒阻北方寒潮的侵入，气候稳定，少有自然灾害（例如地震、火山、林火、山崩、大风暴与大寒潮）。第四，有丰富的石器。这是比其他许多地区①特别优越的重要条件。因为它是远古代地层风化土的残积地，地面多有石英块和巨粒黄金。石英块砸碎就是锋利的石器，黄金块用为投掷武器效果最好，且易于收回。这在原始人类看来便是再好没有的地方

---

① 例如中原黄土区和四川红盆地、长江三角洲与西北沙漠地区。

了。第五，它还有很重要的而不为今人所注意的条件，就是它有丰富的食盐。原始人类重要的嗜好品是食盐，尤其是以肉为主食的人们总是围绕着产盐的泉池、海岸生活。所以文化发祥的地点，也多是食盐供应便利之区。这个大高原内，盐池、盐泉与盐湖最多，尤其是藏北的羌塘①，至今仍是产盐极多的地方，所以它是最先形成羌族聚居的地区，中华的"羌"字，即缘其自呼之音而造的会意字。

为什么羌人能最先育成牧业文化？人类出生以后，北半球曾经出现过几个大冰期。每个冰期都要经过二万五千年左右，凡受到北极寒气影响之地，经过长期冰冻，生物会绝迹。人类虽然有火，也不能避免。只有附近热带地方的人和动植物，才能够熬过几个冰期，不会绝种。康青藏高原在北纬28°～36°之间，有重重山脉阻绝了北极寒流的影响，可能免受冰期之害。它的南侧河谷深陷，富有森林，即使冰害侵入，亦易避入森林，保存人种。所以中原的猿人，如周口店房山洞内栖息的"北京人"在第三冰期内虽很活跃，经过第四冰期的寒冻也会消亡。但居住在康青藏大草原的羌人并未消亡。他们在第

---

① 一作绛塘、绛通、羊同，时异译字不同。

四冰期内转入大高原侧的森林与草原之间，继续劳动，继续改造他们自己的身体和脑筋，改善他们自己的生活。当第四大冰期已过，他们回到旧时的乐土大草原内时，已由猿人阶段进入真人阶段了；在改进过去生活方法的基础上成功创造了高水平的牧业文化，任何其他地区的人类都不可能赶得上他。所以我说居住在这大高原上的羌族，是亚洲最早创造牧业文化的优秀民族。

二、我估计，羌族牧业文化的诞生早于中原农业文化的诞生，有几条史证：

第一，《左传》记蔡墨说"烈山氏之子曰柱，始为农耕"。这与《易·系辞》"神农氏作，斫木为耜，揉木为耒，耒耜之利，以教天下"的记载，以及诸子百家说古史上的神农氏皆合。传说中的神农氏后裔至榆罔，为黄帝轩辕氏所灭。据推算黄帝至今大概为五千年。再据《吕氏春秋》说"神农有天下十七世"。《初学记》引《帝王世纪》说"神农至榆罔凡八世，合五百三十年"。姑以烈山氏柱至榆罔为五百至一千年计，也还在六千年内。而那时的羌族的牧业文化已经发展到相当高的程度，已经由野牧牲畜发展到舍饲牲畜，并且在农耕很艰难的情况下出现了谷物品种①。我把羌族发展牧业文化的时间估计为一万至五万年，即或这样算来，中原农业的诞生，也几乎与羌族农业诞生同时。而中原农业诞生以前，并无经过牧业生产阶段的传说，这与人类生产发展的规律不合。故我认为很可能中原农业就是直接受羌族农业影响，或由羌族带动而发展起来的，所以才未经过牧业发展的阶段。

第二，我国古籍中经、史、诸子，无不说中华文化始于伏羲。说自他开始有婚姻制度，始制网罟，始养牺牲以充庖厨，始有河图洛书，始画八卦。又说他生于成纪而居邑在陈②。"成纪"，地在陇西，周秦时都还是羌戎居地，无论上古。"陈"，故邑在今河南淮阳县，属淮水支流的颍水与涡水之间的黄土丘陵地，在上古时为中原农业文化诞育区的中心，神农与成汤俱兴于这个地区。所谓伏羲氏，也许就是羌族居于陇西的一个氏族部落，他的舍饲牲畜和栽培牧草的方法，随其迁流所至传播到中原黄土区来。烈山氏之子柱，因种牧草之法而

---

① 中原麦种来自羌区，下将详述。
② 参看宋·刘恕《资治通鉴外纪》和清人胡克家注。

创造了粟这种谷物，使中原人开始粒食①，是为神农氏，从而发展成为中原的农业文化。我的设想是：中原农业文化的前期所应有的牧业阶段，是羌族在青藏高原上已经完成了的。中原所传伏羲氏这个氏族，只是把羌族牧业发展到陇西黄土区来，把进行舍饲牲畜和栽培牧草的方法传播到中原来的一个代表氏族。伏字，亦写作宓，作密（古与伏同音），作包，作庖。羲亦作牺，作戏。都是以舍饲牲畜为食物的含义。舍饲牲畜，就必然要收割和栽培牧草。栽培牧草就会发展为栽培谷物。黄土丘陵适于挖窑洞住人和圈养牛羊。黄土丘陵土质松腴，适于木耒耕种，这两个优越条件，是青藏高原所没有的。所以羌族虽已完成牧业文化，进入农耕阶段了，但限于地理条件，需要进入陇西高原才能够得到进一步的发展。他们需要进一步的发展和更进一步的发展，所以更需向东，进入渭水盆地和三河盆地②，与淮济之间的黄土丘陵地带。《后汉书·西羌传》就曾把古羌族分布到这些中原部分的历史明白叙入。我的设想也不是凿空的幻想。

---

① 原种是狗尾草，人工选种培育成为粟谷。它是中原最先育成的禾谷类作物。
② 河东、河西、河南，为三河，即黄河东转的部分。

第三，中原文化的孕育和成长，也不是在一个地区内完成的。按近世发现的旧石器遗址说，绝大部分都在青海、陇西、河套、冀北、幽燕和辽东地区。这些纬度高、海拔也相当高的草原地区，是羌人乐于徙住的地区，而不是中原民族所先已住入的地区。陇山、壶口、太行、燕山这些山脉，介于中原与草原之间，具有华羌分界线上的桥梁作用，使两者之间的居住者发生交流。所以殷墟甲骨文里，没有其他民族的专称字，而只屡见羌字①。这是已经承认羌人在当时文化较高，中原居住的人类也多与他们有交流。

更还有"神农生于姜水""黄帝长于姬水""昌意降居若水，青阳降居江水""禹生于石纽"等传说。那些地方，在当时皆为羌地。即是说：上古年代的华族祖先，与西羌的祖先不但是友好相处，而且是互通婚姻，互为君长，亲密如一家人的。羌与姜两个字，是代表性别的民族同义字。周代的"姜戎氏"，和申、许、甫、缯、齐、莒等姜姓国，都可认为是羌族华化者的后裔。即如周朝的始祖后稷弃，亦生于姜原，见于《周诗》中歌颂其祖先的《大雅·生民》篇。无论把姜原解

① 其他民族部落多加有一方字为称。称羌方的很少见，一般只称作羌。

释为一个女子，或一个氏族居住地，都可知他是羌族的血统。
又，周代人以姬姜连称，公认为一代华贵之族。其实周王族之
姓姬，自文王始（可能还是自武王或者周公开始），那只能是
因为姜姓之族互婚后，互相称用的字。羌族称周族之女为姬，
周族称羌族之女为姜。他们都是由母系氏族社会转进到父系氏
族社会还不久，是保持尊重女性习俗的一种体现。

第四，羌族保持母系氏族的社会制度最久。青藏高原地
区，直到唐代，还有"东女国"与"西女国"两个部落。陇西
地区，则到了东汉年代，还有"比铜箝"这样一个羌妇，具有
很大的号召能力，能领导羌民与汉朝廷反抗。果洛地区各部至
清代还供奉一个女王。《周诗》中的姜原是个母系氏族首领，
是无疑的。中原的华族，则从来就无母系氏族的记载。只曾
有个女娲氏的传说，皇甫谧《帝王世纪》说她"号女帝，是
为女皇"。似中华古代也知有女王之国。但那可能是指的西王
母，不是中原原有的部落。即如《帝王世纪》所说：她与伏羲
同姓风，也是"蛇身人首""代伏羲而立"。这就只可说她与
伏羲氏同是羌族的部落，都出生在神农以前，同为中原华人所
崇拜。

三、羌族驯养野兽成功早，进入农业生产亦早于中原

养羊　羊是最易捕获和最易驯养成功的动物。但中原文献并未见有驯养野羊的记载与传说。西藏虽亦没有驯养野羊的记载，但青藏高原的毛用羊种（绵羊）是双角卷曲的盘羊，与中华内地的伸角羊或无角羊种不同；而殷墟甲骨文的许多羊字都是双角盘曲，一对大眼的象形字，正是西羌羊种的形象，而不是内地羊种（咸羊）的形象。这就说明，羌族驯养野羊成功甚早，而中原的古代并未有过驯养野羊的工作，其所有的毛用羊种，只是从羌人地区传贸来的。并且这样习于高原气候的羊种，在中原养殖也未成功。大约秦汉以后中原人就改养自冀北引种的咸羊了。驯养绵羊的目的，是为了制御寒衣服。羌族驯养绵羊虽成功早，却没有剪毛的工具，所以习惯于穿羊皮（羌族剪毛纺织，是唐以来才开始有的）。中原虽很早就已有褐布（毛布为褐），却是从羌人购买羊的皮毛来剪毛纺织的。那种羊毛皮，称为"织皮"，见郑玄的《禹贡注》。这一事实也说明羌族养羊成功之早，说明中华古代的毛褐、羔裘，都是仰给于羌人的。

养牛　羌族最早驯养成功的是牦牛，是由西藏高原的野牛

驯养成的。野牛力大凶猛，群行好斗，甚难捕获，也难驯养。但原始的羌人把它捕获了，驯养了。驯善到吃苦耐劳，百依百顺，与现代的马骡相似。这一奇迹，不经过一万年以至于几万年是不可能完成的。这种牛，羌语叫"雅"（gyag），只能生活在高寒的青藏高原上。中原亦曾引种过，但未能成功，只留下一个"犂"字。其字本以牙为声，后讹为"犛"。中原养牦牛虽不成，仍重其项毛与腿毛之长美，用为车马、戈矛、旌旗装饰，大量从羌中输入，造作旄、髦等字，而称其牛为牦牛。这也可说明古代的中原，有羌人华化的，重视牦牛而不能孳养，只好购入其毛。华族亦从而爱重之，是因原来遵从羌俗之验。

中原本来驯养成功的是黄牛，那是从塞北草原引种来的，也是羌支民族驯养成功的。《易·系辞》言黄帝"服牛乘马，引重致远，以利天下"。大概黄帝时已经引种黄牛成功了，却不是驯养牦牛成功。若要说中原民族驯养野兽成功的，可能只有猫和狼犬①，猫则至今还未全驯。也有养虎的记载（《庄子》与《列子》），但未成功。

---

① 说在《羌族源流探索》。

养猛兽　这是驯养工作最难做的一部分。中原人养虎虽未成功，养虎方法的研究却是有成果的。若还继续养它几千年或几万年，也可能养得驯善。羌族人民驯养成功的獒犬，本是与狮虎相似的草原猛兽。这种驯养成功了的獒犬，曾经引种到中原，见于《尚书》①。所谓"厥獒"，即如说：他们地方特有的獒犬。故太保之训曰，"犬马非其土性不畜"。这就说明，早在西周初年，羌族已经把那种草原最凶猛的野兽驯养了。但中原的周宣王，在已克殷的两百多年后还未把中原出产的猛兽老虎驯养②。可见羌人进行驯养野兽的工作之早，可能比中原人要早几万年之久。

牲畜异种杂交　这在中原上古时，是毫无成绩的。牛就是牛，马就是马，同种才交配，优劣听其自然。羌人便不同，早就已经采用塞北的黄牛与羌地的牦牛交配，育成犏牛这个更优良的家畜来了。羌语把它叫作"犏"（近世藏语音转为卓，但有些地区牧民仍呼为犏）。这种牛，无论在乳量、肉味、毛质

---

① 《尚书·周书》："惟克商，遂通道于九夷八蛮。西旅底贡厥獒。"所言"西旅"，正是指的羌髳诸民族，即《牧誓》所谓"逖矣，西土之人"。

② 周宣王养虎，见《列子》。

和运输性能各方面都比牦牛优越，但不能传种。虽亦能交配，所传的下一代则性劣能低，变得比牦牛不如，牧人照例屠杀不养。今世康青藏牧民仍具有如此育种技能。

《礼记》这部书里，记有许多犏字，全是祭享献牲的含义。它可说明秦汉之际，羌人冬季草枯时，把年齿近衰的过剩犏牛，驮运到内地来售卖，兑换农业区的商品回去。中原华人冬季祀祖，需要献牲和燕享，既不忍多杀自己的耕牛，恰好买到这些羌人出售的犏牛来代替。这种买卖，恐怕还不是周秦年代才有的，殷墟甲骨所记羌人贸易，动辄是牛若干牢，可能已有犏牛在内了。这可说明：至迟是周代，羌人已经有犏牛这样的异种杂交育成良种的方法了。

中原的华人也有用马与驴交配育成骡子这个优良役用家畜的方法，但可能不是华人自己创造的，而是秦汉之际开始从匈奴或东胡人那里学来的。因为这个"骡"字，秦汉时原写作"蠃"，从"蠃"省，马声，从马字为义。它是匈奴地域的特产，汉时才大量作为商品输入中华的。见《盐铁论》。上古中华文籍并无此字（"蠃"字是古"螺"字。"螺"与"骡"都是隶变后的简写）。若骡子是华夏早有的，则造字就不会那样麻烦了。若果如此，则马驴杂交产生骡子的方法，也当是羌支民族在犏牛育成的启发下创造出来的了。这些事实都足以说明羌族在原始社会里其牧业文化之优越。

耕种业发展情况 整个康青藏高原是不适于农业发展的，它只有百分之二三的河原台地可以种植麦类和蔬菜。按人类生活发展前进的规律来说，总必然是由渔猎生活进而养殖家畜，再由野饲家畜进入舍饲，由种植牧草进而种植谷物。当牧业文化发展到一定高度时，自然就会向粮食生产方向前进下去。羌族住区虽不利于发展农业，他们也不能乐于停滞在牧业经济的圈子里而不图前进，到了一定的时候，也能在草原边际的一些河谷地区，选些含养分比较多的牧草籽实，进行栽培选种，提高牲畜的营养。那里野麦比较多（主要是燕麦，至今还是遍地野生的），经栽培选种若干世代后，变成籽实壮重的稞麦了。今人把它叫作"青稞"，古代羌人把它叫作"来"。今天的藏族仍叫它作Nas，这是羌族培育成功的唯一的耐寒麦种，茎叶强劲，颖谷厚，能耐霜冻；籽实与颖谷分离（不似大麦那样相粘附），色黑或青绿；麸皮厚，磨粉色黑（不似小麦粉白）。中原、漠北、西域、中亚、北欧、中欧都引种它，普遍栽培于小麦生长困难的寒冷地区，也仍是呼为"来"音（字写作Rye。即黑麦，是做黑面包的材料）。欧洲的小麦种，是否由这种黑麦改变而成，难定。中原的各个麦种，都是由这种来麦演变的，则有文字演变的证据。我国最早并无"麦"字，只有"来"字，写的形象似麦穗。《诗·周颂·思文》是周王祭祀后稷（弃）的诗，其中有"贻我来牟，帝命作育"两句。所有经师们的解释，一致认为后稷受天帝赐给的麦种叫来和牟，把它解为大麦和小麦。我的解释不同，载在《周诗新诠》和《羌族源流探索》两种专著里。这里撮要提出几个要点的补充：

来与牟，是羌族先祖培育成功的两种农作物的本称。来，就是青稞。牟，可能就是圆根萝卜，今天藏民叫作"油玛"，古代的羌民可能就叫它"牟"。它不是麦类。若还是麦类，译音造字就不会与来字迥别。"来"字是象麦穗之形，用羌语之音。"牟"字则上象圆根之形，下加"牛"字以象其声。这种特别耐寒的根菜，引种入中原后，逐步转变为萝卜。

来、牟引种到中原，在后稷之时，可依此诗确定，但中原在上古年代曾经有两个后稷。按《左传》昭公二十九年蔡墨说："烈山氏之子曰柱，为稷，自夏以上祀之。周弃亦为稷，自商以来祀之。"所谓烈山氏，即炎帝神农氏。柱，是中原最早发明农耕的人，故自黄帝到夏王朝都奉为后土、社稷、田正之神来祭祀。弃是尧时的农师。《尚书·舜典》："帝曰弃，黎民阻饥，汝后稷，播时百谷。"这个后稷是周人的祖先，也是商周两代奉祀的后土、社稷、田正之神。均可称为后稷。《周诗·大雅·生民》也是祭祀"后稷"的诗，凡八章，七十二句，称颂祖德甚详。《周颂·思文》则只有一章八句，仅当《生民》的九分之一。这都还可以说是乐章体例不同，不是分别用于祭祀两个后稷。值得注意的是《生民》诗中，举有荏菽、禾、麻、麦、瓜、瓞和黄茂、秬、秠、糜、芑等当时农作物的名称很多，是农业已经进一步发展了的写照；而《思文》篇则只提出来、牟两种从外来。而且把麦类只称为"来"，用羌人本语；《生民》则不作来而作麦字。麦字从来，显然是指的大小二麦而不是指的青稞。按文字发展的规律来说，"麦"字从"来"，便当是因"来"字演化为新种后所造的名称字。即是说来（青稞）为引种时原种，麦为中原栽培青稞后育成的新种。新种更能适应中原的风土和人的口味，一般人便不乐于再种青稞而只种大小麦，于是"麦"字通行，"来"字只用为外来之义了。若这样推断是合理的，则可定《思文》所祀的后稷，是祀烈山氏柱，即后土之神。《生民》所祀的才是周的始祖弃。诗语各指一人。柱是引种来、牟入中原栽培的，后来发展为大、小麦和萝卜。弃是推动中原农业进一步发展的农师，其时二麦已经育种成功，通行

"麦"字，"来"字已退到只作"行来之来"解了（用许慎《说文》语）。

这样考据，对判断羌族与华族农业发展时间先后很有关系。若《思文》是祀周弃的诗，则是中原农业已经发展了几百年后才从羌地引进麦种来。若还是祀烈山柱，即神农氏，则是中原农业发轫之始，已经引种到羌域的两个作物品种。即是说羌族开展粮食生产起码也比中原早几百年以至千余年。《史记·五帝本纪》说黄帝"治五气，艺五种"。即是说：他研究五方风土之宜而引进其农作之种。五种，即五方的谷物品种，亦即后世"五谷"的取义。汉儒的解释是南方为稻，西方为麦，中央为粟与麻，北方为黍，东方为菽。果如此说，则黄帝时已有西来的麦种了。这也是与周弃引种"来牟"之说不合，而只能是烈山柱引进"来"作为育种才合适。

这里所举的羊、牦牛、犏牛、獒犬四种家畜，和来、牟两种农作物的育成，不过用比较显而易见的历史事实来说明上古时代羌族生产的发展情况，来说明羌族在原始社会里的文化程度是高过中原华族的。只可惜他受到地理条件的制约，不能像中原农业文化那样发展迅速。相形之下，逐步落后，遂分离成华族与羌族的畛域来了。

四、羌族向中华内地的迁徙

羌族流动的原因　当羌族文化发展前进，人民生活要求逐步提高，对于先前所满足的环境感到不够满足时，就必然有一部分人向四面八方流动，去寻找更适合于他们生活的地方（自然也有一部分安于现状的人留下来）。

最初的流动，不能免于瞎闯。待闯到更满意的环境，便会呼朋引伴到那里定居下来。定居到又感觉不满意时，又会扩散流动。如此波浪式地不断推进，是原始人类流动不已的定式。他们不需有人引导，只是如此波动，积百千万年，就会流动到难以想象的远处。例如从热带进入寒带之远，从亚洲进入美洲之远，都是原始人类就已经做到了的，是无可怀疑的事实。原始人类是绝对没有"安土重迁"的意识与习性的。

人类"安土重迁"的意识产生于氏族社会形成以后。那是由于他们的群体组织已颇严密了，绝大多数人恋土，不愿迁徙，少数人也就不易于向外流移了。氏族集团的流动，只能有两种原因：1. 本地区的压力太大了。例如强大的氏族的压迫到了无法相处的时候（战败了，或仇怨结深了），或天灾、饥馑严重的时候。2. 新地区的吸引力大了。例如自然条件比旧地好，没有压力强大的氏族盘踞，《唐书》中所称的"西山八国"，就是逃避吐蕃的压迫，远徙到岷江上游地区来依附大唐的。《左传》中所记的"姜戎氏"，就是从瓜州迁徙到晋国来依托保护的西羌部落。也还有其他原因使个别或少数的人漂流远地的，如史传的"舜流四凶"与"泰伯入吴"之类，属于被动流放，与氏族自愿迁徙不同，但总可归为一类。

人类"安土重迁"的思想，是农业文化高度发展以后才产生的，在古代的羌族就不会有。据《后汉书·西羌传》记载，羌族进入陇西，在农业发展已到相当程度的年代，尚且流动强烈，在原始社会阶段的流动就更可想而知了。

羌族向四方流动的史实　羌族的原始居住地在西藏高原的羌塘，初步的流动范围不出于四千米以上的草地。大约经历了很多万年的时间，都只在那样的高原草地活动。到了倾向于耕种生产的时候，他们开始对高原上海拔较低的河谷感兴趣了，于是向四面八方的高原边际移进。一步一步地渐次移居，当移居到最适于农耕的地区（大约要经过一万年到十万年的时间，才会得到），又是没有民族压迫的地区，定居下来，就发展成为新的文化区。

新文化形成以后的羌支，在有了新的图腾以后，也就有其新的种号了。例如羌人进入雅鲁藏布河谷建成农业社会以后，便改称自己为"播巴"（即今之藏族），国号土蕃。其进入怒江与澜沧江上游河谷与印度河流域的，改称为"苏毗"，建成几个母系氏族型的国家（隋唐时中原称之为"女国"）。循于阗河谷进入塔里木盆地的，在沙漠边缘的诸水草地区建成一系列母系氏族部落，即古之"西王母"，唐代称之为"葱茈羌"（见《通典》）。他们自己亦有婼羌、且末、于阗、莎车、疏勒等国号（参见《史记》《汉书》之《西域传》）。逾祁连山进入河西走廊，在有人灌溉的绿洲上建成为半农半牧兼营东西商运的富裕部落，改号"月氏"，西域的善鄯、龟兹，皆其支系之国。其东进入河套地区者别号"渠搜"①，再东进者为"狄"，为"胡"，都在中华之北，所谓"塞上""朔漠"的草原地带。后世所谓匈奴、鲜卑、突厥、回纥，都有可能是他们支系子孙发展起来的别种②。

---

① 后来为匈奴所破，流迁于葱岭以外。汉武帝逐匈奴，因月氏故地置武威、张掖、酒泉、敦煌四郡，从此进入中华腹地。

② 因为那些民族的兴起地区，不可能是人类起源的地区，也不可能是避过几大冰期遗留下来的人类。

羌族东进的结果，到达江河上源地区的羌人，因为草原辽阔，绵亘甚远，可耕的土地小而闭塞，得以保持原来的氏族社会，"羌"这个名称和原有习俗亦保存最久，直至汉、魏、隋唐都自称为羌，只有氏族集团的种号，没有建成新的国家，也无新的国号。直到公元前的几个世纪（相当于春秋战国年代），才建成了陇西的义渠国和四川的蜀国，算得上是真正的羌支国的名号。但它们的寿命都相当短，因为当其进入奴隶社会，建成国家之时，已有强过于它们百十倍的中华统一政权，不容许再在中华腹地各自为政了。唯有保存氏族制度、居住在交通不便之地的羌支部落保存下来。直到今天，川滇边地区山谷中和草原上仍有其后代。由于他们都受过吐蕃的统治，接受了喇嘛教，因而大多被划为藏族。只有极少数未肯接受喇嘛教的羌支，还自称为羌或其他别称，如古宗、剌哈、普米、达布等。

第二章
羌支进入四川各地的路线

一、羌族的体质决定其所选择的路线

从森林猎食的猿人进入青藏大高原进化成为真人（Homo Sapiens），由原来不适合于高寒草地的体质，改进为适合高寒环境的体质，大约要经过几十万年。经过这样改造成功为一种特殊的体质，即后来藏族牧民的体质：皮肤致密，少汗孔，皮下脂肪层厚，色素浓，肌肉结实，肺活量大，视力远达，能耐饥寒。这样的环境锻炼出的体质，对于温暖潮湿的气候与地理环境都是适合的。对于中原黄土区的山岳地带，也勉强适合。所以羌族的迁徙区，难以南逾喜马拉雅而南入印度，却很早就进入塔里木盆地、河西走廊、内蒙古和中亚细亚部分，进入陇西高原区和河套、冀北等地区。我估计，羌人最先进入这样一些草原地区，可能已距今很多万年。

由于陇西和朔漠以至辽东，皆与中原邻接，而中原气候又比较寒燥，有半年为良好的农业生产季节，能吸引一部分要求发展农业的羌民移徙进来。他们与土著的华族杂处，共同发展农业，从而孕育中华文化。自然还有绝大部分羌民是坚守牧业生产，不愿向农业迈进的。"羌"与"华"的区别，便在这时代内逐步产生。但他们之间，是农牧分工，物资交流，和平友好，相互通婚的，初无民族畛域的观念。迨中原的农业文化不断发展前进，进入铜器时代以后，而羌地的牧业文化却停滞不前时，华与羌的区别就显著起来了。再进入铁器时代以后，羌人还停留在石器阶段，民族畛域就更显著了。中原地区的大民族主义与羌人的地方民族主义冲突起来了。其时间在西汉末期，距今约两千年。其事详著于《汉书·赵充国传》和《后汉书·西羌传》①。

由于羌族进入中原的成功，与其在羌、华共处中的相得益

---

① 有人说《易卦》"高宗伐鬼方，三年克之"的鬼方就是羌方，那是很错误的。殷代与其以前，华羌和睦相处，偶有小摩擦，都只是暂时性的，断不会有三年之久的战争。《竹书纪年》说："高宗伐鬼方，次于荆。"可见鬼方在中原之南，不在羌人入住的西北。

彰，推动了松潘草地以西诸部羌人向低暖河谷移进的兴趣，于是川边高原上的羌人也纷纷从各草原向所在河谷低处移进，发展成为许许多多的羌支部落。并且有循金沙江与雅砻江河谷进入云南高原的，也有循白龙江与汉水河谷进入鄂西高地的。蜀族，则是循岷江河谷进入四川盆地的。这些，是依据羌族发展的地理条件与中华上古传说的一些记载来作判断的。

二、羌族向四方低地迁徙的必然性

如上所述，羌族是亚洲最早创造牧业文化和进入农业生产的民族。他们的原始居住地是今西藏高原的顶部——羌塘。那是一个海拔四千米以上至五千米左右的贫瘠草原，是大陆中心的内陆湖群和盐碱地区，水草丰美的地面不多，只适于发展牧业，而不能发展农业，不能容纳过多的人口。故当羌族在羌塘地区生活发展到一定高度时，就自然会向四面八方扩散去找寻新的牧场。它的四面八方地势都比它低，盐碱地也少些，水草丰美的地方多些，对他们具有吸引力。这是原始羌族必然四面迁徙的第一点。

羌人开始离开羌塘四面迁徙的时间很早，最初迁徙的面只能是从内陆湖区的边缘，进入四周各条河流上游的草原地区，如雅鲁藏布江与印度河上源部分，于阗河、黄河、金沙江、澜沧江、怒江的上源部分和柴达木区、青海湖区诸草原。这些地区，仍是海拔四千米左右的高原顶部，绝大多数羌人在如此广阔的草原内停留几十万年之久，形成了"羌"这个部族。在这段时间内，他们的生活条件最好，文化程度最高，已经进入母系氏族社会。其中却有若干的小部落再向前推进到高原以外的地面，如喜马拉雅山脉南坡、克什米尔河谷、塔里木沙漠区的绿洲、祁连山以北的朔漠与阴山草原地带，和河湟、陇西、川边山谷地带的高山草原去了。并且以河湟、陇西及川边山地草原为桥梁逐步进入中原和四川盆地与云南高原。这种由高草原向四方低暖地区慢慢前进的流动，几十万年来一直未停。从历代正史有关民族部分的资料和当前藏缅语系各民族分布地区的史料来综合分析，是确切不疑的事实。这是第二点。

羌族中的一部分人必然要向四方低地迁徙的原因，也是由于康青藏高原缓慢上升的影响。大约在三百万年中，康青藏高原由海面上升了四千至五千米多。他们有身体能适应当时情况而愿意留下的，有感到难于适应而乐于移向低地的，一批一批地移向新地。很多年以后，新地上升，气候环境变化时，又会有人感到乐于迁徙了。如此一浪一浪地向前波动，几十万年不停，便有几支羌人进入中华腹地来了。这是第三点。

推动羌人向四方迁徙的动力还在于盐。原始羌人居住地区拥有丰富的食盐，其四周诸河的上源部分，大都仰给于它。羌人逐渐能够用自己驯养成功的牲畜运盐到那些乏盐地面去兑换土产来丰富本地区人民的生活。那些行盐的羌人，既是提高自己生活的人，也是导引其过剩人口向外流动的人。而且他们自己往往也成了领导迁民的"带头羊"。当这些迁民流动渐远，发现有另一个产盐地点时，他们就会以优胜者的身份，驱逐原来的土民，占领那个盐池附近的草原，开展新的行盐活动，从而又发展为若干个新的羌文化的分支部落，或者形成另一个羌支民族地区。例如：羌人从羌塘行盐到通天河地区①是很自然的。再东进入黄河上源部便有哈姜盐海；又从柴达木区进入青海湖附近，便有茶卡盐海。他们在这两个新发现的盐池的附近形成新的羌族核心。《后汉书·西羌传》所记先零、烧当、钟羌等氏族部落的经济中心，就在于这两个盐池②。再如，羌

① 即金沙江上源部分，大约有五百平方公里地面不产盐的优良牧场。今为青海省的玉树州地。

② 另详《西羌传地名考释》和《吐蕃传地名考释》二稿。

人从青海地区推进到河西走廊后，沿着雅布赖、吉兰泰、花马池、察罕等相距各约二三百公里内的一系列盐湖向东发展前进，次第形成我国古代所谓"月支"（雅布赖·吉兰泰区）、"渠搜"（花马池与河套区）和"北狄""东胡"等（内蒙古区）的羌支部落①。即如中原文化之所以能在河东地区勃然兴起，也与河东解池盐分不开。因为原始社会的物资交换主要是食盐和农、牧生产品与石器。其中，盐是受地理条件限制最深的，几乎成了主要的交换媒介②。羌族之所以能向川边地区与四川盆地、甘地南盆地和汉中盆地等地区移进，也与这些地区缺乏食盐很有关系。这是第四点。

人类由狩猎集团前进到畜牧社会，由畜牧经济发展为农业经济，再由农业经济发展为工商业经济，这是社会发展的过程。当羌人畜牧业发展到一定高度时，就必然会种牧草。牧草选种，就会产生蔬菜和谷物，自然逐渐就进入农业社会。是故羌人进入高原四周河谷以后，就能够作育成为来（稞麦）和牟（圆根萝卜）这样一些农作物品种。农作物无不需要较高的温度。为了追求较

①　详见《羌族源流探索》。
②　食盐在寒燥的草原地区不融化而便于携运和分剖。近代仍有些少数民族用它来当货币。

高的气温，就不能不向海拔更低的地方移进。这是羌族人民必然要向四周河谷的中下游移进的更为主要的原因。历史事实也证明，羌族从青海湖地区进入赐支河首（今青海果洛州地）与大小榆谷（今青海东部黄河与湟水流域地面）成功了。再进入陇西高原（今甘肃省的东部和南部）也成功了。更再进入渭水盆地，与三河地区（即"中原"或"华夏"的地面）也都成功了。由陇西再进入甘南盆地、汉中盆地也都成功了。由赐支河首转进入川边山谷区也都成功了。这些农业区的海拔高度都在千米左右，纬度也在北纬三十几度以上，气候与高原草地相差还不太大，他们在逐步移进中逐步改造自己身体的适应能力，并逐渐与之适应而定居下来了。再要移进到长江流域的四川盆地和两湖盆地，就有困难了。但是他们毕竟徙入了几支。那就是三苗和荆楚进入了两湖盆地，蜀族与另一些羌支民族（如青农、百濮等）进入了四川盆地。为了追求农业的高度发展，羌人毕竟进入了四川盆地。

三、羌族进入四川各地的路线与其沿途留下的痕迹

羌人进入中原的路线是以茶卡盐池为出发点，随着行盐路线前进的，已如上述。其进入四川各地区的出发点为哈姜

盐海。

哈姜盐海，位于黄河上源鄂陵、扎陵两大湖区的东侧，黄河南侧的草原上，今属青海省果洛自治州最西的玛多县①。这里的食盐行销区，从古至今都是一样，可以分为下列各地段：

如何进入玉树州的东部　今青海省玉树、称多、囊谦、杂多、治多、曲麻莱等县，从哈姜南到玉树，北至玛多渡黄河，经过一段半沮洳地的草原入青海和陇西，是吐蕃年代建成的华夏与蕃地交通的主要商道。但黄河以北一段并不行盐，因为那是茶卡行盐区。哈姜盐只销玉树，西至曲麻莱而止，南至囊谦而止。囊谦以南属昌都的察零多盐池行盐区。这两个不同的行盐区，也就是历史上两个羌支民族部落的分界线：玉树区属于"白兰"支派的分布区，昌都区属于"苏毗"支派的分布区。从羌人行盐以来直到唐代都是如此②。由此，可以说明民族文化与食盐产销的关系。因为这两区现在都不属于四川，可以不论。

---

① 1949年前属四川省的石渠县北界。原为四川松潘厅属的上俄洛土司辖地，民国时为青海马步芳军占领，解放后设玛多县，划属青海省。

② 从有关这两部分的历史记载、民间传说，和现在这两部分人民的语言、习俗进行分析，都是如此。

如何进入甘孜州的西部　自玉树、称多以下，金沙江水以东的地面，从来都只是吃哈姜盐的羌支部落。也就是从白兰羌支派分别发展起来的许多部落①。哈姜盐行销这一地区是旧石器时代开始的事。拥有这个盐池之利从而最先进入氏族社会的可能就叫作"白兰"。他们的主要根据地在今天的石渠县。从这个大草原向南行盐的干道分为东西两条。西条为金沙江与雅砻江两大水系的分水脊，即今日的祝靖、甄科、昌泰、曲登、毛垭、稻坝这一系列的草原路线。这乃是羌族牧民向南移进的跳石路线。到了牧业发展到高度以后，才各从所在地分向河谷移进寻找耕地。由于北纬30°以南，高原边缘部分的地势陡落，所有河流皆奔湍漂疾，侵蚀力强，大都深陷成为峡江，少有河原台地可耕之土。纵或有之，亦零碎分散不易联络，是故这条行盐线路，地面虽广，进入农耕年代亦久，终未能建成规模较大的国家。就中缘近金沙江的部分稍有较为开阔的山间河原，例如白玉、麻陇、巴塘、得荣、乡城、稻城、冷卡石等足以容纳数百户至千余户农民之地面，亦只能形成比较有名的土

---

① 清代划分为一百二十个土司辖区，一同隶属于打箭炉厅，称为"炉边"。民国称为"川边"，建成西康省。解放后合并于四川省，为甘孜州。

司部落。又因他们距华夏甚远，限于山谷险阻，未有交通市易与使节往来，故其部落名称鲜为华所知。

白兰之名，初见于《华阳国志》。其汶山郡云："有六夷、羌、胡、羌虏、白兰、蛕、九种之戎。"①《隋书·附国传》举出"其东北连山绵亘数千里，接于党项（按：此指巴颜喀拉山），往往有羌"的二十种羌之中，亦有"白兰"。说他们"并在深山穷谷，无大君长，其风俗略同于党项。或役属于吐谷浑，或附附国"。《新唐书·党项传》还附有白兰传云"又有白兰羌，吐蕃谓之丁零。左属党项，右与多弥接。胜兵万人，勇战斗。善作兵。俗与党项同。武德六年使者入朝。明年，以其地为维、恭二州。贞观六年与契苾数十万内属"。这些史料虽是六朝与隋唐人的记载，决不能说六朝、隋唐时才有"白兰"这个羌种。《华阳国志》汶山郡所说的"六夷""九戎"，皆谓从汶山郡外来居住的少数羌支民族。既然魏晋时已有白兰人居住到汶山郡来（可能是行盐或经商来的），那就会远在若干年前白兰已经进入氏族社会了。《隋书·附国传》指明白兰等二十羌落皆与党项隔一条山脉，显然是指的巴颜喀

---

① 《后汉书·冉駹传》作"其山有六夷、七羌、九氐"，盖缘《华阳国志》，以羌、胡、虏、蛕、白兰与冉、駹为"七羌"也。

拉山脉。我看这与古代史料和现代民族分布情形是相符合的。《新唐书》指出白兰的左侧是党项，即是今青海果洛自治州；右侧是多弥，即是今玉树自治州的通天河地区，这更说明白兰的根本要地在今石渠县（就合并邓柯后言）。尽管白兰这个羌支民族在此育成已久，人民流徙已远，远到汶山郡（今岷江上游地区）了，它的本部（祖源所在地）仍自凝聚未变。正如华族由中原虽已移居到江南、岭南，以至于海外去了，而中原仍是华族住居的源地，不失"华夏"之名是一样。

从白兰原始居住地随行盐向南扩散的这条路线，尽管史料极其缺乏，仍有一些地区名称可以证明羌民曾经如此向南移进，并曾成功建造一些支族部落的。例如：

1. 今白玉县，从藏文所志义为"白国"。即《隋书·附国传》里的"婢药"，传者谓原是白兰部落分支的部落。早在宋代就有红教喇嘛来此阐教建寺，就称此地为"白域"，以为寺名。此地距石渠草原约二百公里，属昌泰草原的西侧。应是白兰羌分支南下较早建成的农业部落，别称为白域，不忘本也。

2. 今巴塘县，从藏文所作读起来，只一"巴"字音（塘字因清代设粮台所加，取塘铺驿传之意），其喇嘛寺称"丁零寺"，正与《新唐书》"吐蕃谓之丁零"义合，足见巴塘这个土司部落也是白兰羌所建成的。

羌族由巴、理塘地区再南进入云南高原，即为古宗（姑缯）、摩莎（拉锡）等民族。

羌族又如何进入甘孜州的东部呢？白兰羌从石渠大草原把哈姜盐运销到甘孜州东部雅砻江与大渡河之间的地带，不是循分水线的草原，而是循雅砻江与鲜水河谷的一大断层湖迹草原推进的。

这个大断层，大约在距今三百万年前就产生了。南段昂头向北，阻绝北来之水。北段低头向下，潴为狭长的湖泊。其祝靖以东之部，湖水随雅砻江与鲜水河穿破南山流失而去，剩下湖迹盆地，海拔在三千五百米以下，成为川边北部最温暖的草原，而与雅砻江上游的石渠草原衔接。白兰羌人循这一带草原行盐于甘孜州东部，自很顺适。并且很快就会发觉这个湖迹草原带宜于农耕，可栽培青稞和圆根萝卜等农作物，使之成为康北最大的一个半农半牧的部落。《隋书·附国传》里所谓"东北连山绵亘数千里，接于党项"的二十种羌部落之中，有"北利"一种，即是从白兰分支在今甘孜河谷经营半农半牧经济的一个部落。这个部落后来建成一个国家，奉行苯波派的佛教

（黑教），传世到明代末叶才被青海蒙古固始汗（顾实汗）摧毁，改信黄教，仍立其后裔之恭顺者为白利王，直至清末才缴印改流。即今甘孜县白利乡是也（我另有《霍尔五土十三大寺考》）。《通典》卷一九〇将"北利"讹为"叱利"。顾颉刚先生据以改《隋书》卷八三的"北利"字，是未悉藏文史料之失。附此校正。北利（白利）最强大时，在元明之际，今甘孜全县与德格的杂柯和玉隆两乡皆其领土。它的农业发展，最初大约与中华的黄帝时代同。传说中，黄帝曾派遣他的儿子昌意到此来过。

在北利尚未强大之前，大约公元六七世纪时，这个断层湖迹平原的东部，即今道孚、炉霍两县地后来也曾建成一个比较强大的羌国，今藏族人民把它叫作"虎国"（打日王朝），即《隋书》所称的"附国"[①]。今丹巴县，即《附国传》里所谓"嘉良夷"（今曰嘉绒，即大小金川地方），在隋代也是归附国统治的。《附国传》说"嘉良有水阔六七十丈（指大金川），附国有水阔百余丈（指道孚城外鲜水河），并南流，用皮船为舟而济"，皆与今世地形符合。其他如"土宜小麦、青

---

① 可能是由于修《隋书》的唐人避虎字讳，改作附字。

稞。山出金银，多白雉（今云'马鸡'，属于雉类，羽毛灰白色）"，以及住宅、风俗，无不符合。道孚南山今犹呼为"打日"（虎峰），传为古打日王祭坛所在。看来这个羌国，是西康地区最早建成的一个农业大国。其名虽始见于《隋书》，其国之建成可能早在魏晋六朝之时，或许更早到两汉之际。其开始经营农业约与中原的黄帝同时，则可肯定。只是耕地有限，四方闭塞，无条件再发展前进而已。

这个康北断层湖迹草原狭长地带，与折多山脉西侧的木雅草原衔接。这个南北狭长的大草原，包括今道孚县的乾宁乡①，康定县折多山以西，雅江县大河以东与九龙全县的地面，海拔比道孚河原高几百米，但仍在四千米以下，也是河谷适于耕种的大草原。牧民食盐亦仰给于哈姜。所以很早年代（大约一万年以前）就有比较进步的牧羌行盐到此，建成以牧业为主并自行生产粮食的繁荣部落了。《后汉书·西羌传》里说"其后子孙分别各自为种，任随所之。或为牦牛种，越巂羌是也"。就是指的木雅草原的羌落②。以出产牦牛为汉代巴蜀

---

① 旧曰泰宁，解放前置乾宁县。今划归道孚。

② 原文氂字，从牙为声，即羌呼牦牛为ya的本音。其后华人不解羌语，改读为"毛"，改读为"黎"，皆非古义。

商人所重①。到三国时为"旄牛王"之国，屡见《张嶷传》。元明清世为"明正土司"地，有四十八个小土司分管，仍保持半农半牧制度。

哈姜盐，行销至木雅乡止。九龙以南，行黑、白盐并的盐。牦牛种牧民，停止在木雅草原上了。但旄牛先主的裔支，仍前进入大渡河与雅砻江中下游河谷，去找寻更好的农耕之地。移进入这些温暖河谷低地的羌人，另自立为"白狼种"。《后汉书·笮都夷传》里说的"白狼槃木"和"白狼楼薄"，就是分居在越巂郡界与蜀郡地界两支白狼夷的名称。他们也应是白兰的支裔，还保持其族源的旧称。作《后汉书》的范晔，把他写作"白狼"而已。窃疑白兰的"白"字，在羌语为羔子毛之意（今藏民呼作"巴尔子"）。大约白兰羌就是以首先育成绵羊种，或首先发明鞣制绵羊羔皮为商品的人，所以自称为白兰。"兰"是首领之意。其子孙虽流动很远，亦不忘其祖源，而保存着这个"白"字（作北、作巴、作婢、作播，都是一音之转。作兰、作狼、作利、作"白狗"，俱汉人用字之

① 《汉书·地理志》"巴、蜀、广汉，……南贾滇、僰，滇僰橦。西近邛、笮、笮马、旄牛。"笮都，汉武帝置沈黎郡。置郡仅十四年而废，以其所辖县分隶越巂郡与蜀郡。故云越巂羌。

异）。白狼槃木种，今尚保存在川滇之间的，称为"普米"。意为"白人"，以颜色为义。羌毛绝大多数是白色，意亦可通（古羌语与古华言同音意之名词、形容词甚多，此其一例）。

如何进入阿坝州 巴颜喀拉山脉，是黄河与长江两大水系上游的分水岭。按地质学家的推断，它出生在古生代的石炭纪，距今已六千五百万年了[1]。经过六千五百万年的风化，嵯峨高山已经夷为平地。除极小部分还保存海拔五千米左右的残体外，一般都成为接近于海拔四千米的草原，只有馒头状丘陵连缀成的一条分水线表示它当年的部位。这条山脉分解出来的沙砾和土壤，填满了山体两侧的一些低洼部分，成为许多水草丰美的大草原。其气候与风物与羌人原始居住地羌塘相似。故它成了原始羌人向东移进的走廊。居住其上的羌民，应比居住进断层湖迹的羌人更早。可以设想：若干万年以前，已经住满羌人并从哈姜盐海行盐到山脉东端的松潘草地了[2]。

但由于高原的不断上升，他们逐渐退出分水线一带的丘

---

[1] 据刘鸿允《中国古地理图》和《辞海·理科分册下》229页的地质年代表。

[2] 今松潘县城以北，海拔3000米以上的地面，包括漳腊、毛儿盖、若尔盖、红原、阿坝、壤塘与马尔康等县的藏族居住地面，川人习惯呼为"松潘草地"。

陵，集中到一些较低的平原草场和温暖河谷去开展耕地栽培。例如石渠县大草原（白兰部开始形成），上杂柯、大塘坝（这是瓦述部的诞生地），色达坝子（今色达县治），卓斯甲、党坝、松冈、梭木四土司辖区的大草原和毛儿盖与阿坝、红原、包座、漳腊等大草原。这些草原繁盛起来后，成了节节行盐的牧运路线。各地牧民也利用他们的剩余牲畜，贩运食盐分向附近河谷地区进行交换，从而也逐渐有了徙居河谷经营耕种的羌人。这样移进，是距今约一万年的事。

松潘草地，是羌人进入四川盆地的起点地区，他们以岷江上游河谷为主要的桥梁。羌人从松潘草地进入此河谷后，建成了"蜀山氏"这个氏族部落，发展成为蜀国。同时还有从大渡河谷、涪江河谷、南坪黑水与白水河谷及白龙江河谷发展起来的羌支部落，留在第三、四章叙述。

哈姜行盐最北的界线　巴颜喀拉山的黄河上游地区，为今青海省的果洛藏族自治州，它是很早的羌族根据地之一，载在上古典籍。《禹贡》称这部分羌人为"析支"[①]，《后汉

---

① 《禹贡》：雍州，"织皮昆仑、析支、渠搜，西戎即叙"，谓这三个西戎部落皆以生产连毛的羊皮来与华夏市易。昆仑部在今青海柴达木与通天河区。渠搜部在陕北的河套地区。

书·西羌传》把它写作"赐支"（赐亦读同析）。《隋书》
《唐书》把它叫作"党项"，都是当时当地羌人自称的语音。
古羌俗以氏族祖先之名为族称。氏族有代谢，故名称有变异。
其地东接松潘草地，有大片沮洳地妨碍交通，北耸大积石山脉
（阿尼玛靖大雪山）与陇西河湟诸羌隔绝，自为风气者数十万
年，保存古羌族习俗与语言最多。故其人族性强固，不易接受
外来文化，社会进步濡缓，虽迭受异族武力统治，而心不悦
服。吐蕃称之为"果洛"，意为"掞头人"（谓意识形态相反
的人）。蒙古统治时期译仍其音。《明史》作"鄂罗克"，清
代称为"俄洛野番"，其人实甚善良，重品德，守古羌遗风。
清时，划归四川松潘镇管辖。原只分上中下三部，清末已分为
五部，仍共戴一女王。民国初，乃转入男性氏族阶段，被青海
马步芳军队征服，开始置县征税。解放后遂隶青海为自治州。

　　果洛人民与白兰羌人皆依哈姜盐海行盐之利以致强大。白
兰前方地势开阔，故其人随行盐所趋，扩散极远。果洛地形不
利扩散，北接大积石山脉逾河曲为西倾山脉，东连秦岭，与中
原隔绝。故陇西只行茶卡池盐。古代的果洛行盐，只限于白龙
江盆地、甘南的徽成盆地（属嘉陵江上游）和陕南的汉中盆地
一线。果洛羌民亦只沿这条盐路向东发展，在河谷地区形成宕

昌、参狼、白马等羌支民族部落。其开始东进的时间很早，最远处曾缘大巴山脉到达鄂西"神农架"地带。下逮距今一万年左右，由于当地的居民文化已高，卑视古羌，另自成族，羌人乃不再向东进了。

位于秦岭山脉与大巴山脉之间的甘南、陕南地带，是介于中原与四川盆地的居间地带，历史上被划为梁州及益州。正因为它们与四川同属于哈姜行盐区，所以古代人民的族源相同，习俗相近（就秦汉以前说），故附带在本章论及。自大积石山与秦岭以北，属于茶卡行盐区，文化发展就不同了。

小结　由于这两章的讨论扯得太远，略嫌泛滥，这里结束为下面的几句话：

——羌族是亚洲地区文化发展最早的民族之一，为了不断提高它的经济生活，不断从原始居住的高原向四方迁徙。

——其向中原方面推进的出发点是茶卡盐池。向四川方向推进的出发点是哈姜盐池。行盐能到哪里，人便流动到哪里。

——哈姜盐行销地面最广阔，但多是交通不便地区，社会发展缓慢，长时间停滞在牧业社会。茶卡盐行销地面较狭，因与中原接近，社会发展较快，又因河东解池行盐区与塞北许多行盐区逼近，故羌人在华夏的活动范围限于陇西和青海地。由于华夏农业条件优越，羌人除融合于华族之外，只好接受华夏政权的统治。持反抗态度的，一次一次都归于失败，终于退回高原牧业地区。

——哈姜行盐地区由于对华夏险远，保持羌族本俗最久。又因川滇与甘南、陕南也对华夏有一定的交通障碍，所以羌支进入这些地方也很早，而且融合得较晚。

第三章
蜀山氏

羌人从松潘草原循岷江河谷南下，找寻更好的耕地，大约要经过一万年时间的艰苦奋斗才能进入成都平原，形成蜀山氏。

一、"蜀山氏"名称所自来

"蜀山氏"三字，在今存典籍中，首见于《史记·五帝本纪》与《大戴礼·帝系篇》。两文皆出于西汉中叶，大同小异，兹并摘录，对比分析：

《大戴礼》云："少典产轩辕，是为黄帝。黄帝产玄嚣，玄嚣产蛴极。蛴极产高辛，是为帝喾。帝喾产放勋，是为帝尧。黄帝产昌意。昌意产高阳，是为帝颛顼。……黄帝居轩辕之丘，娶于西陵氏之女，谓之嫘祖氏，产青阳及昌意。青阳降居泜水。昌意降居若水。昌意娶于蜀山氏。蜀山氏之子曰昌濮氏，产颛顼。……"

《史记·五帝本纪》云："黄帝者，少典之子，姓公孙，名轩辕。……有土德之瑞，故号黄帝。……黄帝居轩辕之丘，而娶于西陵之女，是为嫘祖。嫘祖为黄帝正妃，生二子，其后皆有天下。其一曰玄嚣，是为青阳。青阳降居江水。其二曰昌意，降居若水。昌意娶蜀山氏女，曰昌仆，生高阳。……黄帝崩，其孙昌意之子高阳立，是为帝颛顼也。……帝喾高辛者，黄帝之曾孙也。高辛父曰蟜极。蟜极父曰玄嚣。玄嚣父曰黄帝。"

司马贞《史记索隐》云："太史公乃据《大戴礼》以嫘祖生昌意及玄嚣"。是谓史迁之文较大戴为后出。考又不然。查《史记·儒林传》，礼家诸学者，鲁高堂生、徐生，至"瑕丘萧奋"而止。似不曾知有大小戴，何能引据其书？宋淳熙乙未刻《大戴礼》，韩元吉《序》谓"按《儒林传》（戴）德事孝宣，尝为信都太傅"。今《汉书·儒林传》礼家云："孟卿，东海人也，事萧奋，以授后仓、鲁闾丘卿。仓说礼数万言，号曰《后氏曲台记》，授沛闻人通汉子方、梁戴德延君、戴圣次君，……德号大戴，为信都太傅。"未著何时。
然上叙徐生云，"孝文时，徐生以颂为礼官大夫。传子，至
孙延、襄。……延及徐氏弟子公户满意、桓生、单次，皆为
礼官大夫。而瑕丘萧奋以《礼》至淮阳太守"（此全用《史
记》文）。是萧奋与徐生之孙同时，奋以为师。再传乃至大小
戴。孝文帝（即位于公元前179年）至宣帝（即位于公元前74
年），百零五年，传经阅六代，为可能。然则至宣帝时犹在之
大戴，其生年应较史迁为晚。迁撰《史记》，"至太初而讫"
（《自序》原语）。太初（公元前104—101）至宣帝三十年，
则迁实未引据大戴之文可定。至少，也只能说大戴著书与迁同
时，分居朝野，未相闻问。迁实未见其书，只所引据同出于先
秦的另一种书耳[1]。

　　史迁《五帝本纪》所有文字，除此段外，其他与《大戴
礼》雷同者还多。如叙五帝资质、德行各句，与《大戴礼·五
帝德》篇，只有个别字异，其义殆无不同。《史记》文字较

----

[1] 吴序所云"德事孝宣帝"未详所据。窃疑其出于谯周《古史考》。谯
周重经学，颇斥司马迁。所撰《古史考》悉遵经义。收用大、小戴、白虎
观诸儒之说为多。去戴氏时近，故能知其仕宣帝时。其书今佚。唐、宋人
汇书犹多引之。张澍《蜀典》曾有辑文。虽亦未得此语，意者宜有之。

详。（例如：颛顼"北至于幽陵，南至于交趾，西至于流沙，东至于蟠木"等句，《大戴礼》有。黄帝"东至于海，登丸山，及岱宗；西至于空桐，登鸡头；南至于江，登熊湘；北逐荤粥，合符釜山"等句，则《大戴》无。）就成书时间说，似可以猜为大戴节取《史记》为文。但这也说不过去。因为，史迁之书原只"藏之名山，副在京师"（迁《自序》语）。至元帝时褚少孙为之增补，始得外传。戴德亦应未见。由是可知二人实同时著书，同据前古成简。故其文基本相同，而亦有用字各异处。例如《史记》"青阳降居江水"，大戴作"泚水"。大戴"嫘祖"，司马贞引《史记》作"累祖"，刘恕《通鉴外纪》引作"嫘祖"，罗泌《路史》所引又作"雷祖"者。黄帝时尚无文字，传者只录其音而作字不同。后世既有文字，引书者不遵原文，各行所体会之意以为字，歧出日多，往往失其本义。是故治史的方法，不止于援据旧文，尤当善于鉴定旧文，探其本源，别其正讹；不可谬执一书，陷于从误。考古者，尤当留意于此。

《史记》与《大戴礼》关于"蜀山氏"所据之书，可以肯定为《世本》。班固因刘向《七略》撰《艺文志》，春秋家有《世本十五篇》，本注云"古史官记黄帝以来讫春秋时帝王、诸侯、卿大夫世谥名号"。①又《司马迁传·赞》云："孔子因鲁史记而作《春秋》。而左丘明论辑其本事以为之传,又纂异同为《国语》,又有《世本》录黄帝以来至春秋时帝王、公侯、卿大夫祖世所出。"盖谓《世本》为左氏所纂辑。

按《国语·楚语》记申叔时与庄王论教太子,有"教之《世》而为之昭明德而废幽昏焉,以休惧其动"句。韦昭注云:"世,谓先王之世系也。"古世之人、地、书与动植物名多只一字。如此次所举书名:《诗》《礼》《乐》《令》《语》②,皆只一字。惟《春秋》《故志》《训典》三者为二字。东周以后,始皆加字悉成复名。如《周诗》《礼记》《乐记》《法令》《国语》等称谓。是左丘明以前已有《世本》流行矣。黄帝至尧舜时有无文字与史官,还是很大的疑问。而能传《世本》者,氏族社会时人例能传诵其始祖与历史杰出祖先的名称与其简要的事迹。许多无文字的民族,随时随地皆在教其子孙背诵这种简单的"历史"。其能者,递世传承,远及始

---

① 家藏尊经书院刻本此注显有脱文。兹用司马贞《史记索隐》注裴骃《史记集解序》引刘向旧文补"帝王,卿,世谥名号"七字,加注意点区别。

② 韦昭注:"令,谓先王之官法时令也","语,治国之善言","故志,谓所记前世成败之书","训典,五帝之书"。

祖。或能编成诗歌，更可不忘（如近世凉山黑彝，有能背诵其祖先世次至七十世者，一般皆能达四五十世）。故黄帝、尧、舜之事能传至今。自有文字，即当已有《世本》这样的记载。不过难免加工增饰之讹。黄帝事，子孙传诵应最翔实。经师（戴德）、良史（司马迁）多所收采，应无足怪。

以此，可定大戴与史迁所记"蜀山氏""西陵氏"与黄帝同时，并已通婚，是可靠的。

班固《艺文志》数术类又有《帝王诸侯世谱》二十卷，《古来帝王年谱》五卷，应即周东迁以后，史官增益《世本》所作。《五帝德》之文，或即采之。其书久佚，无可稽考。惟《世本》保存最久，且多有后世增益，故唐、宋人犹能见之[1]。

二、何以叫作"蜀山氏"

蜀字，原造字时作𜚿，象虫形，所指为野蚕。野蚕与家

---

[1] 《颜氏家训》谓皇甫谧《帝王世纪》说"《世本》左丘明书，而有燕王喜、汉高祖，由后人所羼，非本文也"。又章怀太子注《后汉书·虞君传》亦引《世本》。皆非周代事。应是后世多有增益之验。唐、宋人书引《世本》者多。或作《代本》，或作《系本》。元以后亡佚。

蚕全同，但形体较小，两额有黑斑一对，似眼（是为眼斑，家蚕亦有，改良种乃或消失）。故造字时特夸大其目，以与其他蠕虫字区别。或曰象蚕吐丝之形。上四，即古蚕字，象其环节，亦通。要其字为野蚕。野蚕者，家蚕之原种，专食桑叶，凡桑林所在皆有之。色暗白，亦有眠蜕三期，逐步长大。成熟时，奔赴桑下草丛、枯叶、乱石、竹篱间吐丝结茧，化蛹。蛹化蛾后，吐液溶丝，穴茧而出，飞向桑林，产卵于桑皮皴裂部越冬。翌年春暖，桑叶发，卵亦孵化为蚁虫，奔赴桑叶，每叶只一虫，鲜有二虫共一叶者（故蜀又训独）。如此循环生活。其蛾嗅桑之所在传播，其茧较家蚕茧为小，暗黄色，可以缫丝，但多颣节（丝分歧为颣），只适于制绵，或缫粗丝。其丝强韧，宜作弓弦。因其以卵越冬，虽卵上附厚胶质，亦不能耐零下二三十度的霜冻。非冬寒不甚严重之地，野蚕卵即不能存活孵化。川边草原羌族原住地方，既无桑树，亦不可能有野蚕（河朔高草原地区与西域沙原地区同）。陇、蜀山谷与中原虽有桑，野蚕亦未易自生。因冰冻严重能杀卵，只有人工藏种发明后（野蚕培育成家蚕后，乃有迫其产卵纸帛，藏以越冬之法），方能人工繁殖。原始人类，只能拾取野蚕茧缫丝，制绵。就是拾取野蚕茧来抽丝与制绵的过程也是不容易取得的。原始人类从草原雪地，转进到森林河谷，景物全非旧时所习见。尤其是桑这样的阔叶树和野蚕那样微小的虫，他们由素不相识到了相识，素不注意到了注意，经过无意有意地接触、观察，了解到它的生活方式了，也有若干世代都认为与人类生活无关。直到发现它的野茧后，开始也只能拾来玩。迨发现野蚕蛾从唾润处排丝成孔钻出茧来，又才会发觉茧可溶解抽丝、制绵，比毛和麻好。我们今天，到处桑林都有野蚕和野茧，人们却还很少（或者说极少）有人注意到它。甚至一般养蚕售茧的农民都不知他的桑林有野蚕野茧。几千年以前的蜀山氏，能够做到这一步，其对人类贡献之大，是很值得研究的。

黄帝之世，我们全国只有一个"蜀山氏"。可以设想：这个氏族是最先重视野蚕，创造出拾茧制丝的氏族。他们的这种发现和创造的成功，以绵与丝作为商品向邻部交易，到处见重。从而亦知重视野蚕，拾取野茧抽丝、制绵了（西陵氏的嫘祖介绍其法入中原）。中原华人不忘其法所自来，而称他们为"蜀山氏"。那些跟着学的人，先见到了丝和绵，后才注意到蜀这个虫，乃称此最先发明者为"蜀山氏"。

三、蜀山氏之国究在何处

既然《史记》与《大戴礼》同样说黄帝娶西陵氏女生昌意与青阳，昌意降居若水娶蜀山氏女生颛顼，和青阳降居江水（浤水），其孙为帝喾。只就这些地名，就可知蜀山氏居地是今何处了。

首先，可以肯定它当年在华夏之西、陇蜀之间的河谷地区，而不是山东的蜀山或蜀邑。理由是：

1. 黄帝生平事业在兖州以西，不在泰山以东。

2. 黄帝所娶之"西陵氏"，无论是今何地，总当在华夏的西方，不会在东方。

3. 昌意降居的"若水"，《汉书·地理志》明确指出，在旄牛县界。其文云："鲜水，出徼外，南入若水。若水亦出徼外，南至大笮入绳，过郡二，行千六百里。"汉旄牛县治在今汉源县。其辖境，则包有今甘孜州东部，本为沈黎郡地。汉武帝初置沈黎郡。南部为大笮、定笮、笮秦三县，隶越巂郡。"鲜水"，今藏语仍称"鲜曲"，即道孚河，经三查坝，至雅江界入雅砻江。"若水"即雅砻江，发源于今石渠县，经甘孜、新龙、雅江、木里、九龙、盐源等县，至渡口市入金沙江。金沙江古称"绳水"。志云"过郡二",谓蜀郡、越巂二郡也。古今地理无不吻合,则若水为雅砻江可定矣。雅砻江在甘孜段,与其支流鲜水的炉霍、道孚段,合为一斜长的断层河原,温暖可耕种。昌意所降的"若水"部落,应即在此。昌意既降居此,则所娶蜀山氏,应亦去此不远,他断不可能远娶到山东。

4. 青阳降居的江水,《大戴礼》作泜水。泜水名,曾见《史记·张耳、陈余列传》。传云"汉三年,韩信已定魏地,遣张耳与韩信击破赵井陉,斩陈余泜水上"。徐广曰,泜水"在常山"。《汉书·地理志》常山郡房子县云"赞皇山,石济水所出,东至瘿陶入泜"。是彼泜水在今河北、石家庄地区,距若水遥远,不可能是昌意婚娶处。江水,在上古为岷江专称。岷江上源羊膊岭,属松潘草地,有路平通陇西,为上古牧民游牧于华夏与陇蜀间行盐、经商的孔道。故黄帝能遣其子降居于此江水与若水。昌意居若水,其与华夏往来亦须经过江水,故得因青阳与蜀山氏联姻。以此推测,青阳所居为今岷江上游,而非常山泜水,可定。大戴实误因冉駹为氏类,而改江作泜字。非江水有泜之别称也。

5. 松潘草原的北、东、南三方,皆有河谷行水,亦皆流入四川盆地，亦俱自海拔四千米降落到五百米以下。如：北侧的白龙江，西南侧的大渡河，上源部分皆纡曲回绕，久久才入暖谷，有桑林。惟岷江径向南流，六百公里即入成都平原，海拔降低三千余米。故循江水而南的羌支氏族，进入农耕生活，较从其他河谷寻求耕地者为早。从松潘循江南下，不到五十公里，至镇江关以下，海拔降到二千米。再四十公里至叠溪，为茂汶县地，海拔又下降了四百米，便有桑林和野蚕了。根据以上所述，可以这样认为：与昌意联姻的蜀山氏之国，位置似在今镇江关与叠溪之间的岷江河谷。或许还可再南一点，也不能过杂谷脑河口（今汶川县）而止。从松潘到叠溪这段岷江河谷，已经可以进行耕种了，但可耕地面太少，估计当时的蜀山氏仍只以牧业为主，兼营狩猎和养殖，耕种业还很薄弱。其出色的产业，在于拾野蚕茧制绵与抽丝。所以特以"蜀山"著名。

6. 这种拾野蚕茧抽丝制绵的新事业，可能要经过几百年以至几千年的观察、试验，才能够从素所未见的情况下把它试制成功。一经成功后，就会成为当时人类所爱好的商品，随其流通所届，传其技术。于是凡有桑林和野蚕的地方，也都能照样办了。我国相传西陵氏女嫘祖为黄帝妃，始传蚕丝业于华夏，这也可能是向蜀山氏学得的。嫘祖这个嫘字，本只作累，音同于雷。雷字，初造时只作（雷纹），象抽丝之形。篆隶演变才写作畾、雷、累字。足见嫘祖，只是传抽丝制絮之法而得名，初无养蚕之义。华夏"蚕"字制作颇晚（周代之书乃见），丝字制作则甚早（殷代已多见之）。故知嫘祖只是介绍蜀山氏拾野茧抽丝制绵之法于中原者，非教养蚕者。

7. "蜀山"二字，亦见《汉书·地理志》的蜀郡本注（班固原注），原文为："《禹贡》桓水，出蜀山西南，行羌中，入南海。"今按《禹贡》梁州云，"西倾因桓是来"，谓西倾之夷，循桓水入梁州市易也①。《汉书》所言"蜀山"，正是指的蜀山氏所居岷江左右之山。出其西南的桓水，谓大渡河也。大渡河上游有二源，东源出今红原县之垴口，经梭木、松冈、卓克基、党坝（四土司地今并为马尔康县），会麻尔柯河后，与西源（多柯河）合，再经大金、丹巴、泸定至石棉县。原是直向南入安宁河。后因拖乌地垒涌起阻断，乃东折入岷江。

---

① 胡渭《禹贡锥指》定白龙江为桓水。《一统志》以白水江为桓水。俱与《汉书》悖谬。《地名大辞典》解桓水为梁州贡道，尤与地理形势不合。梁州贡道，为"浮于潜，逾对沔，入于渭，乱于河"。不由桓水。"西倾"，谓极西之羌落。其来梁州，系为交易，非为入贡甚明。

第四章
蚕丛氏

蜀族得名于蜀山氏。然蜀山氏未能养成家蚕，家蚕养殖成功，自蚕丛氏开始，此后支别遂为蚕丛氏。

一、何谓蚕丛氏

野蚕性孤独，各据一叶，以保证其食叶充足。故蜀字亦引申为孤独之意（犬旁为后人所加）。扬雄《方言》："一，蜀也。南楚谓之独。"《尔雅·释山》："大山峘，属者峄，独者蜀。"孔颖达疏："虫之孤独者蜀。是以山之孤独者亦名蜀也。"丛者聚也（《说文》）。自聚为集，被聚为丛（叢）。故丛聚之字并从取。蚕丛氏始聚野蚕于一器而采桑饲养之，使便于管理。结茧于簇，则茧无遗佚。选蛾交配，则种可优良。

产卵于皿，则卵不散乱而便于冬藏控制孵化。凡此种种，皆今世养蚕者遵奉之法而导始于聚饲者也。野蚕性不聚食，其初强之聚食，须经多次失败。迨其成功，则使制丝之术成为一次飞跃，故世遵行其法者敬之，颂为"蚕丛氏"。不言丛蚕而曰蚕丛者，羌语宾语在谓语后。盖其时蜀族仍为羌之一支，群羌称之如此。

驯养多数野蚕于一器，不惟技术难度大，所需器物条件亦较高。故蚕丛氏阶段与蜀山氏阶段，在社会发展方面有很大的不同。例如：要把赋性孤独的野蚕强迫聚食于一处的器具，就不是旧石器时代所能有的，起码也要用盆形加盖的陶器。陶器加盖就不通气，盛入多数野蚕会闷死，就非用穿有多孔的陶器不可。但这样的陶器迄今并无发现。可以设想：蚕丛氏可能是用细眼竹筐加盖，强制聚养野蚕的。筐眼要小到蚕体不能通过，就还需随蚕体的发育多次换筐。（换筐又便于除去粪砂。）这样逐步改进，致使野蚕驯服，安于聚饲，也须经过几百年以至于千年才会成功。后世养蚕只用浅边平坦的箔子，不曾知道先民创造养蚕成功的辛苦过程。先民学其术者却是充分知道的，所以"蚕丛氏"这个尊号能够永远流传至今。但是由于时间荒远，人已莫知其取意了。

竹，是岷江河谷所盛产的（今天仍是满山的箭竹）。石刀能伐竹，但若制成细眼竹筐，则需有刀能劈竹成篾片不可。那刀只能用青铜器刀，不能仍用石刀。提出这一问题，就可说明蚕丛氏不是石器时代的氏族，而只能是铜器时代的氏族。

岷江上游河谷产竹，但不产铜。附近虽有铜矿，他们也还没有条件进行采冶和铸造。唯其时中原（华夏）的文化高，早已进入青铜器时代了。由于两地素有通商往来的关系，所以有铜器和刀输入岷江部落使用，帮助了养蚕事业的发展，使蜀山氏子孙创造成功家蚕饲养的方法，而以家蚕丝运入中原与华族交易。

原始社会的氏族组织是随时分支别出另为一氏的。相传"黄帝二十五子，其得姓者十四人"（《史记·五帝本纪》）。就说的他有十四个儿子各有才能，其子孙另成一个氏族。如降居江水的玄嚣，为青阳氏。降居若水的昌意，其子颛顼名声大，则自别为高阳氏。青阳之孙喾有声誉重望，亦自别为高辛氏。《后汉书·西羌传》里先零分支为烧当之类为例甚多。蚕丛氏后之立国，犹承用蜀之名，可知蜀王蚕丛，是自蜀山氏分出的了。

二、蚕丛氏时代的推断

常璩《华阳国志》说他看到"司马相如、严君平、杨子云、阳城子玄、郑伯邑、尹彭城、谯常侍"八家作的《蜀王本纪》，折中取舍，"齐之国志，贯之一揆"（《自序》语）。颇似考究史料很审慎的。其《蜀志》说：

蜀之为国，肇于人皇，与巴同囿。至黄帝，为其子昌意娶蜀山氏之女，生子高阳，是为帝喾。封其支庶于蜀，世为侯伯。……周失纪纲，蜀先称王。有蜀侯蚕丛，其目纵，始称王。死，作石棺石椁，国人从之。故俗以石棺椁为纵目人冢也。次王曰柏灌。次王曰鱼凫。……

他这一段文字，留下的问题很多。我准备陆续分析订正。先谈蚕丛称王的时间问题：

其所谓"周失纪纲"，应指幽王以后，即东周时期（公元前8世纪），距今约三千年。但是，殷墟甲骨文中，已经有家蚕的象形字了。《诗·豳风·七月》乃殷代农奴歌谣，已有"蚕月条桑"和"春日载阳，有鸣仓庚。女执懿筐，遵彼微行，爰求柔桑"等句。足见世传嫘祖教民养蚕之说虽不可靠，殷代的中原已经通行饲养家蚕了。然则，蚕丛氏岂能是东周时代的人？若说蚕丛氏的后裔有人称王，还说得过去。若说蚕丛氏的姓氏始祖（创造饲养家蚕成功者）是东周时期就说不过去。

李白《蜀道难》诗云："蚕丛及鱼凫，开国何茫然。尔来四万八千岁，不与秦塞通人烟。"未知他是依据的何人之说。他把蚕丛、鱼凫合并为一个时代，显然错误，又把年代拉得太远。到底是文人之笔，不似史法谨严。若说蜀国开始于蜀山氏，上推到秦以前的四万多年，则是与社会发展的规律符合的。若就生物进化过程来说，则蜀与蚕是显然不同的两个阶段，时间性是不可混淆的。殷代的象形文字虽已有了蚕字，那也只是公元前1400年以后（盘庚迁殷以后）的字。纵然嫘祖已经教导中原人民养蚕了，那也只能早到距今五千年，距秦代两千多年。有些推算上古年代的纬书，如《春秋命历序》《遁甲开山图》之类，皆周、秦、汉世方士所造，汉、唐、宋世注经者（如郑玄）、说史者（如皇甫谧、罗泌）每引据之。李白所据可能即是纬书，并且又把氏族名称误为一个人名，又再把两个不同时的氏族混淆为一个时代的人了。我们过去的谈史者，犯了此病的很多，不可不辨。

蜀是象形兼会意字，其产生应距原始字时代不远。蚕是谐音兼会意字，笔画用得很多，按文字发展的规律说应该比蜀字的产生晚。两者相距的时间，也就是人们改变称呼的时间（称呼野蚕与家蚕不同的时间），可能有几百年以至一千多年。是故，只就蜀山氏与蚕丛氏的称呼来说，他们就是显然不同的两个时代。可以这样说：黄帝至夏代的蜀族祖先，皆当属于蜀山氏阶段。自殷中叶到周东迁，都属于蚕丛氏阶段。蜀族至蚕丛氏阶段才开始富庶、强盛。

三、蜀族在蚕丛氏阶段的社会性质

蜀族在蜀山氏阶段是母系氏族社会，因为羌族是母系制度保持最持久的部族。在蚕丛氏阶段，可能仍然是母系氏族社会。因为养蚕缫丝就必然是妇女所发明的，故几千年来的社会习惯都仍是妇女执行这个专业。但当其农耕事业发展到了一定程度后，也可能受中原文化影响，转入父系氏族制度（以男性为中心的社会制度）。因为养蚕缫丝虽需女性操作，卖丝远贸和耕种粮食、猎取野兽多依靠男子。

父系氏族社会，很容易战斗，并须团结邻部的力量来战斗，从而进入向国家过渡的氏族公社。我猜想蜀族在蚕丛氏阶段有组成氏族公社的可能是由下列条件推断的：

1. 蜀山氏与黄帝联姻，足知他与中原文化甚为接近。中原的黄帝、颛顼、帝喾三帝（帝字，是代表社会权威人物的用语），都只是氏族的首领，当时还并未组成公社。中原的公社制度，至陶唐时才算真正组成。到虞舜时代，亦才只由八个人统领，说明其仍只是个公社。《尚书·尧典》有这样几句话：

允恭克让，光被四表，格于上下，克明俊德，以亲九族。九族既睦，平章百姓。百姓昭明，协和万邦。黎民于变。时雍。

这段文字，显然是距尧不远的后代人民纪念帝尧功德的歌词，流传到周代而改写成散文的（《虞书》四篇，皆依古歌改写）。唐虞无史官，文字也还不够记录史事，惟歌谣盛行，可作诗史看待。故《尚书》仍当信为真实史料。这几句话，正好说明黄帝时已经企图组织几个氏族为一国，但未成功。直到帝尧，克明俊德，上下感格，能够把一个强有力的公社组织成了。这个公社，是以黄帝子孙为基础的。其时黄帝之族，分布在四面八方①，合留居中央的为九，故云"九族"。九族和睦，力量大了，就会有效地解决附近各氏族和与本氏族杂居人们之间的纠纷，从而把他们团结起来（平章百姓）。"百姓"即指自己的九族以外的所有氏族。百，是当时用为数目颇大而未能确定的数字。姓，是氏族再分的用字。杂居于九族之间的百姓之族都团结在一起，就算氏族公社组织成功了。当时称之为邦。仍还有尚未组织到本邦来的，称他们作"万邦"。万，是当时使用为最大未知数的字。对于那些独立的氏族公社要求协和，即是互不侵犯，经济交流，友好相处。这样帝尧的公社（邦）就成了华夏之域的中央公社。由于他这个公社拥有河东盐池之利，能帮助他控制附近仰给之族，所以阅舜及禹，便过

---

① 氏族分布，有时会很远。如凉山彝族的戈基、罗候等大家支，有远离凉山，居住到冕宁、盐源、会理、宁南、雷波、峨边、马边等县的。但如一处有事，木札传到，他们都能无条件地出人、出钱，以至于出兵来像同体手足一样支持出事之家。所以它虽未建成国家，却有不可侵犯的实力。黄帝之子昌意降居若水，青阳降居江水，都可作为支系扩散之证。九族二字，可以如此体会。

渡成为统一华夏的国家了。"黎民"是指的奴隶①。

蚕丛氏承蜀山氏之后，在生产方面有很大的发展，就表现在养蚕缫丝方面，其术既然流传到中原，则其亦能受中原文化影响而进入氏族公社的组织，是可以理解的。

2. 从夏禹的生地与其生平事迹，可以推断他就是蚕丛氏阶段出生在蚕丛氏地域的人。他一生的事迹，最原始的记载是《尚书》的《虞书》四篇（《舜典》《大禹谟》《皋陶谟》《益稷》），和《世本》。还有周代人伪托的《禹贡》。司马迁依据它们撰成《夏本纪》。还有先秦诸子与纬书、野史的有关他的一些传说。可定为确有其人。各书一致说他的生父是鲧，为黄帝后裔（只世次有争议），取有莘氏女，生禹于西

---

① 氏族之间的战争，所得俘虏，不投降的要被杀害，或允许敌方赎回。其愿降附者称为黎民，其实就是本氏族的公共奴隶。近世藏族部落还把奴隶（娃子）称为"黑头"，亦即"黎民"之意。"黎民于变"，是说衰亡了的氏族成员，来依附于本族的，受到尧的感化，都变得驯服、善良了。所以尧时社会雍和，人皆安乐。

羌①，他究竟出生于西羌何地？《史记正义》引扬雄《蜀王本纪》云："禹本汶山郡广柔县人也，生于石纽。"又引《华阳国志》云："今夷人共营其地，方百里不敢居牧。至今犹不敢放六畜。"（其文在汶山郡，宋刻本已佚）《三国志·秦宓传》曰："禹生石纽，今之汶山郡是也。"裴松之《注》引"谯周《蜀本纪》曰：'禹本汶山广柔县人也，生于石纽，其地名刳儿坪。见《世帝纪》。'"今汶川县绵虒镇南约二十里，新店东南山上有地名"刳儿坪"。其对岸瓦寺土司官寨后山曰"涂禹山"，俱传为大禹生地。又茂汶县治东北公路逾土地岭（比茂汶县治高七百米，相距只五公里）后循河谷平行约二十公里至北川县武安公社（墩上），有石纽山，有"禹穴"等大字勒石，《北川县志》谓其是禹生处。无论究是何处，要

---

① 《史记·夏本纪》："禹之父曰鲧。鲧之父曰帝颛顼。"《索隐》云："《系》本亦以鲧为颛子。"《大戴礼·帝系》同。《汉书·律历志·世经》则谓"帝系曰：颛顼五世而生鲧。鲧生禹。"又与《大戴礼·帝系》异，刘恕《通鉴外纪》据之。这些分歧，考之无益。要皆谓是黄帝子孙。

又，《太平御览》卷八二引《帝王世纪》曰"伯禹母曰修己，见流星贯昴，梦接意感，又吞神珠苡薏而生禹于石纽。……长于西羌。"《史记·正义》亦引，称《帝王纪》，文同，末句作"本西夷人也"，亦是"长于西羌"之意。

皆属今茂汶羌族自治县地。岷江至茂汶，海拔降至千五百米以下，再至绵虒，更降到一千米。其间地形最为宽展，气候温暖，物产富饶，历代汶山郡皆建于此。其为蚕丛氏之国可定。然则大禹虽非蚕丛氏之族，实生于蚕丛氏之地，亦犹颛顼、帝喾之非蜀山氏之族而生于蜀山氏之地，其自边裔著明德，获为中原人所尊仰，奉为大君则同。缘其时岷江地区文化与中原接近，人物交流如一家也。

以此推断：蚕丛氏据有岷江上游的时间，与中原的唐尧、虞舜、夏禹之世相当。可能延续至殷、周之交。《尚书·牧誓》之"庸、蜀、羌、髳、微、卢、彭、濮人"中的蜀国，可能是这里的蜀国，不能是已经进入成都平原的蜀国。蜀自此区转进到成都平原，应还有更艰苦的历程。

四、蚕丛氏的疆域

典籍无言蚕丛氏疆域者，然其疆域不难推断。因为它居于岷江上游，已经创造饲养家蚕缫丝的方法，为世所称。能饲养家蚕，就必须已有定居的住宅。定居的住宅，就只能是农业生产到了一定高度才会有的。农业生产又必然有较广阔的良好耕地，才能够发展到一定高度。岷江河谷，与其附近的许多从松潘草地流出的河谷，一般是最上游草原部分才有宽阔的河原，那里只能发展畜牧，不能发展农耕，也不可能栽桑养蚕。过此，便都是狭促湍流的谷地，无田可耕，或耕地碎小，虽较温暖，亦难于发展农业。惟岷江河谷自叠溪以下，河谷比较开阔，断断续续有些可耕的台地。尤其是茂州（今茂汶县治）与威州（今汶川县治）附近，各有宽达三五公里、长十余公里的平原与浅丘，耕地蝉联五十公里，温暖腴沃，独成一方奥区。是为"茂汶盆地"。历代汶山郡与其重要属县皆置于此。道路四通，横联小面积河原盆地亦多。故可判断：蚕丛氏的农业文化只能是在这一地面发展起来的。

叠溪为汉代的蚕陵县治，唐代曾立丛州。民国初年曾发现古碑，有"蚕陵"字。见龚煦春《四川郡县沿革考》。可以肯定蚕丛氏是自此处发迹的。他们必然会为追求更好的耕地而向南拓展，从而发展为更高的农业文化，与中原文化相比拟。他们与中原之间仍是从松潘草原和陇西草原之间的牧场互通往来的。在畜牧运输时代，那样的草原道路是主要的商道。正由于蜀族进入茂汶盆地以后农业文化有突出的飞跃，能与中原相当，而又互相往来，所以崇伯鲧和禹，会到这一地区来，生活一段时间，又到中原去做了唐虞两代的重要人物。若不从地理条件来求解释，则颛顼、帝喾和大禹生于川边羌域而为中原大君的事实，就无法说通了。

这个茂汶盆地，过了威州（今汶川县治）便渐形狭窄了。再约三十公里至绵虒（旧汶川县治）便更无河岸平原了。只东西两岸高处原有可耕的梯级台地。再约十公里到了下索桥的草坡公社，便连河岸梯级台地也不可得，只有岸山撑天的峡江了。这段峡江限制了蚕丛氏子孙的循江南进，而只能从另一条路进入成都平原。是故，蚕丛氏阶段的蜀族领域的南界当至绵虒与草坡而止（其中包括刳儿坪和涂禹山）。

但是，茂汶盆地的耕地发展，并不限于沿江一带。江水西侧还有几大河谷的可耕之地作为其发展的余地。

首先是杂谷脑河。《汉书·地理志》称为骇水。它从阿坝高原的鹧鸪山南流约百公里下降到了海拔二千米以下。自扑头折而向东又约一百公里，至汶川入岷江。自理县以下，渐有河岸平原与台地，海拔皆在二千米以下，适于耕种。实际是茂汶盆地的分支歧出部分，今为理县通化区、薛城区、城关区的社队分布地。农户略与茂汶盆地相当。它的农业，显然是从蚕丛氏开始，从茂汶盆地推展来的。

还有一条黑水河，其北源从松潘草地的毛尔盖流出，蜿蜒万山间约八十公里入于黑水，海拔降到二千米以下始有耕地。其西源从阿坝高原的边缘小垭口山脊流出，约五十公里至黑水县治以下，乃渐有可耕之地。又约二十公里与北源汇合，再百余公里入岷江（当叠溪与茂汶之间，相距各百华里）。由于河岸平原的缺乏，不可能是蚕丛氏历史阶段的主要推进地区。

　　岷江东岸，全是一带高山：北为雪宝顶大山脉，海拔五千多米，突出于四千多米的草原上，还不显得十分高险。南为九顶大山脉，最高峰虽还不到五千米，但它逼在茂汶江水的东南侧，相距不过三十公里，高度突出三千多米，显得太雄伟了。其山脉直抵漩口，扼制了岷江不得径入成都盆地（只许在漩口急剧折转向东流入），因而也阻扼了蚕丛之人从茂汶盆地直接进入成都盆地之路。

　　唯有这南北两段山脉之间，接近茂汶县治之部有段甚为低落的山脊叫土地岭（旧称土门关），海拔两千米，只稍高于茂汶河原四百多米，距茂汶城只十五华里。越过此山脊，进入马羊沟，便属于北川县界，又是一大片宜于耕种的河谷农地。

旧为石泉县境，是为"石泉盆地"①。这个盆地，属于涪江大支流通口河的上游。其东界，当曲山关（今北川县治）之西，有十多华里的江水流行于峡中。此峡把石泉盆地与四川盆地隔绝了，几千年都没有通路。其上游约百多华里的地段有河边台地，在海拔一千米以下，适于耕种。还有北来的青片河与白草河两大支谷，耕牧皆宜。这地区的农业技术，必然是蚕丛氏开创的。应也是蚕丛氏后期疆域一部分（墩上的禹穴，在此盆地西部）。

五、蜀王柏灌考略

《华阳国志》云："蜀先称王有蜀侯蚕丛……次王曰柏灌。次王曰鱼凫。"蚕丛氏与鱼凫氏之间，是否还有一个柏灌氏？由于旧籍里从无一句说到柏灌事迹的话，无从考订。兹从

---

① 土地岭，昔年叫土门关，其东侧的水，直向东流，二十五公里至墩上，为北川县西界，青片河至此会合。又东二十五公里至旧北川城，白草河自北来会，是为这一盆地的中心。又东八九公里至漩坪入峡，为这盆地东界。出峡为曲山关，为龙门山脉过峡处，亦即"四川盆地"与"川边山区"的分界。是故石泉盆地在历史上与茂汶盆地关系密切，与四川盆地相当隔阂。

蚕丛氏的地理条件与社会发展的自然法则两方面结合考订，窃认为他是一个蚕丛支族的领袖，并且亦自成立为一个独立的氏族。还可能就是进入北川盆地的一个氏族首领。由于它未发展成为国家，华夏族之史家（如扬雄、常璩）知其名而不详其事，所以只作了这样的安排。如此推测的理由如下：

旧籍言蜀先世者，皆谓据扬雄《蜀王本纪》，而文各不同。如：

（1）《文选·蜀都赋·注》云："蜀王之先名蚕丛、柏濩、蒲泽、开明。是时人民（萌）椎髻、左衽，不晓文字，未有礼乐。从开明上到蚕丛，积三万四千岁。"

（2）《太平御览》卷一六六云："蜀之先称王者曰蚕丛、柏灌、鱼易（凫）、开明。是时，椎髻、左衽，不晓文字，未有礼乐。从开明以上至蚕丛，凡四千岁。"

（3）《太平御览》卷八八八云："蜀王之先名蚕丛。后代名曰柏灌。后者名鱼凫。此三代各数百岁，神化不死。其民亦随王化去。"

（4）《艺文类聚》卷六云："蜀王始曰蚕丛，次曰伯雍，次曰鱼凫。"

综合这四处与《华阳国志》文，加以分析，窃认为《太平御览》卷八八八所引的一条是正确的。其特别可取处，还在于"神化不死"句。常璩虽斥"鳖灵死，尸化西上"之说，谓"有生必死"（在《序志》篇）。犹称"鱼凫王田于湔山，忽得仙道。蜀人思之，为立祠"（在《蜀志》篇）。盖羌俗火葬，无坟茔。汉儒不解其王无墓之故，妄从羌人自解之语，以谓"仙去"。至于其尽皆无墓，亦谬谓其"随王化去"。扬雄《本纪》之文，合当如此。后人疑"神化"之说荒唐而摒弃之。《华阳国志》只传鱼凫一王如此，恰好印证扬雄本有此文。说明扬雄原著是符合羌俗的。常璩与其他引用时多所改窜，是不符合原语的。

这条引文的第二优点，还在于"此三代各数百岁"句。鲜明地说明了蚕丛、柏灌、鱼凫是三个氏族的称号而不是三个人的名字。一个人不能活数百岁，只有一个氏族才能够传世数百岁。任何一个强大的氏族，亦只能保持数百岁的团聚而不分散和不消灭。这就比常璩把三个氏族说成王位相承的三个人好。《华阳国志》把蚕丛称王说在"周失纪纲"之时的错误，正是由于不懂羌俗与社会发展过程，妄行改窜历史资料所致。至于另一条《太平御览》引文，说"从开明以上至蚕丛凡四千岁"，虽嫌夸大，还算是与"三代各数百岁"接近的。《文选注》说为"三万四千岁",显然是妄据它书夸妄之言改窜了扬雄之文。

《文选注》说有蒲泽这个王。按《华阳国志》说:"杜宇称帝,号曰望帝,更名蒲卑。"他是鱼凫氏最后一个王,不能改变鱼凫氏的族名。应该说:开明氏篡取蜀族统治地位之前,蜀族曾更迭为蜀山氏、蚕丛氏、柏灌氏、鱼凫氏四个氏族称号。而蚕丛氏、柏灌氏是已经建成氏族公社向立国过渡的阶段,所以汉儒称之从"王",并非他自称为王。

第五章
鱼凫氏

蜀族在蚕丛氏阶段，尽管农业技术已经发展到相当高度，勉强可与中原的农业文化相颉颃了，毕竟因地面褊狭，发展受到制约，夏殷以降，社会发展的进度逐渐落后于华夏甚远。直到他们进入四川盆地以后，有了"沃野千里"的资凭，才能取得生产上另一次的飞跃。从茂汶盆地进入成都平原，曾有一段艰苦的历程，其间为鱼凫氏时代。

一、蜀族是从哪里进入成都平原的

蜀族于茂汶盆地从事农耕，已经大有发展，足以立国，本应继续前进。但隔九顶山脉，首先是岷江过绵虒索桥以下，全是峡江，当时无路可通（龙溪与娘子岭山路，是秦灭蜀以后才打开的）；其次是西循杂谷与黑水河谷，愈前进愈是高寒山地。而北方都是他们祖先的牧业地区，不可再进。唯茂州土门关一路，可以更入石泉盆地，地面也是有限的。

他们历尽艰辛，发现今彭州海窝子是他们展拓耕地的适当之地，并由此打开了进入成都平原的通道，终于建成强大的蜀国。那时蚕丛氏与柏灌氏皆已衰败，建成蜀帝国为鱼凫氏。但他们仍承认蜀山、蚕丛、柏灌是其祖先，所以仍以蜀为国号，只是氏族名称变了。

他们是从汶川翻越九顶山脊进入海窝子的。那个山口为从汶川进入彭州的唯一通道，叫作安乡山。从汶川雁门关东岸安乡山急流而下的一条小溪，沿岸曲折上升，直到山脊，升高到海拔四千米，行程不过百里，但高差为三千米，可谓艰险万状。到山脊后，天晴可以望见成都（距离约五百里，高差三千五百米）。这是人类很难经历的一条山道。但是从山脊下行不过二十华里，进入湔水河谷，良好的河原沃土就开始铺开了，并且富有铜矿，这是进入铜器时代的蜀族子孙极感兴趣的地方。今天的地名叫大宝公社，河原海拔只有一千米稍多。再下不到十里，河谷平原更宽阔了，一般宽过二里至三里，长约三十里，才被寿阳山和牛颈山这样对峙如阙的山脉截断了。这就是李冰所称的"天彭阙"。山下地名关口，即是成都平原的北界，亦称彭门（彭州、彭县之名据此）。关口的两山，是湔水侵刻构成的，因其相对如阙，水响如雷，故称天彭阙。山内大河原，显然是远古内湖的遗迹，故称海窝子。现在有新兴、通济、复兴、大宝、思文和白鹿等几个公社在这湖迹平原与其支谷内，生产优异，民户安乐。大宝山的铜矿仍在开采。

以今天的情况推测三千年前的蜀族，当其从九顶山外艰难到达海窝子这里时，是必然会欢快地停留下来，重新开展其已经进入灌溉耕种的高度农业文化生活的。但是由于九顶山脉的隔绝，已不似在茂汶盆地时代那样与中原多有联系，而当自为一区，独自发展。迨其下入成都平原建成国家时，便是不"奉王职"，不参与华夏"朝聘会盟"的蜀国了（用《华阳国志》语意）。所以该划为另一阶段。

从海窝子流入成都平原的河，古称湔水，它上源部分与流出关口场的部分，飞湍喷沫，速如燕飞，可能取名"湔"的取意，即因前字与古剪字同义，状物动之迅速。蜀族初来时，成都平原尚有湖迹沮洳地，不能居人。故蜀族停留在海窝子地区很久。但从湔水平原的北端罗元坝（复兴公社），有条小路，约十五六华里，翻过一座小山岭（老熊坪），进入白沙河上游，又是一个长近二十里的宽阔河原，是为虹口坝子。循白沙河谷，经九甸坪出白沙街、紫坪铺，便是岷江的都江堰了。老熊坪这座山，即是《华阳国志》说的"鱼凫田于湔山，忽得仙道"的湔山。它是湔水与白沙河的分水岭，所以取名湔山。虹口平原，显然是鱼凫氏开为耕地的，所以后来"蜀人思之为立祠"。今虹口公社有"庙坝村"即古鱼凫祠故址。以此知海窝子与虹口区，为鱼凫氏所开，从而可知应把蜀族进入此区的一个阶段称为"鱼凫氏"阶段①。

白沙、紫坪，与灌县城东的蒲阳、白果、向峨、宽河坝、木瓜园等高丘河原的耕地，与虹口区皆当属于湔山范围（鱼

---

① 湔字，取前字为音义。音煎，亦取急意。《汉书·地理志》绵虒县云："玉垒山，湔水所出。东南至江阳入江。"本谓秦汉之世，海窝子地区属绵虒县（今汶川县），玉垒山即今之九顶山，安乡山道即在其下，所流出水即为湔水。湔水入于郫河，即《禹贡》的沱江，经蜀郡、犍为、江阳三郡地界，至今泸县入江，"行千八百九十里"。把灌县的内水只算作江水的分支别出入于湔水的（当时的绵虒县也属蜀郡）。后世学者重《禹贡》，才把内水亦称为沱而以湔水与绵水、洛水同为沱江的支流。不明地名沿革的人，遂有把都江堰内水也称作湔水的。

湔水自关口以上为海窝子盆地（湔水盆地）。其西侧之山为湔山，至岷江北岸为极。故岷江岸之地置县为"湔道"（湔氏道），都江堰水坝称"湔堋"，蜀汉于此置"湔县"。古音江字音同于缸，与湔音迥别。其后蜀人读江如煎，字义遂亦相混。不可不辨。

凫氏开辟之地），故秦代称此带羌支为"湔氏"，汉为湔氏道（县），蜀汉为"湔县"（这与李冰之兴都江堰水利应有关系）。

蜀族也还有从土门关进入"石泉盆地"，循绵水、洛水进入成都平原的，还可能有循通口河进入涪江平原的，都因缺乏平原，不能像进入湔水湔山地区那样发展顺利。是故他们在鱼凫氏阶段只能成为鱼凫王的附庸部落。

二、鱼凫氏与蒲泽氏

鱼凫，是一种善于捕鱼的水鸟，经人驯养后，能为渔人服务，今俗呼作"鱼老鸹"。因其全羽黑色，又叫"黑老鸹"。双眼有金光，眈视可畏，故被称为"乌鬼"，杜工部夔州诗"家家养乌鬼"是也。蜀族可能在茂汶盆地居住时已有人驯养此凫捕鱼，故其子孙用为图腾，称鱼凫氏。也可能逾九顶山进入湔水盆地（海窝子）后才开始下入成都平原内捕鱼，而被称为鱼凫氏。总之，它之得名与蜀族开始捕鱼有关。

当蜀族的这一支进入湔水之时，虽然成都平原还是一片水域，不可居人，其已能进入平原水域捕鱼，则是必然的。既然要下山来捕鱼，就会发觉这块湖沼未涸的沮洳地内，仍有局部的陇冈丘陵是可以住人的。专业渔户就会因捕鱼之便，迁居到山下平原丘陇地来长住，从而开始在丘陇上试行耕种，逐步拓展，终至于开辟了成都平原，以至于建成国家。纵然没有任何文献依据，只按地理与社会发展的一般规律，亦当如此。

《华阳国志》叙鱼凫氏下云："后有王曰杜宇，教民务农……始治郫邑，或治瞿上。"这几句话就提出了上述鱼凫氏还未下居成都平原的证据。既云后有王，则非田于湔山的鱼凫王明矣。但他们仍是鱼凫氏之后，故曰后王。他们所居的郫邑，并非秦汉以后的郫县县治，乃是今彭州西北二十余里的九陇山（大约在今磁峰公杜的庙子坪、茶园坪附近）。唐置九陇县，犹称其治所为小郫者是也①。九陇山并非岩石山，乃第三纪黄土覆盖层，被水流侵蚀划破之九条丘陇（成都平原沙河铺、大面铺一带陇冈亦是这样的黄土构成，地形相似），此处较为高平。蜀族早已能耕种于河原台地，但尚未习于耕种于这

---

① 《元和郡县志》彭州九陇县："本汉繁县地。旧曰小郫。"凡蜀、巴地名，凡徙县治后，新治用旧县名者，旧治所仍存旧名而加小字以示区别。如广汉徙治后称小广汉，涪县徙治后称小涪城，宕渠徙治后称小宕渠，飞鸟徙治后称小飞鸟，其例甚多。宋以来，例以旧县治为镇，始不再用小字。

样黏重的酸性土壤。时冲积平原尚未排水，沮洳大泽，不可耕种，故只营邑于陇冈高处曰郫，而创耕种黄泥之法教民种植，是为蜀族开垦成都平原之始。郫字意为卑邑，对海窝子与虹口淌山而言，地势为卑，故曰郫也。瞿上者，谓关口之天彭阙，俯瞰成都平原如鸷鸟之雄视，双目瞿瞿状也。盖指今新兴公社处。郫邑对瞿上言，卑下，潮湿，多水患。故杜宇有时仍回居瞿上与未迁徙的旧民相处（故曰或治瞿上）。杜宇王位为开明氏所篡，是为鱼凫氏最后一王，也是鱼凫氏开始开辟成都平原，受人尊敬的一王。

《华阳国志》说的"蒲卑"与《文选注》的"蒲泽"应是一人，即杜宇受到高名盛誉并建成国家后，为其子孙别立的氏族称号，取泽居之意。其时成都平原为行将干涸之大泽，遍生蒲苇、野芋、菱、荷之属，蜀人似曾称之为蒲泽，而内水为蒲水（后世称为蒲阳河。灌县的蒲村在此水之阳，今为蒲阳镇）。是泽为正字，蒲卑为缘郫字之讹。

杜宇为鱼凫氏阶段之结束者，其时间当在东周的春秋之世。

三、鱼凫氏为何逾山进入海窝子

这是一个应当解决的问题。按常理说，既已有了茂汶盆地这样好的地方，已经定居下来，而且已开渠灌溉，组成与华夏匹敌的氏族公社了，其人就该已丢掉"迁徙无常处"的习惯，不会艰难跋涉翻过刀脊式的安乡山，迁徙到海窝子和虹口、湔堋这个地区来。然而他们毕竟迁徙来了，并且发展成成都平原的开拓者，建成了蜀国。推动他们如此前进的原因，从前无人说到。兹缘地理条件，作如下的几种推测：

1. 他们为了打猎，翻过安乡山来，发现海窝子这块沃土，分出一支人扩张到这里来。又才从海窝子发现湔山、虹口、湔堋、小郫这样一些地区，以至于开辟成都平原与四川盆地。于是原居茂汶盆地的蜀人也陆续迁徙来了，其仍居的一部分人，别称为冉氏、駹氏，成为蜀部的附庸。这种推断方法，叫作"引力说"，即是说：蜀人是出于自愿，主动迁徙来的。

2. 当柏灌氏的文化发展到相当高度的时候引起了草原地区游牧羌落的垂涎，他们因农牧市易而开始接触，而发生纠纷，而结为仇怨，而爆发战争。牧民强悍而贪，每次战争都要大肆侵略。农民为了避免侵掠，被迫迁徙到敌人难到之地。正如周族的太王去邠迁岐而兴。这种推断方法，叫作"推力说"。即是说：蜀人是被迫兼主动翻过雪山，迁入四川盆地的。

3. 由蜀山氏、蚕丛氏、柏灌氏到鱼凫氏，已经有几千年的发展了，氏族分支很多，各以恩怨，相结、相仇，内战频仍，势分力弱，为羌支冉氏駹氏所乘，突来暴力，蜀人无能抵抗，由岷江西岸退守东岸，仍不能御，由河谷退居高山，不能生活。于是退入山后河谷分散为若干部。入海窝子者初最艰苦，然而得天独厚发展成为蜀国。其他各支皆成附庸。

比较三者，第三说最有可能。而且可作这样的估计：

——蜀族在殷周之际，已经分成南北两大部落了。北部以居于茂州河原者为首领，其附庸有石泉盆地、叠溪盆地、黑水盆地三部分。南部以居威州河原者为首领，其附庸有杂谷脑盆地、绵虒盆地与湔水盆地三部分。他们分歧为若干氏族，像近世凉山夷支一样的打冤家，削弱自己，外敌是必然要从草原地区来收渔人之利的。

——从杂谷脑方面侵袭来的是称为駹的部落，来得很早。当其最初侵入杂谷脑河上部时，是臣服于威州柏灌氏的。迨其蚕食到这河谷中、下段时，还是自居附庸之列。柏灌氏（或鱼凫氏）力不能讨，迁就敷衍，相处下来，一旦南北两部开衅作战时，骓水部落突然转附北部，联合进攻，所以鱼凫氏只好翻过大山，退到湔水湔山来了。

——北部的蜀族，暂时统一了茂汶盆地。不久仍与骓族决裂。另有冉族的部落从北袭来，与骓族联合，击逐了蚕丛后裔，重新分据南北。原居北部的蚕丛之裔只好向石泉盆地退却。他们拥挤在石泉盆地，生活困难，也必然会北向青片、白草两河谷推进垦殖，南逾山进入洛水、绵水与通口河谷去找耕地，亦终于进入成都平原。由于他们后来与河谷的发展条件差了，只成为鱼凫氏的附庸。

这样做的推断，不是毫无文献依据。试看秦灭蜀国，置蜀郡，并不管到冉骓地区。到汉武帝时，才"以冉骓为汶山郡"，足见冉骓并非蜀国统治之地，而其地又是蜀族原始居住和开辟出来的故国。这就可以肯定冉骓不是蜀族分支留下来的部族而只能是外来部落鸠夺鹊巢。又，威州的鱼凫氏先人，不从土门浅岭退向石泉盆地，而从安乡雪山险道徙到湔水盆地，就可见其时茂州河原是他的敌国。茂州地区，又复转为冉族之地，足见冉族所夺占的时间比骓族入据南部晚。至于骓族，是从杂谷脑河来的，由《汉书·地理志》称它为"骓水"可知。

冉族是后来夺据北部的，亦可由"冉駹"联称与《魏略·氐传》举"蚺氏"而略駹氏而定。盖茂州河原局面阔大，居之者容易发展统一之局，駹水流域只能居于附庸地位①。

四、关于石棺椁为纵目人冢的问题

《华阳国志》说："蜀侯蚕丛，其目纵，始称王。死，作石棺石椁。国人从之。故俗以石棺椁为纵目人冢也。"常璩此说，大成问题。近人据为重要史料遵用，当辨。

石棺，建国前芦山县最先发现（详拙著《芦山汉石图考》），系汉人王晖墓棺，其墓志有建安年号（其椁是砖砌）。其后十余年，理县又发现大批石棺墓，其椁为乱石砌。近年又发现凉山地区许多处石棺，皆汉代僰族人古墓。又发现康南、滇北西逾金沙江地区亦有石棺葬，考查者断为古羌人墓。是各民族皆有石棺葬，不必纵目人。常氏固云"俗以为纵

---

① 《史记》与《汉书》的西南夷传，皆以冉駹联称。浅识者遂谓冉駹为一个民族部落。不见《司马相如传》有"朝冉、臣駹"句（《文选》同），《张骞传》又有"出冉出駹"句，《魏略》又以"冉氏"单称，此所谓"囫囵吞枣"，文士荒唐之谬见也。又，駹水既为駹族之国，则岷江茂汶段之为冉氏之国可定。两族为后来羌支而非蜀族亦可定。

目人冢"，谓是魏晋时蜀人访于羌人之言如此。建国前理县工作人员询之当地居民，云是"戈基人冢"。理县藏民传有与戈基人之战争故事，不能定其时代。

我国典籍未见有"戈基人"，并其谐声文字亦不可得。川大教授冯汉骥、蒙文通等均曾进行调查、考订，迄未得戈基究为何人。有人认为是羌族未至以前，该地原始居住的野蛮民族。此必不然。比羌族更落后的民族安能有条件制造石棺？又有人说戈基人是蚕丛后裔，据有此地。羌人后至，与战逐去之。这与《华阳国志》蚕丛王目纵之说合，与羌人后至之说亦合。而且有进行体形考察的民族工作者分析说：氐人眼角多上斜，判蚕丛与冉駹皆"氐类"，戈基当亦为氐人，为后至之羌人所逐。此说较有道理。但我所见的氐人，眼角并不上斜，例如平武白马乡的达布人就是一般人说的氐族，眼平，而角稍向下，仅不如一般汉人眼角向上。即如测定工作者，亦只说"眼角多上斜"，非尽上斜。然则《华阳国志》所云，只传说之无足取者也。

世传马明王像、灌口二郎神像与川主神像，皆额上有一纵目。人类固不能多有一目在额上，然人额正中多有纵陷褶襞，相法谓是凶征，亦为威武之征。窃疑纵目当如此解。川主即李冰，二郎神传为其子，实皆蜀族名人。马明王者，实古代之蚕神，即蚕丛王也。其说纡回，兹申言之：

《荀子·赋篇·蚕赋》云："此夫身女好而头马首者
欤。"①马缟《中华古今注》程雅问蚕云："蚕为天驷星化，
何云女儿？"崔豹对以"马头娘"事②。《甘石星经》谓房四
星，其一为天马，一为天驷。《协律辨方书》谓天马为丛辰，
"为掌蚕命之神"。这些资料，都说明蚕丛与马明王的关系。
《蚕赋》谓蚕"女好而马首"者，盖谓蚕丛氏之神像为母系氏
族之王，故像女好（后世以为是嫘祖之像）。蚕首与马首无
相似处，而云"马首"者，蚕丛出于牧羌，善养马，既又创养
蚕，恒以良马和蚕丝与华夏贸易，故华人谓"蚕与马同气"。
以天驷为蚕，天马为丛辰，护持蚕命。故俗于饲蚕之月禁杀

---

① 《蚕赋》颂蚕"功被天下""屡化如神"。为已有蚕神之验。"身女
好而头马首"则明明说的是神象。

② 晋人崔豹《古今注》记事物原始掌故，多有遗佚。唐末马缟搜缉补
足为《中华古今注》。所补马头娘故事云："《程雅问蚕》：蚕为天驷星
化，何云女儿？答曰：太古时人远征。家有一女，并马一匹。女儿思父，
乃戏马曰：尔能为我迎得父归，吾将嫁汝。马乃绝缰而去，之父所。父
口（疑）家有故，乘之而还。骏马见女辄怒而夺。父系之。父怪而密问其
女。女具以实答。父乃射杀马。曝皮于庭所。女以足蹙之曰：尔马也，欲
人为妇，自取屠剥，何如！言未竟，皮蹶然起，抱女而行。父还失女。后
大树之间得，乃尽化为蚕。……今世人谓蚕为女儿，盖古之遗语也。"
（宋人《茅亭客话》所传马头娘故事，略同，但说为颛顼之时。）

马，而绘蚕丛神像作马头。华夏周秦之俗如此，汉魏晋世亦当如此。故晋人传马头娘故事（崔豹、程雅皆晋人）。又有好事者别立马明王庙，祀马神，与之相并。至宋，宰相王钦若驳先蚕为天驷之说（详《宋史》本传）。朝廷乃命蚕神改塑翁媪持茧像，但称"先蚕"。废马头娘像。而马明王庙不废（今世称百马庙，蜀中处处有之）。汉魏塑马头娘与马明王皆有额上纵目，故常璩称氏类为"纵目人"。其实是因蚕丛神像（蚕神）有纵目，李冰父子像亦有纵目，遂谓"氏类"为纵目人种。在天文，天马与天驷同参宿，在儒生，遂谓"蚕与马同气"。在世俗，遂有马明王与马头娘同祀。都只缘去蚕丛世远，格于华夷，随意造神，失其本义。要该缘蚕丛为养蚕始祖之说所演变。亦犹"杜十姨嫁伍髭须"，任随世俗诞妄而已。

至于石棺椁之制作，当取决于砂、页岩的有无。苟其地无层理匀密之砂岩、页岩，任何民族也不能作石棺椁。羌俗火葬，《墨子》《荀子》早有记载。今世羌支之顽强守旧者仍习于火葬。蚕丛与其他氏类，皆出于羌，故其分布地无坟墓，更何庸制棺椁？今世蜀人皆制木棺石椁。仅古代有制石棺与瓦棺者，亦有凿石为崖墓者，皆因四川盆地内多砂、页岩，易取石板，作石穴，因自然资源之便。其徙居于石灰岩地区，与古生代地层地区，虽资富有孝子，亦不可得而有。僰人多石棺者，僰人分布地多砂、页岩，遂世代养成风习。羌人居高草原无此石材，亦不易得木棺，故习于火葬。蚕丛氏阶段，岷江地区是否已有铁器与青铜器，大成问题。若仅仅有石器，则造木棺尚不可能，何得遂有石棺椁？以此知《华阳国志》"纵目人冢"之说，决不可取。而藏民所传之戈基人墓，乃可取。

戈基人，绝不可能是羌支民族或北来杂胡，而只能是汉置汶山郡后，徙入居住之汉民。汉民乃有棺椁之制，有石棺石椁之葬。岷江北部有砂、页岩，故能留此遗迹。其时间最早在后汉重开汶山郡。因后汉时墓葬多石工、碑、阙、石棺、崖墓所发现。下限可能至五代。因唐末至五代，此区民族战争最频繁，宋元以后就少见了，羌番与戈基人战争的故事可能由此产生。

"戈基人"的称谓，须从羌语中求意。杂谷脑藏民奉喇嘛教。其人大都是从康藏地区迁来的"西山八国"之裔，在羌族各支语言中，属康巴系。康巴呼头顶为果（戈音近），数目之首为几（基音近），是否"戈基"为统治阶级的民族之义？如有可能，则正是汉族入居此区者与吐蕃战争的故事，与汉族有石棺椁葬制符合。是则番言戈基人，盖指汉唐世居住到杂谷脑河区之华族蜀人也。

五、关于杜宇的其他事迹

蜀族是何时由母系氏族嬗变为父系氏族的，是如何有了这一转变的？探索这个问题，须得从有关杜宇的记载索解。

《华阳国志》云："鱼凫王田于湔山，忽得仙道，蜀人思之，为立祠。后有王曰杜宇，教民务农，一号杜主。时朱提有梁氏女利，游江原。宇悦之，纳以为妃。移治郫邑，或居瞿上。七国称王，杜宇称帝，号曰望帝，更名蒲卑。自以功德高诸王，乃以褒斜为前门，熊耳灵关为后户，玉垒、峨眉为城郭，江、潜、绵、洛为池泽，以汶山为畜牧，南中为园苑。会有水灾，其相开明决玉垒山以除水害。帝遂委以政事，法尧舜禅授之义，遂禅位于开明，帝升西山隐焉。时适二月，子鹃鸟鸣，故蜀人悲子鹃鸟鸣也。"

这是常璩兼采八家《本纪》，加以己意折中体会之说，是记杜宇事迹最详的。除关于农事部分已论述外，兹参用其他异文，加以订正如下：

所谓鱼凫王"忽得仙道"，与"帝升西山隐焉"，实际都是被迫移交政权，与"尧幽囚，舜野死"之说相似。氏族公社的首领是由群众推选交替的，不一定是由本人主动择人授权的，更没有父死子承的事。不过群众归心的人，必然是本氏族内的人，只有发展到几个氏族联合建成一个公社时才会有氏族交替的事。所谓"尧舜禅让"，只是儒家矫伪的妄言。杜宇能教农，就会受众人拥戴，前酋长不能不退位。开明能治水，又会受众人的拥戴，杜宇亦不能不退位。

子鹃即催耕鸟，一曰杜鹃，一曰子规，一曰巂周。栖于密林间，羽色与林木相似，人不易见。二月春阳发，则鸣呼求偶，似有意催耕，故蜀人拟为望帝魂归也。

蜀族自蜀山氏至鱼凫氏，皆母系氏族。所谓"梁氏女利"者，实鱼凫氏最后之女王。所谓杜宇"纳以为妃"者，应是女王纳杜宇以为鱼凫氏女利之婿，因其才能得众拥戴，遂为蜀国元首。犹舜娶尧二女而得代尧，非先得位，而后纳以为妃。这样判断的理据，在于他书关于女利之说与常志不同。

《水经注·江水》引来敏《本蜀论》曰"望帝者，杜宇也，从天下。女子利，自江源出，为宇妻，遂王于蜀，号曰望帝。"来敏，三国时人，其说亦当与常氏同出于扬雄《本纪》而体会不同。"从天下"，显然说他非从江源而来的蜀族。女子利则是从江源来的蜀族贵女，或许就是女王。杜宇得以为妻，遂能得到王位。其人不能从天而下，疑他能教农耕，是从华夏来的人，故谓其从天上来。

《史记·三代世表》褚先生曰："蜀王，黄帝后世也，至今在汉西南五千里，常来朝降，输献于汉。非以其先之有德泽流后世邪。"《索隐》"案《系本》，蜀无姓，相承云黄帝后，且黄帝二十五子，分姓赐姓，或于蛮夷，盖当然也。《蜀王本纪》云：朱提有男子杜宇，从天而下，自称望帝。亦蜀王也。则杜姓出唐杜氏，盖陆终氏之胤，亦黄帝之后也。"

今案：司马迁"以《五帝系谍》《尚书》，集世纪黄帝以来讫共和为世表"。（《三代世表序》）与其所制《五帝本纪》，皆误以原始社会的氏族首领作为封建帝王看待。后世史家沿误，把各地氏族部落首领皆说为黄帝后裔，颇使研究民族源流者发生混乱。黄帝之子昌意降居若水，娶蜀山氏女，生高辛氏帝喾，为中原"五帝"之一。说他有蜀族血胤，是可以的。从而就说蜀族是黄帝之胤，则当不然。蜀族自是蜀山氏子孙，一直发展成为蜀国，不能因其先世曾有女子嫁与黄帝之子，遂谓其族亦为黄帝子孙。至于汉世还从五千里外来朝贡的"蜀王"，可能是开明氏的支系如安阳王之类，于蜀国灭亡后逃至异地立国。褚先生遂因蜀字误为黄帝之裔，是不足取的。司马贞《索隐》体会为"或当然也"，正该不然。至于张守节

《正义》引之《谱记》谓：蜀之先肇于人皇之际。黄帝与子昌意娶蜀山氏女，生帝喾。立，封其支庶于蜀，历虞、夏、商。周衰，先称王者蚕丛。国破，子孙居姚、巂等处。则是撰《谱记》者用常璩《华阳国志》文[①]。常璩已是误解，勿庸详辨。

惟《索隐》所引《蜀王本纪》谓杜宇是"朱提男子"很值得注意。"朱提"，在今云南昭通，是万山丛中一幅海迹平原，海拔二千米以上的可耕之地。它的附近诸银矿绝佳，大约在殷周之世，已有中原矿工（当时矿工全是奴隶）逃到其地采银了。周秦之间，中原来此教导土民采银与铜者日多（朱提之南的东川市，至今仍以矿产著名），缘矿业兴盛，于是相次来垦者亦多。故虽远在万山群夷之中，很早已成华人聚居之邑。秦灭蜀后即已缘之置县。汉世因之。其后西南夷屡乱，朱提县仍内属，盖因银铜矿业由华工所开，华人聚居者多，历世积久，能支持华夏政权故也。朱提地区的银与铜，名誉之大，自周秦、两汉，下迄魏晋，皆为中华所艳称，著于历代《食货

---

① 《汉书·艺文志》有《世本》，无《谱记》。《隋书·经籍志》搜列《世本王侯大夫谱》以下宗谱近四十部，亦无《谱记》这部书名。而张氏所引有"姚、巂"州名，则其为唐初人纂辑姓氏、宗谱之书，而非《华阳国志》以前曾有之书明矣。

志》（近世朱提矿衰，遗坑遍山，而东川铜业未衰）。由此文，知杜宇实华夏人亡命至朱提，实以农艺技术教朱提人，开发了一方农业文化，奠定秦汉置县的基础。其与蜀族女子（王）利结婚者，应是已为朱提酋长，运银铜至蜀市易，为王利所爱而结婚。因其教农为蜀人敬重，女利一切信任之，遂篡政权，别立"蒲泽氏"。并建立营邑于郫，号曰望帝。故《华阳国志》云"移治郫邑。或治瞿上"。瞿上，鱼凫女王旧邑。郫邑，别立蒲泽氏时之新邑。新邑初为便于渔业而设，嗣为杜宇教耕黄土丘陵之处，后遂为建成国家的都邑。

然则，《华阳国志》云"朱提有梁氏女利游江源"者，审扬雄本语之误。雄固谓男子杜宇自朱提来，非谓女利。女利自是蜀族女子，蜀族自是由江源发展而来，常氏误改作"游江源"也。纵使有朱提女子来蜀市易，亦不会去游江水之源。《太平御览》卷百六十六引《蜀王本纪》云："后有一男子名曰杜宇，从天堕，止朱提。有一女子名利，从江源井中出，为杜宇妻。乃自立为蜀王，号为望帝，移居郫邑（原误邦邑）。"综合各篇，细致分析，扬雄原文可得。雄原文本是女利"从江源井中出，为杜宇妻"。《华阳国志》不信井中出人，又疑杜宇本为蜀王，遂改作"游江源，宇悦之，纳以为妃"。缘不知原始社会情俗与原始传说语言所致。原始传说"从井中出"者，谓蜀族自岷山来，在天文为"东井"，故说来自江源为"井中出"，以配杜宇"从天堕"之男子为相当。盖当时媒合者语也。"为杜宇妻"者自愿以杜宇为夫，非杜宇"纳以为妃"。引史文，最忌以自己体会之意擅改原语。此常璩之失，不可不辨。

"杜宇"之名，应是在朱提时已有，因耕事起则杜鹃鸣，而杜宇催耕之令亦发，故称其地域为杜宇。张守节以为姓杜，亦非。

杜宇既得志于蜀，朱提故地亦即为蜀国的一县。故杜宇时蜀国领域已北至"褒斜"，南迄"南中"。如常璩所云。但不可遂认为是统一的国家，亦不是杜宇及身所致。只可以看成是杜宇之时，大西南广阔地面，氏族部落已成立很多了。他们在农业、矿业、工商业方面都比蜀国落后，都乐于亲附蜀族，结成经济和文化的氏族集团。而杜宇领导的蜀族，已经组织许多氏族成为一个中央领导的公社，正如尧舜时河东解池地区组成一个陶唐、有虞等氏族的中央公社一样，有九族、百姓、万邦和黎民的区别，是已由氏族公社向国家组织过渡的组织形式。到开明氏，才算得真正建成国家了。不过杜宇的末年，开明氏已经当政。《华阳国志》叙述的杜宇疆域，实际是开明氏阶段的蜀国疆域。

第六章
开明氏

蜀族进入成都平原，发展农业，进而立国，自杜宇始，但其帝位，为开明氏始祖鳖令所篡。下迄蜀王，皆属开明氏统治。

这一段蜀国史事，汉晋人曾有多种记载，神话颇多。晋代常璩搜集司马相如、严君平、扬雄、阳成衡、郑厪、尹珍、谯周、任熙八家的《蜀王本纪》，删去其可疑者，整理为《华阳国志》的前篇。历世传抄流行，自宋有刻本至今保存着。其中仍有传抄窜易之迹，近人研究，体会不同，每有偏执之见。要皆不与该族来历抵牾。兹用自然科学理论，与社会发展规律，厘定常璩旧文，补充诸家异说如下：

一、成都平原的开辟

成都平原，在地质史上，属于侏罗纪内海的最后残迹。大约在白垩纪末期（距今七千万年时），龙泉山脉与"四川内海"的西北部分的许多山脉涌现出来，成为川湖西部与川湖中部的分界（其时已有华蓥山脉为川湖东部与北部的分界，又有铁山为川中的南部与北部的分界，把白垩纪的四川盆地分为四部）。白垩纪湖水从巴东三峡泄流，大部成为红土丘陵以后，川西部分仍保存为淡水湖。经过第三纪（距今六千万年左右）至第四纪（距今二百五十万年开始），川西地区还在上升。同时岷江、沱江、涪江和青衣江四大水口亦逐步刻深，终归于把川西部分的湖水全部泄走成为陆地，即今世习称的"川西大平原"①。

这个湖迹大平原，分为三个梯级：最高一级涪江平原，包括今天的江油、绵阳、安县三县的绝大部分，和三台、中江两县的沿江平坝。它的海拔，全在五百米以上。由于下游海拔亦高，故其全面干涸的时间，较成都平原为晚。大约到了秦代，都还有一部分还是沼泽。例如彰明坝子，即今江油县附近，开

---

① 今世成都，与绵阳、乐山两市的大平原，是有狭窄部分连成一块的。故当称为川西大平原。与成都平原和四川盆地有区别。

置郡县就很晚，即缘沼泽存在的时间较久之故。

成都平原，包括今成都市的广大地面，海拔比涪江平原略低（五百米至四百五十米之间的平坝为多）。由于新津和金堂两大江口与府河水道开通得很早，积水泄流得快，干涸较涪江平原为早。故蜀族先开辟的是成都平原。

最后一级是眉嘉平原，包括今眉山、乐山市的沿江各市区县（即彭山、眉山、青神、乐山、峨眉、夹江、洪雅、丹棱和五通桥以北的沿河平坝与黄土台地）。湖迹平原很宽广，由于江水泄流得早，泥沙亦流失得多，今已不似成都平原的平坦，而是海拔五百至三百余米之间的平原残体。因而农耕方面的使用价值，不如成都平原与涪江平原。它的开发更比涪江平原为晚，自然也还是蜀国时已经开发了的。但至秦代才置两县（武阳与南安）。在汉代所谓"三蜀"郡县中，仍是比较落后的一郡。

川西部分的地壳有部分曾经下降，在低处沉淀了岷、涪、绵、洛诸水搬运来的泥沙和圆砾。时间可能早在白垩纪末期，龙泉山脉上升之后。背斜在上升，向斜部下陷，沙砾便填积在海底（有洪水年，便会填上一层石砾，有干旱年就只能填上泥沙。所以成都平原的冲积层，是有明显层理的）。进入第三纪后，又盖上了一层黄黏土（第三纪黄土，有礓石，无砾层）。进入第四纪之初，又盖上一层砾石混入的黄黏土。千百万年间，局部升降发生多次。最后显露于地表的，除小面积的山顶部分有第四纪黄土和圆砾如狮子山、牧马山、天回山外，第三纪黄土铺盖处多在冲积平原的边缘，接近山区的部分。例如灌、彭两县接界的九陇，龙泉山北的龙泉驿、大面铺、沙河堡、董家山，和天回山附近的山麓浅丘与黄土浅陇皆是。占地略可与冲积沙泥平原相当[①]。这种黄土，生产力大大低于沙泥冲积平原，但仍是可以耕种的。

这些黄黏土陇冈，一般都比沙泥冲积的平原为高。当蜀族最初进入成都平原时，所有沙土平原都还是水淹盖着的，或者是沮洳沼泽。是故鱼凫氏从山地下来，只能在九陇地区从事捕鱼。他们虽已是脱离了游牧而从事耕种已久的人，却只习惯于耕种山间河原的沙质土，无法开垦这种黏重固结的酸性黄土。到了杜宇出世，才创造成功黄土耕种的方法，把农业推进到大平原内部来。当然也会在冬季水落时耕种附近较为肥沃易耕的

[①] 拙编《四川历史地图》（待刊）有四川盆地的地质图一幅。是根据谭锡畴、李春煜的考察材料，参考了李春煜主编的中国地质分幅图，缩小绘制的，可供本文参考。

平原沙土。杜宇的这一成功，使蜀族耕地大大展拓，国邑亦从瞿上进展到九陇来，营造为郫邑了。

二、关于鳖令治水问题

《后汉书·张衡列传》载《思玄赋》有云，"鳖令殪而尸亡兮，取蜀禅而引世。"唐章怀太子注云："扬雄《蜀王本纪》曰：荆人鳖令死，其尸流亡，随江水上，至成都，见蜀王杜宇。杜宇立以为相。杜宇号望帝，自以德不如鳖令，以其国禅之。号开明帝。下至五代，有开明尚，始去帝号复称王也。"《文选·思玄赋》李善注，亦引《蜀王本纪》曰："望帝治汶山下邑曰郫。积百余岁。荆地有一死人名鳖令，其尸亡，随江水上，至郫，与望帝相见。望帝以鳖令为相。以德薄，不及鳖令，乃委国授之而去。"

《水经注》卷三十二引来敏《本蜀论》曰："荆人鳖令死，其尸随水上。荆人求之不得。令至汶山下，复生，起见望帝（望帝者杜宇也，从天下。女子朱利自江源出，为宇妻，遂

王于蜀，号曰望帝）①。望帝立以为相。时巫山峡（塞）而水
不流，帝使令凿巫峡通水。蜀得陆处。望帝自以为德不若，遂
以国禅，号曰开明。"

《太平寰宇记》卷七十二"益州"云："扬雄《蜀王本
纪》、来敏《本蜀论》《华阳国志》《十三州志》，诸言蜀事
者，虽不悉同，参伍其说，皆言：蜀之先肇于人皇之际。至黄
帝子昌意，娶蜀山氏女，生帝喾，后封其支庶于蜀。历夏、
商、周。始称王者，总目名蚕丛。次曰柏灌。次曰鱼凫。其后
有王曰杜宇。宇称帝，号望帝。自以德高诸王，乃以褒斜为前
门，熊耳、灵关为后户，玉垒、峨眉为城郭，江、潜、绵、洛
为池泽。以汶山为畜牧，南中为园苑。时有荆人鳖令死，其尸
随水上。荆人求之不得。鳖令至汶山下，忽复生。见望帝，帝
立以为相。时巫山壅江，蜀地洪水。望帝使鳖令凿巫山，蜀得
陆处。望帝自以德不如相，因禅位于鳖令，号开明（帝）。遂
自亡去，化为子鹃鸟。故蜀人闻子鹃鸣，曰是我望帝也。鳖令
或为鳖灵。子鹃为子嶲。或云，杜宇死，子规鸣。"

---

① 《水经注》各引文中，每有窜入自别处引来作为夹注补充之文。后
人传抄，一体写作正文。此处二十八字，显然是原本的夹注。故用括弧标
别。

其他引《蜀王本纪》言蜀开国事者还多，文字各有不同，要可以上举四者为代表①。乐史说他"参伍其说"（犹言综合整理），是因为扬雄旧本早已散佚，应劭（东汉末叶人）、来敏（三国时人）、常璩（晋人）、郦道元（后魏人），引用不重原文，意为增删，只合综合分析，以求原意。他的这一工作是做得相当好的。大抵"南中为园苑"以上，皆取自《华阳国志》。"荆人"以下，则是他整理出来的《蜀王本纪》原意。兹为《太平寰宇记》作些解说如下：

他为什么对鳖令事不用《华阳国志》呢？因为常璩反对鳖令尸化之说，不合扬雄旧文。他认为扬雄《蜀王本纪》是原始史料，不当破坏。

常璩《序志》说："世俗间横有为蜀传者，言蜀王蚕丛之间，周回三千岁。又云：荆人鳖灵死，尸化西上，后为蜀帝。……有生必死。死，终物也。自古以来，未闻死者能更生。当世或遇有之，则为怪异，子所不言，况能为帝王乎。"故他的《蜀志》只说"其相开明，决玉垒山以除水害。帝遂委以政事"。并"鳖灵"字亦不用。这本来是常璩的"书生之

---

① 《路史》引《风俗通》，查今本并无其文。应是应劭作《十三州记》与《风俗通》，旧时并为一书，宋人分缮，故乐史与罗泌所引书名不同。

见”，合该不取。

　　“鳖泠”两个字，魏、晋、唐、宋人有鳖、鳌、令、灵、泠等多种写法。扬雄原字如何，已不可知了。来敏是引用最早的一个人。《水经注》传其字作“鳖令”，从邑。后亦作鳌。王先谦合校云：“朱笺曰：‘《汉书·地理志》牂牁郡有鳖县。’赵释曰：‘一清案：《寰宇记》引《周地图记》作鳖灵。’”今按：鳖县，秦属黔中郡，故城在遵义，本楚国商于之地。秦灭巴蜀，“司马错自巴涪水取楚商于之地为黔中郡”（常璩《巴志》文）是也。汉武帝开南夷，唐蒙亦从巴符水入，先据鳖邑。故置犍为郡时，初亦治鳖，后乃渐徙至平夷、僰道与武阳，而以鳖隶牂牁郡。鳖为巴、黔、犍、牁四郡之间一奥区可知。“楚商于之地”者，楚在南国中文化最高，工巧发达，以商业经略诸夷部落。诸夷部既受其经济羁縻，渐亦接受其政令，请置官吏，理其商民（凡秦汉史言“请吏”者皆是如此）。故楚国先有鳖县，有令长（县者悬也，今言飞地。战国初世，各国多有县邑，后乃以郡辖县）。开明氏之始祖，以荆（楚）人为鳖县令，有罪当死，乃亡命入蜀，投望帝于汶山之下。望帝任以治水之事。由于治水成功，耕地推进至平原沃壤，蜀人拥戴，遂得代杜宇为蜀主。其事与禹相似，实为蜀族群选鳖令代替已经衰老的杜宇作为其首领，以利于继续治水发展耕地。既非禅让，亦非篡夺。似当时蜀族较重公共福利，选举首领固当如此。

云鳖令"尸随水上"者，其人犯罪当死，故谓其躯体为尸①。循江水而上至郫邑，故曰"尸随水上"。楚国通缉不能获，故曰"荆人求之不得"。邑在巴与蜀境的南徼外，介于楚、蜀、巴之间，其罪人不可奔巴。巴、楚世为婚姻，楚国能向巴国索囚。蜀、巴世仇，故奔蜀不患不容，且获重用，故曰"复生"。

---

① 凡古言"尸"者，不一定为已死尸骸，只有不得随意行动之意。如《左传》庄公四年"楚武王荆尸，授师子焉，以伐随"。杜预注："尸，陈也。"此陈，当读为阵。故下文曰"更为楚陈兵之法……楚始于此参用载为陈"。谓楚先世称荆时之阵法，严肃而呆板，军士皆木立如尸，故称其阵法为"荆尸"。又，周人祭祀祖先与诸神时，皆使一人端坐受礼，以象其神，不得言动，称之为尸。故曰："孙可以为王父尸，子不可以为父尸（《曲礼》）。"《诗》曰"皇尸载起（《小雅》）"，"公尸来燕（《大雅》）"。祭毕乃起而言动。是故犯法当死之人，逃亡者称为"亡命"。亡命，犹言"元命"。其人虽犹活，不得自由活动，如云"行尸走肉"而已。鳖令尸亡之说，应即取于此义。《山海经》中，每有言头断而不死者为尸。如"夏耕之尸""贰负之尸""形天之尸"等，则皆谓一个氏族部落首领被诛后，余众仍自生存，远徙独立之部。其《海外西经》奇肱之国云："形天与帝至此争神。帝断其首，葬之常羊之山。乃以乳为目，以脐为口，操干戚以舞。"形天，亦作形夭，一作刑夫，《淮南子·地形训》作"形残之尸"。皆谓此氏族之人，首领虽死，犹有头目领导作战。鳖令罪当死，乃率其族人奔蜀。故传为尸化西上耳。

荆为楚国旧称，故"荆人"即楚族的先代，治理泽田，开渠放水，建筑堤防，种稻、养鱼，生活得到改善。蜀族从山区来，初不精于治水之术，赖鳖令教之。此鳖令治水之实义也。

《华阳国志》说"开明决玉垒山以除水害"。来敏、乐史皆作"巫山"。"巫"字是绝对不通的。蜀国当时只占有四川盆地西北部，东南部为巴国。巫山又在巴国极东的楚国界上。蜀国何能去凿巫山？鳖令罪逃又安敢去到巫山？巫山之峡长百里，皆石灰岩，易受水蚀，不受斧斤，当时技术，如何可能凿开巫山？《华阳国志》作"决玉垒山"，较为得之。玉垒为蓥华九顶之古称，四时积雪不消，故云玉垒。其脉抵灌县而极，故灌口之山，得承玉垒之名。岷至灌口，原有沱江（内水）分支，经宝瓶口砾岩裂隙流灌郫邑以东，但流量小而不稳定。每岷江大水泛滥，即不收分水排洪之效。可能自鳖令时已经有筑坝分水，防制洪水横流之法，使其不害农田（如沙市地区，江流高于农田数尺而水不为害，便是荆州久已行用之法）。李冰即因其法更创湔堋。若然，则蜀人之拥鳖令以代杜宇，比为"尧舜禅让"，亦正适当。惟称为"决玉垒山"，或"凿玉山"则恐非扬雄原文之意，而是后人因李冰之工所推测之语也。

或疑成都平原积水只有凿新津、彭山、金堂三处江口可泄，凿玉垒无益。因疑鳖令所凿是金堂峡与新津天社山（金字从玉，堂字似垒）。这也不然。金堂、天社与彭山江口，皆由地壳上升，江水刻蚀，积以岁月，自然生成，非可以人力凿通。亦犹巴东三峡之不能设想为人力开凿也。

《后汉书》《文选》《华阳国志》皆宋代才得刻板。宋以前只有手抄本，字句屡被改变。宋人谓妻与人通奸者为"龟鳖"。鳖字唯地名用，而形与鼈近，故传抄转讹为鼈。宋人又写作鳖，而有杜宇与其妻通之说。俱无足取。令古音本读如清泠之泠，音同于伶与灵。缘音而讹，尤不足怪。

三、开明氏阶段的蜀国

"鳖令"是否只身亡命入蜀？由于他做蜀王后，便自别为开明氏，就可知不会是只身入蜀，而有其家族若干人同来。否则，至少也要发展繁殖到若干世代才得成为一个氏族。大概他们是举邑叛楚，降附于蜀。由于受到楚国的讨伐，战败之后，才率族奔蜀的。那时的蜀国，实际只管得川西大平原的黄土丘陵地区。平原以外的山区部落，都只是蜀国的附庸，只有经济联系，并非政治隶属。《水经注》南安县云："县治青衣水会，襟带二水矣。即蜀王开明故治也。"足见鳖令不但率族奔蜀，而且还在今乐山市处建成过蜀国的附属部落。由于他到郫邑去，用楚人治田云梦之法游说杜宇。杜宇正苦无法开辟沮洳沼泽地面，授权于他，使其率族治水（旧说之为"以为相"，是因为许他调动蜀民）。迨治水成功，已得蜀国，遂以其从来之族自别为开明氏，而自称为"丛帝"。

开明氏人数应远远不足蜀族人民的万千百一，而为蜀国之君者，盖亦是自附于蜀族，作为蚕丛氏之一支（当时蚕丛之裔已有难于列举的几十百支）。故其自称为"丛帝"，取蚕丛之意（唐宋年代成都尚有蚕丛祠，疑开明时已有其祀典）。

开明氏称帝时，蜀国都邑已由郫邑徙居新都（今新都县名未改）。言新，以别于旧郫。又向南展拓为广都（故邑在今成都市东郊、沙河堡、中和场地界）。迨治水功成，乃定都于大䣢山下的赤里街，是为成都。故《华阳国志》云："蜀以成都、广都、新都为三都，号名城。"（文在"广汉郡"）。又云："开明王自梦郭移，乃徙治成都。"他未明确指出是哪一代开明王。按上文，可是指的第九世的开明帝，他始立宗庙，易服色。大概就是在徙都后才立宗庙，定制度的。那时的成都可能还只有郭，无城，故叫"赤里街"①。其故址，在今城北二十里昭觉寺附近略与沙原齐平的黄土陇上，故曰赤里（秦灭蜀后，张仪筑龟城，为蜀郡治，亦只在今城北的驷马桥附近。唐代又徙向南。今城乃明代所筑，较唐城更向南扩展）。开明王徙治赤里街，说明其时成都沮洳平原已全面变为耕土，故蜀国都邑也从黄土丘陵徙到平旷的沙原来了。但还未肯进入沙原而仍只作邑在最低的黄土浅冈之上。秦汉以后，乃逐步移向平原中央。

《华阳国志》说："丛帝生卢帝，攻秦至雍。（卢）帝生保子帝。帝攻青衣，雄张獠僰。"其上文说杜宇的疆域，"以褒斜为前门"。褒谷、斜谷，在汉中之北的秦岭山脉。雍城在秦岭之北的宝鸡。这可以说，较杜宇时已经推进了一步。攻秦至雍，还不是占领了雍。但要翻越秦岭去用兵，就非先占有汉中和武都两盆地为领土不可。这两个盆地，在战国时，是蜀、秦、巴、楚四国互争之地。由这句话，可以肯定，在开明第二代卢帝时，是曾经占领过它一段时期，但未长期占领下去②。

---

① 街为四通之邑的用字。凡古称邑者，皆无城垣，但四街尽头有门阙，是之谓郭。筑城者，城门外加筑瓮城，亦为郭。

② 关于四国争夺汉中地区的过程，另详我的《华阳国志校补图注》，上海古籍出版社1987年出版。

保子帝为开明第三世，所攻的"青衣"当然是指住居青衣江地区的那支羌人，是同时进入四川盆地的另一支羌族。文化比蜀落后，但武力能与蜀抗衡。蜀南方地区的獠人和僰人建立的氏族部落都畏惧他。蜀帝能够征服他，那些氏族部落都转而亲附蜀国了。但还不是接受蜀国的统治，只算友好性质的氏族，与《尧典》所谓"万邦"意义相当。上文说杜宇"以南中为园苑"，不过说商业往来的地面。这里说的"雄张獠僰"则是军威已远震南中（獠与僰人之国，全在南中。将于第三编详之）。即是说：已由商业关系渐入政治关系了。

《华阳国志》说："第九世有开明帝，始立宗庙，以酒为醴，乐曰荆，人尚赤，帝称王。"这就说明他前几世的开明帝都还未有定居，只转居于治水未竟的工程所在的地面，卜宅未定。此时泽地治水已竟，乃卜宅建都，营为定制，所以才立宗庙。虽已立庙，"未有谥列，但以五色为主。故其庙称青、赤、黑、白、黄帝也"（俱用《蜀志》文），但知他们已学到中原的五行哲学了。称祭庙之酒为醴，亦是中原语义。称乐曰"荆"，则是保持其荆国固有之"南乐"，不习风乐和雅颂。华言曰南，楚言曰任，蜀言曰荆，皆一种乐类名称之异。言"人尚赤"者，荆在南方，五色为赤。皆不忘族源之意。政权既固，乃图以本族立新俗，以渐变羌支之旧俗。亦即蜀族与华族由接近而分离，再由分离而接近的开始。这是蜀族历史划分时代中一个带转折性的时代。

开明氏只十二代。第九代改制，又阅三世而国亡。此十二代中统治者虽自别为开明氏，其人民（百姓）仍为蜀族，故仍当为蜀族历史的一个阶段。

去年新都出土战国时蜀王墓，陶器彝器甚多，皆精致而无文字。只一席上用为食用之小鼎。鼎盖内方镌有四字，有考证为"邵之食鼎"，有证为"启之食鼎"。我以为后者为是。缘鳖令虽荆人，不必即是昭王之后。《春秋》初书荆，僖公元年乃改称楚，书"楚人伐郑"。杜预注曰："荆始改号曰楚。"《蜀王本纪》称鳖令为"荆人"则是楚国先民之族，而非楚昭王之裔明矣。荆在蜀国之东。启明为东方晨见之星，鳖令自号其族为启明，亦犹"东人"之意①。与《山海经》"开明兽"

①　《诗·小雅·大东》："东人之子，职劳不来。"《毛序》："东国困于役而伤于财，谭大夫作诗以告病。"谭国在东方，故曰东人也。三国时，从刘焉自荆州入蜀者号东州人，亦取东人为义。

的字义不同。若然，则开明字本应作启也[①]。

四、蜀族是何时进入奴隶社会的？

《华阳国志》谓开明氏时，"蜀有五丁力士，能移山，举万钧。每王薨，辄立大石，长三丈，重万钧为墓志。今石笋是也。号曰'笋里'。"今按，移山举万钧，非一人所能办，亦非五人所能办。五丁力士不能释为五个力士，应解释为五个氏族，即支持开明氏为蜀王的五个羌支氏族（也是蜀族的五支，或是从鳖令来的五支人）。他们人多，力大，耐劳苦，有劈石技巧，故能移山，劈石条重千钧以为王墓的标志。[②]

氏族发展强弱不平衡，差距太大时，便会产生阶级分化，

---

① 《山海经》："昆仑之虚，方八百里，高万仞。……面有九门。门有开明兽守之。"按《淮南子·地形训》谓八极："东方曰东极之山，曰开明之门。"开明，亦当是启明字避讳改。若昆仑九门，分在八方，即不适用启明之义。故"开明兽"与"启明之门"字当不同。鳖令时不知有昆仑九门，即不知有开明兽。故可定其字本作启明。

② 冯汉骥先生说：人类有过大石文化的阶段。奴隶主文化落后而拥有众多的劳力，用粗陋的石器与铜器劈取大石树立为宫阙和墓表，以相夸耀。成都之石笋、石镜与秦人之石牛，皆是大石文化的产物。今冕宁城外有大石墓数所，皆用高厚，长阔过五尺之巨石块镶成，无他艺术表现。亦大石文化产物也。

从而过渡为奴隶社会。以华夏为例言之：华夏进入奴隶社会，从夏代开始，殷代成熟，可为定论。周族，则是太王迁岐后才开始的。《大雅·公刘》称"于豳斯馆""止旅乃密"。是说公刘时已有非周族的人投附到豳来了。公刘都收留起来，作馆居之，还不是作为奴隶，但只"君之宗之"，"爰众爰有"，等于百姓看待。其后迁岐，伐密伐崇，战争渐多，俘虏降附，遂有阶级，便已进入奴隶社会。文王、武王能优待奴隶，颇得奴隶死力，以致强大（如南宫适、散宜生、泰颠、闳夭、新荒等人，皆开周立功最多的人，灭殷后竟无封国，就因为是奴隶，不能列为诸侯。箕子是殷周最有高名的知识奴隶，有陈《洪范》之功，求除奴籍，也只封于朝鲜，不得与诸侯朝见）。他的奴隶来源，就多出于南国的江汉之间。《周诗·二南》有《汉广》《江记》篇，旧说为"被文王之化"。其实是江汉间人被卖为奴隶于周，歌唱其南乐旧章之辞。《小雅·南有嘉鱼、南山有台》皆南国商人来周者（主要是卖奴隶）受享之诗。所谓"南国"，包括秦岭以南的国家，巴、蜀、庸、楚、褒、申等国皆在其内。

岐周以西的羌族部落，则汉魏间都未是奴隶社会，有些部落到了唐代才有奴隶主。吐蕃优待奴隶与岐周相似。川边的羌支，按《西羌传》文字看，到了后汉都还没有奴隶。那么，羌支发展起来的蜀国，是何时进入奴隶社会的呢？

按上面六章论述的史事推断，蚕丛、柏灌两氏阶段，不会有奴隶。当冉氏、骊氏侵入时，频频发生战争，可能已在向奴隶社会过渡了。但实际进入奴隶社会的时间是从杜宇开始的。因为它"以褒斜为前门"，则从成都到汉中地区各氏族部落已被它征服了，必有俘虏成为奴隶。再到开明氏时，南中部落来投附的人必然很多，所以到开明氏，就能有"五丁力士"这样强武的奴隶队伍，把他们比作周族的泰颠、闳夭、新荒之类，是符合实际的。

《华阳国志》叙五丁力士，系据《蜀王本纪》。所言五丁掣蛇、山崩压死的故事，可能是说的蜀征梓潼氏国时，遇伏战死（关于梓潼氏，详后）。梓潼氏之国在蛇水河谷，故蜀人言掣蛇也。

蜀国奴隶买卖之盛，不仅周秦为然，直至汉代仍是极盛的。《史记·货殖列传》说：巴蜀"南御滇、僰，僰僮。西近邛、筰，筰马、旄牛"。《汉书·地理志》作"南贾滇、僰僮，西近邛、筰马、牦牛"。又其《货殖传》言成都罗裒，"往来巴蜀，数年间，致（资）千余万。"又说："初，裒贾京师，随身数十百万。"当时行五铢钱。数十百万随身，非大力者所能胜。况行数千里，山险水恶，途多盗贼，纵挟数十百万商品，亦不可能。惟携值数十百万之奴隶，于义乃通。故知罗裒起家，便是贩卖奴隶。先贩僰僮，以才能受平陵富豪委托资遣，乃致巨富。传虽不及僰僮，而僰僮之利自见（僮即奴隶。王褒有《僮约》一文流传）。蜀王之富强兴盛，应亦与此有关。

但奴隶军队，在奴隶主虐待之下，不可与节制之师作战。故当秦军远来时，蜀王自恃其众，自率军至葭萌（故城在今广元县嘉陵江西岸的"老昭化"），虽凭江水之险仍不能御秦军，一战而溃。诸城邑更无能阻御者，竟至成都亦不能守，逃至武阳被杀①。其傅相与太子逃奔白鹿山，俱为所俘。正如殷纣之于牧野，虽曰"其旅如林"，一经交锋，即"前徒倒戈"，一败涂地，唯有自焚而已。奴隶军队之不能战，从古皆然也。

---

① 《华阳国志》："周慎王五年，秋，秦大夫张仪、司马错、都尉墨等从石牛道伐蜀。蜀王自于葭萌拒之。败绩。王遁走至武阳，为秦军所害。其傅相及太子退至逢乡，死于白鹿山。开明氏遂亡。凡王蜀十二世。"逢乡，即海窝子。逢彭古音同。唐于其地立彭州。

第七章
国亡后的蜀民

　　开明氏帝系发展到十二代，已经衰老、腐化，脱离农耕人民，过着奴隶主享乐生活，只讲声色犬马，不再关心劳动人民。其奴隶，亦不再像五丁力士那样忠于其主了。秦灭蜀，用封建制代替奴隶制，适应了社会的发展。因此，尽管有不少奴隶主贵族逃亡异乡，而大部分蜀民在秦代为社会发展做出了重大贡献。

一、奴隶主贵族逃亡异乡建国

1. 蜀王子建国于越南

　　秦灭蜀，蜀王战死于武阳（今眉山市彭山区江口镇）。其太子率余众奔还海窝子，亦被俘。著于《华阳国志》。常氏

《南中志》曾述晋与吴争交州事，而不知交州交趾郡为蜀王子所开，而列之为"九服之外"，是其阙失。赖有郦道元引《交州外域记》补述其概略。兹录其全文，加以分析解说（原在《水经·叶榆水·注》）。

《交州外域记》曰：

交趾昔未有郡县之时，土地有雒田。其田从潮水上下。民垦食其田，因名为雒民。设雒王、雒侯，主诸郡县。县多为雒将。雒将铜印青绶。后，蜀王子将兵三万，来讨雒王、雒侯，服诸雒将。蜀王子因称为安阳王（以上第一段）。

这一段是说：今越南的河内、海防一带（红河三角洲地区），地方卑湿，每有海潮能到之地，平时是稻田，朔望潮期若逢大水，稻田就会淹没。这种水田，叫作"雒田"。种这种稻田的人，叫作"雒民"。雒民部落的酋长，称为"雒将"。这样一个地区，也即被称为雒域（《史记·南越传》作骆）。秦汉间人称南方民族为"越"，浙东地区为"东瓯"，福建地区为"闽越"，广东地区为"南越"，广西地区为"西瓯"，称此部为"雒越"，合称五岭以南诸部落为"百越"。当时百越未能建成国家。秦始皇南平百越，置郡县（西瓯与雒属象郡），皆因其俗而治之，守令多仍雒将之旧。强大者任之以郡，则称雒王。弱小者任之以县，则称雒侯。蜀王子军来，征服诸雒将，重建蜀国。不仅见于《水经注》，越南人自撰之《大越史记》等书亦有记载[①]。谓安阳王"名泮，巴蜀人也"。其为蜀亡国后之一漏网王子，率残部奔入南中，转至交趾重建蜀国，应无疑矣。《史记·南越王尉佗传》称其据南越称帝在秦二世时（上距秦灭蜀百零九年）。至汉文帝时，佗上书，犹谓"蛮夷中间，其东闽越，千人众，号称王。其西瓯、骆、裸国，亦称王"。是其时安阳王国尚存在，南越仅"以军威边，财物赂遗闽越、西瓯、骆，役属焉"而已（并见《史记·南越列传》文）。佗卒于建元四年（公元前137年），则其驱逐安阳王在汉景帝时（公元前156—前141年），上距秦灭蜀国已一百八十年，安阳王当已传国五六代之久了。则所谓"蜀王子"，当秦灭蜀后蜀族的一个王子，他可能是从武阳率余众逃入南中，更自南中进入交州，抚有越裳支裔诸部落重建蜀国而称

---

① 《大越史记》，越南人黎文休1272年（南宋度宗咸淳八年即元世祖至元九年）撰。其后潘孚先、吴士连等增订。有外纪一篇，多记神话传说，以越南人世代相传者为多。亦有华文典籍已先有者，如《水经注》安阳王神弩之类是也。

"安阳王"。又复传国数世，大体可定。其所率三万人中，不能全是开明氏之族裔，应有绝大部分为蜀族百姓，与少部分奴隶（奴隶不可能相从远逸，但亦不能绝对无有。例如服役于王子家庭的奴隶，与其他非战士的奴隶，亦能同走）。

蜀王子所以能脱于秦军追击者，由于当时南中诸部落，如丹犁、僰侯、头兰、夜郎、句町等国，它们早已臣服于蜀，秦军声威不能达，蜀王败报亦不易至。故王子与所率军队，能假蜀王威信，作循行姿态，所至取得供应，如行庭内，秦军无法深追。蜀王子亦不敢夺所至之国，每畏秦使追踪，亦畏诸部知其亡国而掩袭之，故直行而南。迨已出其属部之界，入于交趾，乃以财物加兵威招抚雒将。南中诸部落亦乐于助之，以自宁。故能顺利取得交趾，重建蜀国也。其相从而来之蜀族人民，善于治水，作堤防潮以捍雒田，并开垦泽国卑湿之地。故雒将、雒民亦乐归之。遂成大国，传数世。

其被南越战败之原因与其过程，《交州外域记》续云：

安阳王有神人名皋通，下辅佐。为安阳王治神弩一张，一发杀三百人。南越王知不可战，却军往武宁县（按《晋太康记》，此郡属交趾）。南越遣太子名始，降服安阳王，称臣，事之。安阳王不知通神人，遇之无道。通便去。语王曰：'能持此弩，王天下。不能持此弩者，亡天下。'通去。安阳王有女名曰媚珠，见始端正，与始交通。始问珠，令取父弩视之。始见弩，便以锯截弩，讫，便逃归，报南越王。南越进兵攻之。安阳王发弩，弩折。遂败。安阳王下船，迳出于海。今平道县后王宫城，见有遗址（《晋太康记》县属交趾）。南越遂服诸雒将。①

　　这段说的"神弩"，应解释为蜀国制造的"侧竹弓"与"白竹弩"。破苦竹（绵竹）取青扎漆制成，质轻而劲，发矢能及远。此亦蜀族工巧匠师所优为②。所谓神人皋通者，盖从

----

① 　上引文有两括弧内字，皆郦氏对所引《交州外域记》的加注。《水经注》原本是《水经》本文用大小字体分别开的。注文字小，另行。其所引文，又复有双行夹注。后世抄本，一律连写成大字。到清代的全祖望才看出其经注不分，加以分写。对于所引诸书文句中的夹注仍未加以区别。但刻校本，对此九字，注有"此九字注中注"之语。兹用括弧区别。

② 　常璩《南中志》记霍弋遣南中大姓率部曲夺取吴王孙皓的交州。其后兵败，孟干、爨熊、李松三人被俘入吴。当徙临海郡，他三人先已密约俟机逃归晋，"干等恐北路转远，以吴人爱蜀侧竹弓弩，言能作之。皓转付部为弓工"。遂得北还。又《巴志》，秦昭王以白虎为害四郡，募能杀白虎者。"夷朐忍疗仲，药何、射虎秦精等乃作白竹弩于高楼上射虎，中头三节。"于是害除。此皆巴蜀人善于用竹为弓、弩之证。

蜀王子来之弓工。更取交趾濮竹制为强弩，以机发之，杀人更多。雒民以为神人耳。所谓"通去"者，谓皋通已死，后王不能修其业，故败于南越。数百年后，雒犹知其名，傅会为神人耳。南越王尉佗姓赵。初畏安阳王强大，遣其子赵始与蜀女媚珠婚，因得知其弩制作法。乘其业废弩敝而发军攻之，遂取其国。

这一故事安南人也收入了自己的史记，经法国人鄂卢梭（L. Aurouseau）译成法文，收入其《秦代初平南越考》内，1932年冯承钧从法文译成汉文，如下：

安阳王得着一个龟爪，与以为机，造成神弩，一发可杀五百至一万人。赵佗遣子仲始求婚王女媚珠，潜毁其机。赵佗方能略取其国。

看来入赘于媚珠的赵始，是赵佗的第二个儿子。这就更可知南越击败最后一个安阳王的时间，在汉文帝之世了。但鄂卢梭的考证，则谓，"安阳王国建立之年，虽然史无明文，然我以为当然应位于秦始皇死（公元前210年）同南越建国（公元前207年）的中间"。这即是说，蜀王子泮在雒越重建蜀国的时间在秦始皇死至二世降汉的三年之内。他还说："蜀氏唯一君主的安阳王在位时间必在公元前214至前207年之间，或者就在210至207年之间（引文俱在冯译本的第三章）。"查公元前214年，即秦始皇开岭南置南海、桂林、象三郡之年。亦即尉佗初至南海之年，上距秦灭蜀亦已一百零二年了，首任安阳王安能如此长寿，而其女媚珠还能爱赵佗之子仲始？所以，鄂卢梭教授这一考订是绝对不合的。

另一个法国汉学家迦节（M. L. Cadiere）编的《越南历朝世系》，参考了十一种越南的史书，辑录得非常简单明了。他说越南最早一个王朝叫鸿庞氏，第二个是蜀氏，第三个是赵氏。他一直说到1907年亡国的阮氏，为第十六个王朝。他说：鸿庞氏"国号文郎，定都峰州。……兴于纪元前2879年壬戌，亡于纪元前258年癸卯，计共建国2622年"。这里所说的公元前2879年，即我国古史相传越裳氏九译来献的年代（《竹书纪年》在周成王九年）。那时中华都还只开始建成统一的国家，越南自然也只能是氏族部落。说两者之间已有往来市易，是可能的。说成是贡使往来的国家，便是没有史学常识的谬说了。任何一个氏族组织，也没有发展两千多年而不变的。我疑"鸿庞氏"的越南原语，与华言的"鸿蒙"相当（蒙、庞、逢、萌古音相通），是仅有氏族公社组织的雒将的统称，并不是越裳氏或雒王已有的国号。

但他说到"蜀氏安阳王"，便有清楚的事迹了。他说："其王姓蜀名泮。巴蜀人也，灭鸿庞氏雒王之国，而建瓯貉国。定都螺城。即今福安省东安县之封溪。在位五十年（公元前257—208年）。秦南海尉赵佗，逐安阳王而并其国。"①公元前257年即周赧王五十八年，上距秦灭蜀五十九年，时间比较接近，仍嫌稍多了二十八年。只说安阳王于公元前208年（秦二世时）为尉佗所灭，则必不然。因为《大越史记》的作者依据中华典籍。中华并没有典籍确指安阳王建国和亡国的年代，所以推算不免有误，从而相信他所推算年代的人，也就不能免于错误了。

———————————

① 《大越史记外纪》云："秦始皇崩于沙丘，任嚣、越佗率师来侵。佗驻军北江仙游山，与王战。佗败走。时嚣将舟师在小江，染病，以军付佗。佗退守武宁山，通使讲和。乃分平江以北佗治之。以南，王治之。佗遣子仲始求婚王女媚珠。许之。"若描述这场战争的话有根据，就可见安阳王据瓯雒已久了（那些地名，俱在今广西，说明秦始皇所遣任嚣是后来的）。又说"癸巳，秦二世胡亥二年，南海尉赵佗复来侵。安阳王败走，自溺死，蜀亡"。（俱据冯承钧译本）考胡亥二年，尉佗还只是南海尉职，任嚣还未死。佗之经营南海一郡，尚需时间，安能遂有兵力入侵瓯雒，灭安阳王之国？且安阳王兵败入海，也并未自溺（详见下节），故知其说不确。

2. 安阳王裔再进入柬埔寨建成扶南国

《大越史记》是依据中华典籍与地方传说编写的，其记安阳王事，依据的中华正史与康泰《扶南国传》《交州外域记》和《水经注》等书，甚为明显。康泰，三国吴人，受吴大帝孙权派遣，通市易于南洋，撰《扶南国传》。当时所谓扶南，实即今天的越南南部高棉人住区和柬埔寨。当时孙吴承汉制，抚有交趾、日南、九真诸郡县。实际疆界只到今天的岘港。岘港以南即是扶南国地。

《三国志·吴志·吕岱传》说："延康元年，代步骘为交州刺史。……表分海南三郡为交州，以将军戴良为刺史。海东四郡为广州，岱自为刺史。遣良与（陈）时南人，而徽（九真太守士徽）不应命。……岱击，大破之。……斩获以万数。又遣从事南宣国化，暨徼外扶南、林邑、堂明诸王各遣使奉贡。黄龙三年，以南土清定，召岱还屯长沙沤口。"《太平御览》卷八〇八引《吴历》云："黄龙四年，扶南诸外国来献琉璃。"《古今图书集成·食货典》引作"黄武四年"。孙权黄武四年（公元225年）即蜀建兴三年，蜀诸葛亮平南中之年。其后四年，吴改元黄龙。黄龙四年改元嘉禾，故黄龙无四年。

则扶南献琉璃在黄武四年为是。盖因蜀平南中，南亚震动，故贡吴求庇也。康泰出使应在此时。

于时九真以北为吴国的交州，故扶南为"交州外域"。《水经注》所引的《交州外域记》，是否即是康泰的书，抑是晋、宋、齐间华人所纂，要其取材于泰之书可定[①]。

《太平御览》引有《吴时外国传》一条云：

扶南之先，女人为主，名柳叶。有摸跌国人字混慎，好事神，一心不懈。神感至意，意梦人赐神弓一张，教载贾人舶入海。混慎晨入庙，于神树下得弓。便载大船入海。神迴风令至扶南。柳叶欲劫取之。混慎举神弓而射焉，贯船通渡。柳叶惧伏。混慎因王扶南。[②]

---

① 《隋书·经籍志》未有《扶南传》与《交州外域记》，而有"《南越志》八卷，沈氏撰""《变州杂事》九卷，记士燮及陶璜事""《交州以南外国传》一卷"与"《扶南异物志》一卷，朱应撰"等目，皆可认为采《扶南国传》资料，更增益续有闻见之作。原书为后出者所掩，反不流传。然魏、周、隋、唐犹有私家藏本为宋代类书所收录。

② 据冯译马司帛洛（Georges Maspero）撰的《宋初越南半岛诸国考》，原注有云"《太平御览》所采的古籍文，都是转抄的，并不是出于原书"。还说"柬埔寨没有柳树，何来柳叶？"因谓柳叶是椰叶之讹。又说"慎，其他书文作填，或滇。康泰原记似作填，是kaundinya的汉译字。"

这所说的《吴时外国传》，显然就是康泰、朱应撰的书。更还有题为《康泰行纪》的（见《太平御览》卷七八七）。《晋书》《南齐书》《梁书》《南史》《新唐书》皆有《扶南传》，亦皆依据康泰、朱应之书，而文字微异。例如《晋书》云：

　　其王本是女子，字叶柳。时有外国人混溃者，先事神，梦神赐之弓，又教载舶入海。溃旦诣神祠，得弓。遂随贾人汛海至扶南外邑。叶柳率众御之。混溃举弓。叶柳惧，遂降之。于是混溃纳以为妻而据其国。后胤衰微，子孙不绍。其将范寻复世王扶南矣。……①

《南齐书》云：

　　……其先有女人为王，名柳叶。又有激国人混填，梦神赐弓二张，教乘舶入海。混填晨起于神庙树下得弓。即神舶向扶南。柳叶见舶，率众欲御之。混填举弓遥射，贯船一面，通，

----

① 今行《晋书》，是唐太宗敕修本。其《扶南传》应采酌了齐、梁书文。但宋、齐、梁人亦多有《晋书》成卷。故必多所依据。

中人。柳叶怖，遂降。混填娶以为妻。恶其裸露形体，乃叠布贯其首。遂治其国。子孙相传。至王槃况死，国人立其大将范师蔓。蔓病，姊子旃篡立，杀蔓子金生。十余年，蔓少子长，袭杀旃，……旃大将范寻又杀长，国人立以为王。是吴，晋时也。晋、宋世通职贡。……①

《梁书》云：

……扶南国俗本裸体，身被发，不制衣裳。以女人为王，号曰柳叶，年少壮健，有似男子。其南有徼国，有事神鬼者字混填，梦鬼神赐之弓，乘贾人舶入海。混填晨起，即诣庙，于神树下得弓，便依梦乘船入海，遂入扶南外邑。柳叶人众见舶至，欲取之。混填即张弓射其舶，穿度一面，矢及侍者。柳叶大惧，举众降混填。混填乃教柳叶穿布贯头，形不复露，遂治其国。纳柳叶为妻。生子分王七邑。其后王混盘况，以诈力间诸邑令相疑阻，因举兵攻并之。乃遣子孙中分治诸邑，

---

① 《南齐书·扶南传》叙宋末扶南王㤭陈如，多载其书表，说明其文字亦是汉文。国王深信佛法。末云"人性善，不便战。常为林邑所侵击，不得与交州通，故其使罕至"。是其开始衰弱矣。

号曰小王。盘况年九十余乃死。立中子盘盘。以国事委其大将
范蔓。盘盘立三年死。国人共举蔓为王。蔓勇健有权略，复以
兵威攻伐旁国，咸服属之。自号扶南大王。乃制大船，穷涨海
攻屈都昆、九稚、典孙等十余国，开地五六千里。次当伐金邻
国，蔓遇疾，遣太子金生代行。蔓姊子旃，时为二千人将。因
篡蔓自立。遣人诈金生而杀之。蔓死时，有乳下儿名长，在民
间，至年二十，乃结国中壮士袭杀旃。旃大将范寻又杀长而自
立。……吴时遣中郎将康泰、宣化从事朱应使于寻国。……晋
武帝太康中，寻遣使贡献。穆帝升平元年，王竺旃檀奉表献驯
象。诏曰：此物劳费不少，驻令勿送。其后王桥陈如，本天竺
波罗门也。……①

分析这些关于扶南国的资料，可以得出下列结论：

（1）今天高棉人分布的地方（柬埔寨和澜沧江三角洲）
在三国时为扶南国。由康泰开始记载其历史。晋、宋、齐、梁
人续有补充。《交州外域记》与其他许多关于扶南的记载，辗

---

① 《梁书·扶南传》载其于梁武帝世屡通使，其王皆用梵语译音，盖范
寻之后已失王位。隋、唐、宋人书虽亦有传扶南事者，多徒用旧文，不详
其原委，即不更征引。

转抄袭，至于宋代的《太平广记》《太平寰宇记》的引据，就淆乱纷庞，失其先后依据了。至于叶柳与柳叶颠倒，混填与混溃，激国与徼国字讹之处尤多。其事迹叙述之任意改窜更难免了。唯自三国至梁陈，只三百年，扶南与六朝国君，使节往还，商船互通，所传史事大体皆同。小处讹误无足轻重。

（2）范寻为扶南王"在吴、晋世"。"晋武太康中，寻遣使贡献。"晋太康元年（公元280年）灭吴，上距吴黄武四年（公元225年）扶南入贡，只五十五年。阅历了盘况、盘盘、范蔓、范金生、旃长六王才到范寻。盘况九十余岁乃死。盘盘"在位三年"。金生不算，王旃"十余年"，足见康泰、朱应至扶南在盘况时。《梁书》称"混盘况"，而其与混填之间，不详世代。足见混填入据扶南事，为康泰所记，已未能详混填下至盘况之世代，后来者更无依据。则混填与柳叶事更远，唯泰得其传说而已。康泰之书如此，《交州外域记》亦当如此。故齐、梁史不能补。

（3）《水经注》所引《交州外域记》说安阳王败于赵佗后，"下船径出于海"。并未说他败死。越南人撰的《大越史记》竟说他"自溺死，蜀亡"，是没有根据的。像安阳王那样能率几万人于亡国之后远征到习俗全不相同的民族地区去，建成国家的，是断不会因一次兵败遂蹈海自溺死的。不仅国王不会，即其相从来到瓯雒建成国家的人，亦必不肯。他们既肯不守其"平道县后王宫城"而"下船，径出于海"，就必然还有几千几万军士与族人相随。那时雒越以南沿海民族都无强大组织，挟其武力所至皆可生活，皆可重建国家，并非山穷水尽（如南宋末陆秀夫蹈海之时），则何至于蹈海自沉？

（4）最值得注意的是：《交州外域记》所记安阳王的"神弩"，和传说的"能持此弩，王天下。不能持此弩者，亡天下"两句话。隐然如说因疏于治弩，而失瓯雒。因能修复此弩而又得建国于扶南。《交州外域记》说神弩"一发杀三百人"，齐、梁时书说混填的神弩"贯船通渡"，或说"贯船一面，通，中人"，或"穿度一面，矢及侍者"（也都是射穿船板伤及其人之意）。实际都只说的其人文化技术高，善制弓矢，足以威服土人，与安阳王之能征服瓯雒相似。而当时东亚地区唯蜀人善制弓矢，已如前述。是故可以设想：安阳王既因弓矢弛废败于南越，乃率其众，弃瓯雒王城入海企图休息后整治弓矢，再图反攻。其休止处，似在吴交州九真郡外的真腊（后称土赤）地界（今越南岘港以南）。因吴晋争夺交趾，先后配备兵力皆强大，统治很缜密，无机会反攻。乃于王混填时更向南取地建国，而通好于吴。康泰之书本以安阳王与混填通为一事。《水经注》与齐、梁人乃割绝为二耳（齐、梁世仍占有交州，并增置郡县，故记扶南只记混填）。

（5）各书记扶南土俗，皆谓其旧时土著"人皆丑黑，拳发，裸身，跣行"（《晋书》）。是原属棕黑人种。而今之高棉人，则体形肤色并与汉族相似，且较越南人更与汉族相似。窃疑其最初进入之黄种人是汉藏语文之蜀人，而非越语支之民族。高棉人的族源，是否由安阳王之族与扶南土著通婚所繁衍，值得研讨。即如上举史料，混填为善弩民族，柳叶属扶南土著，二人结婚，子孙分王属邑。晋宋时仍是姓混，齐、梁后乃因信奉佛法而名为竺某某，是已由混血之高棉人为王。

（6）再如《晋书》称"外国人混溃"，溃字当讹，"外国人"三字不讹。应是哪个外国呢？《太平御览》引《吴时外国传》作"摸趺国"，《南齐书》作"激国"，《梁书》作"徼国"。冯译伯希和《关于越南半岛的几条中国史文》（载商务印书馆1934年出版的《西域南海史地考证译丛》）谓即《太平御览》卷七八七引《扶南土俗》的"横趺国"。以为是印度"有一婆罗门到扶南"。由于高棉族信奉佛教很早，这样设想仅有可能。但所谓横趺国或摸趺国究竟在哪里，问题就

多了，伯希和也并未找到。我从激与徼两字去着想，古今无此
两字之国名。亦与摸跌之音不叶。横跌可与激叶。但《扶南
土俗》说"横跌国在优钹之东南，城郭饶乐不及优钹"。又说
"优钹国在天竺之东南可五千里，国土炽盛，城郭、珍玩、谣
俗与天竺同"。那么优钹就该是泰国，横跌就该是柬埔寨（扶
南）的邻近之国了。所以《梁书》写作"徼国"。徼国即有边
徼相共的邻国之意。末世安阳王上船入海，先据真腊，正与扶
南界。

3. 秦封三蜀侯是否蜀王子孙

《华阳国志》谓蜀王自葭萌兵败，"遁走至武阳，为秦
军所害。其相、傅及太子，退至逢乡，死于白鹿山，开明氏遂
亡"。又言："周赧王元年，秦惠文王封子通国，为蜀侯，以
陈壮为相。置巴郡，以张若为蜀国守。戎伯尚强，乃移秦民万
家实之。……六年陈壮反，杀蜀侯通国。秦遣庶长甘茂、张
仪、司马错复伐蜀，诛陈壮。七年封子恽为蜀侯。……十四
年，蜀侯恽祭山川，献馈于秦孝文王。恽后母害其宠，加毒以
进王。……王大怒，遣司马错赐恽剑，使自裁。恽惧，夫妇自
杀。秦诛其臣郎中令婴等二十七人。……十七年，封其子绾为

蜀侯。……三十年，疑蜀侯绾反，复诛之。但置守。"看常氏本意，是以蜀侯通国与恽皆秦王之子，而琯为恽之子。

蒙文通先生著论，谓秦三封蜀侯，皆蜀王子孙，指出《史记·秦本纪》与《六国表》《甘茂传》和《华阳国志》有许多矛盾。认为"三封蜀侯，只能是蜀王的子孙，绝不是秦王的子孙"（详见《巴蜀古史论述》）。那时我正校注《华阳国志》，认为记秦蜀事的巴蜀史学家，先有扬雄、秦宓、谯周、陈寿、常宽、黄崇等许多人，常璩综合其说而汇通之，不单依据《史记》。既云"恽后母害其宠"，就必然是秦王之子。不宜于两千年后怀疑昔人斟酌已定之书。因曾与所倡议有所争执，迨全书注完后，参考典籍已多，反复审核，转服蒙氏卓识。蒙所引据，有几条是很能启发人思考的。例如：

——《秦本纪》说昭襄王六年"蜀侯恽反，司马错定蜀"。《六国表》作"蜀反。司马错往诛蜀守恽，定蜀"。不作蜀侯反，而作"蜀反"，是有蜀仍以傀儡国存在的意味。不称蜀侯恽而称"蜀守恽"则秦灭蜀，初未以张若为蜀守，而是只以蜀侯守其故国。

——蒙氏又引《李斯传》说："秦无尺土之封，不立子弟为王，功臣为诸侯。"以证三蜀侯皆非秦人。并肯定"六国和秦都不把土地用来分封子弟"。细查战国各书，封爵、赐邑的例不少，封国为诸侯之例却未曾有。则蜀侯为秦王子，确是可疑的。

——蒙氏又以秦灭义渠而仍封其君为例，引《六国表》秦惠文王七年"义渠内乱，庶长操将兵定之"，十一年"县义渠""义渠君为臣"（《本纪》同）。但初更五年秦又伐义渠，见《后汉书·西羌传》。初更十年"伐义渠，取二十五城"（《秦本纪》）。至秦昭王时，宣太后诱杀义渠君，乃竟灭义渠，置陇西、北地、上郡（《西羌传》）。说明秦灭夷国而仍封其王子于故国，是有先例的。

——又引《张仪传》"卒起兵伐蜀。十月，取之。遂定蜀，贬蜀王更为侯，而使陈壮相蜀"。又《战国策·秦策》"蜀主更号为侯"。证明贬原来的蜀王为蜀侯。这些都是极其有说服力的。

诚如此说，则《华阳国志》中许多难解的问题也可解决了。如：

（1）《华阳国志》的"蜀侯通国"，《秦本纪》作"公子通"，《六国表》作"公子繇通"。这三处名字不同的原因，由于他是蜀王子，蜀语、秦语、后世人语有别，故作字不同。

（2）《华阳国志》说惠文王灭蜀，置巴郡。不言置蜀郡，而谓"以张若为蜀国守"，不言蜀郡太守。是由于初只为蜀国，以蜀侯为君，陈壮为相，而以张若监之，实主其行政，称之为守①。

（3）《华阳国志》"秦惠文王封子通国为蜀侯，以陈壮为相"的陈壮，可能是蜀王子通的旧臣。与丹犁和义渠勾结叛秦，欲自为蜀王，故杀蜀侯通（《华阳国志》"子通"句当读断。"国为蜀侯"，承上封字为句）而自立，仍求附于秦。秦未许其篡乱而讨杀之。故《秦本纪》言惠文王十四年"丹犁臣蜀。相壮杀蜀侯来降"。即在这年"伐义渠、丹犁"。言"臣蜀"，不言降秦，则其为相结谋抗秦可知。陈壮与蜀侯，皆秦所任命，而相杀。既杀蜀侯而又来降于秦，则其篡弑而仍求称藩于秦以避讨伐可知。若蜀侯为秦王子，则安敢杀蜀侯而求降

---

① 郡县守令制度，是秦代创立。其初县大于郡，取悬辖之意为称。统一后乃一律以郡辖县。守令之称亦有演变。大邑置守，为战国时制，多为武职，取领军镇守之意。统一后称太守，乃兼领军、民、财、讼诸政。至于国相，初亦不领民政，佐其王侯相礼而已。国相治民，乃汉成帝以后的事。诸侯王乃为掌治其国者，至汉景帝中元五年"令诸侯王亦不得复治国，天子为置吏（《汉书·百官表》）"。秦封蜀侯，为置相，又复有守，其因缘如此。

于秦乎?

《华阳国志》言秦孝文王十四年,蜀侯恽冤死,"蜀人葬恽于郭外。十五年封其子绾为蜀侯。十七年闻恽无罪冤死,使使迎丧入,葬之郭内。初则炎旱,三月后又霖雨。七月,车溺不得行。丧车至城北门,忽陷入地中。蜀人因名北门曰咸阳门"。这段话,可疑之点极多。郭外、郭内,应相去不远,有何徙葬的必要?又何得言"遣使迎丧"?更何至于阅三月、七月的"炎旱""霖雨",其丧始至北门?我查阅地方诸志,于《昭化县志》得知蜀侯通墓在昭化北山(今老昭化与宝轮院之间的石马坪古墓葬区),从而考得秦封的蜀侯,不是封在成都而是封在葭萌(汉葭萌县,晋代改名晋寿,清代叫昭化,今合并于广元县,把故县城叫老昭化)。葭萌故城扼桔柏津,历世为川北要地。蜀王封其弟苴侯于此以控制汉中地区。苴侯亲附于巴,蜀王讨之。苴侯奔巴,巴为求救于秦。秦军入蜀,蜀王拒战于葭萌,兵败,蜀国遂亡。秦封侯于葭萌而以张若守成都,是有其历史依据的。公子通既封于葭萌,葬于葭萌,则其相陈壮作乱亦在葭萌而不是在成都。所以陈壮篡弑,张若虽在成都,既未讨贼,也未从贼,而是请秦王出兵除灭陈壮。秦再封蜀侯恽,必然仍在葭萌。葭萌距咸阳近,故可以驰骑献胙。

既冤死事白，又封其子绾，乃安置成都，使在张若监护之下。因而改葬其父侯恽之丧。从葭萌至成都，道阻且长，更值炎旱和霖雨，故阅时数月，迎丧乃到。其言"蜀人葬恽于郭外"者，谓葭萌之蜀侯国人葬冤死之恽夫妇于葭萌郭外，非谓成都郭外。"使迎丧入葬之国内"者，谓遣使至葭萌迎丧来葬于成都郭内。其墓，即近年发现的北门外羊子山战国墓是也（其详细说明见拙著《华阳国志校补图注》）。若如《华阳国志》说三蜀侯为秦王子孙，则不封国于成都而封于葭萌为难解，蜀侯通墓在昭化北山亦不可解，遣使迎丧改葬侯恽更不可解矣。迨蜀侯绾诛，乃除蜀国，改郡守也。

4. 黄河流域的蜀族问题

蜀族部落，黄河流域也有，但与四川盆地的蜀族不同源。四川盆地的蜀族，即《尚书·牧誓》"庸蜀羌髳"的蜀，与山东、山西的"蜀"无关，即与魏晋南北朝的陕西蜀族亦当有所区别。

《春秋》成公二年，"公会楚公子婴齐于蜀。丙申，公及楚人、蔡人、秦人、宋人、陈人、卫人、郑人、齐人、曹人、邾人、薛人、鄫人盟于蜀"。这个蜀，是鲁国南境与楚界接境的邑名。故《左传》："楚师侵卫，遂侵我，师于蜀。使臧孙往。辞曰：'楚远而久，固将退矣。'……侵及阳桥。孟孙请往赂之……盟于蜀。"是蜀为楚师驻地，在鲁国阳桥之南。楚师侵卫归，驻于蜀而侵及阳桥（上文云"楚令尹子重为阳桥三役以救齐"），胁鲁从楚以御晋也。此蜀邑应在今山东滕县的蜀山湖附近。湖旁有蜀山，亦是上古民族部落，后乃沦为楚邑。其地较齐鲁为暖，亦是野蚕繁育之地，故有蜀山之称，且与岷江之蜀山氏约略同时（是为山东开始养蚕的祖源所在）。与四川之蜀，相隔七千公里，绝不能是同源，亦不能是昌意所娶的蜀山氏。杜预注谓"博县西北有蜀亭"，以齐国境内为说，亦必不然。时当鞌役之后，齐虽服于鲁，然更在鲁北。楚只侵卫及鲁，未侵齐，不可能驻师齐地。

此是为山东之蜀。

《后汉书·郡国志》颍川郡长社县有长葛城，有蜀城，有蜀津。刘昭注云："《史记》魏惠王元年，韩赵合军伐魏蜀泽。"[1]此蜀泽古称"皇陂"，源曰"皇台"，应亦是古代氏

---

[1] 《水经注》卷二二云："潩水，自枝渠东迳曲强城东，皇陂水注之。水出西北皇台七女冈北。皇陂，即古长社县之浊泽也。《史记》魏惠王元年，韩懿侯与赵成侯合军伐魏。战于浊泽是也。"蜀、独、浊、晋、义通，故各书引字不同。长社蜀泽，缘蜀水为称。后世讹为浊泽。

族部落所居。

此是为河南之蜀。

《读史方舆纪要》云："浊泽，《括地志》云：'出解县东北平地，即涿水。涿音浊。《史记》赵成侯六年，伐魏取涿泽。《魏世家》惠王元年，韩懿侯、赵成侯合兵伐魏，战于浊泽，大破之，遂围魏。是时，魏都安邑，或以为河南之浊泽，误也。'"

今按：顾说亦误。河南浊泽，字本作蜀。山西涿泽，可能亦是蜀字之讹，其字作涿，不作浊。其地盖即《竹书纪年》所记晋人取蜀之蜀，是另一氏族部落，在后魏时仍称蜀族，其人亦与四川盆地之蜀无关。

马长寿有《四川古代民族历史考证》一文，发表在《青年中国季刊》第一卷第四期。其第二章《蜀与巴》云：

蜀族原居成都平原，后有徙居山西者。河东、汾阴，及绛与晋城诸地皆有蜀族。《魏书·薛辩传》云："其先自蜀徙于河东之汾阴，因家焉。祖陶，与薛祖、薛落等分统部众，世号三薛。"《太祖纪》："天兴元年，河东蜀薛榆……率其种内附。"此言薛氏，蜀也。其他部落尚多。天兴二年"蜀帅韩咨内附"。《太宗纪》：永兴三年，"河东蜀民黄思、郭综等率营部七百余家内属"。泰常三年，"河东胡、蜀五千余家相率内属"。八年，"河东蜀薛定、薛辅率五千余家内属"。薛氏蜀名谨者，初仕刘裕，继仕魏孝文帝。《北史》载孝文尝戏谓谨孙聪曰："世人谓卿诸薛是蜀人。定是蜀人否？"聪对曰："臣远祖广德，世仕汉朝，时人呼为汉臣。九世祖永，随刘备入蜀，时人呼为蜀臣。今事陛下，是虏，非蜀也。"帝抚掌笑曰："卿幸可自明非蜀，何乃遂复苦朕。"……①

这些河东地区姓薛的蜀人，正如薛聪所说，只是魏晋以来从四川迁去的汉人。不过，可能有山西地区的古代蜀族人遗裔与他们联结相附以度乱离之世而已，未必全是河东古代蜀族的后裔。

马氏又举《魏书·文成五王传》："河间王琛，以讨汾晋胡蜀卒于军。"又有"建兴蜀亦反"句。长孙道生曾孙稚，

---

① 南北朝时，士大夫重门阀，以族源相轻。北人谓南人为"南蛮"，南人谓北人为"索虏"，省称曰"虏"。氐人李氏据蜀，国最长久。其后谯纵复据蜀九年，以蜀为国号，其所联系面甚宽，故江在与河东、淮北、幽冀人称西南人曰蜀，视同夷狄。魏孝文帝本鲜卑族，入据中原，深慕华风，犹依积习轻视蜀人。故薛聪以索虏讥之。薛广德，《汉书》有传。以经明行修为谏大夫，代贡禹为御史大夫，至三公。沛郡相县人，中州汉族也。故薛聪首称之。

"正平郡蜀反，假镇西将军、讨蜀都督讨之"。"孝昌二年，绛蜀反，费干之孙穆讨平之。"又《北齐书·封隆之传》："大军讨伐东雍，平紫壁及乔山紫谷绛蜀。"皆蜀为民族称呼。应皆属于古河东蜀国遗裔之证。实与成都平原蜀国遗裔有别。

以上是山西之蜀。

马氏又云："《尔朱天光传》：'为雍州刺史，以讨万俟丑奴，赤水蜀贼断路，天光入关击破之。'《周书》贺拔岳、寇洛、李弼等传，皆言伐赤水蜀。则蜀人在陕西西南，势亦雄厚。其在四川郡县者更无论矣。"（举有"氐蜀""山蜀"等例）亦皆氐人缘附李氏割据称蜀，与周秦代之蜀民族无关。

二、秦代蜀民的社会贡献

研究历史的人，必须把统治阶级的人与被统治阶级的人区分开。研究蜀族的历史也必须把蜀族人民与蜀王族分开。先秦的蜀族还没有狭隘的民族观念，所以鳖令以荆人为蜀治水有功，也能奉之为君。迨第九世开明帝用荆楚之俗建立制度时，蜀族也并不反对。同样，当秦灭开明氏用秦俗治蜀时，他们也未反对。奴隶作战不力，秦灭巴蜀如反掌之易。陈壮虽叛秦主蜀，蜀人不从，仍是瞬即败亡。蜀人无意抗秦，并支持蜀守张若建设川西平原。

李冰是蜀族阳平山地区生长的人。他的治水才能，只能是从蜀族柏灌氏和开明氏世代积累经验的基础上再加以改进发展而取得的，前面已有论述。其功绩也不能是他一个人的，而当是许许多多的劳动人民，有与他同样的兴趣和基本技能，乐于协助他，才取得成功的。同时，也还必须得到张若等朝廷官吏的信任和支持才有可能。后人一开口就称说"都江堰是李冰父子的功绩"，是不正确的。

关于李冰与蜀族人民在秦置郡县后在经济建设方面所做的贡献，《华阳国志》所记最为详备，兹撮举并加说明如下：

1. 关于兴修水利

湔堋（都江堰）：都江堰的分水设计与水利工程，是世界著名的。《华阳国志》云："孝文王以李冰为蜀守。冰能知天文地理，谓汶山为天彭门。乃至湔氐县（旧本误作湔及县），见两山对如阙，因号天彭阙。仿佛若见神。遂从水上立祠三所……乃壅江作堋。"《水经注》卷三三云："江水又历

都安县。……李冰作大堰于此，壅江作堋。堋有左右口，谓之
湔堋。"又《华阳国志》云："于玉女房下白沙邮，作三石人
立水中，与江神要：水竭不至足，盛不没肩。"（《水经注》
同，其下更有"是以蜀人旱则藉以为溉，雨则不遏其流"句，
亦用《华阳国志》"旱则引水浸润，雨则杜塞水门"句）今按
《华阳国志》与《水经注》亦皆摘取汉世述冰事者旧文（如：
应劭《风俗通》、桑钦《水经》与谯周《蜀记》之类），首尾
割裂，窜缀他语，非遵各家原作顺序，致后世多所误解。考所
谓"天彭门"者指岷江两岸山；"天彭阙"，指海窝关口。
"白沙邮"，即白沙河口岷江北岸之白沙街。秦开湔氐道，置
邮传于此。"湔堋"者，李冰于白沙外之大沙洲，用竹笼卵石
为堤，俾能固定，因以分水为内、外二江。内江缘湔山出宝瓶
口，灌成都地区田，外江缘南岸山灌江原地区田。于时蜀田重
在内江地区，期于保持一定水量，故于外江头部作马杈堤调节
水量。马杈以三脚木架挂笼石相续为之，加苇席为堤遏水。其
工简易，随时可以增减。旱则闭遏外江以补内江。雨而水溢，
则酌量砍除马杈之数以泄水，使内江水能保持定量。内江水
平，至宝瓶口，水位已高于其南之外江。如值洪水，则从宝瓶
口上方排水于外江。遇枯水，则于宝瓶口上方用竹笼石为堤以

遏制湃水。是为"飞沙堰"。北岸崖上刻有"水则"作为控内江宝瓶口水位的标准。竹笼石砾，就地取材，砌以为堤，工省费小，水不能坏。惟需岁岁修理更换之（是为岁修）。此李冰所创法也。周秦人呼自湔水盆地至白沙河口之山为"湔山"。其所住之人民，蜀亡后被称为"湔氐"。秦置蜀郡后，始从白沙邮开龙溪、娘子岭山路径通茂汶盆地，故称白沙新道为"湔氐道"。凡秦云"道"，皆置尉守护之，稽蛮夷出入，尉隶于县。至汉皆以为县。故《汉书·地理志》蜀郡有"湔氐道县"。蜀汉省称之为"湔县"（《三国志·蜀志》载后主"至湔。登观阪看汶水之流"）。皆缘湔山为称。"堋"，谓竹笼堤（今华北人称堤为"坝"，乃堋字之讹）。

凿离堆的意义。《史记·河渠书》言：自禹导河之后，"荥阳下引河东南为鸿沟，……于楚，西方则通渠汉水、云梦之野；东方则通沟江淮之间。于吴，则通渠三江、五湖。于齐，则通菑、济之间。于蜀，蜀守冰凿离堆避沫水之害，穿二江成都之中。"缘凿离堆与穿二江句连，后人遂谓所凿者为灌县宝瓶口，而以伏龙观为离堆。夫史迁既言"避沫水之害"，则当以"沫水"定其位置。《华阳国志》："青衣有沫水，出蒙山下，伏行地中，会江南安，触山胁溷崖。水脉漂疾，破害舟船，历代患之。冰发卒凿平溷崖，通正水道。"《水经·江水》，"又东南过犍为武阳县，青衣水、沫水从西南来，合而注之"。南安县，秦灭丹犁置。治"青衣江会"，则今乐山县城也。青衣江，今雅安河，汇芦山、天全、荥经、雅安四县之水，经名山、洪雅、夹江三县境至乐山界与大渡河汇合后东入岷江。正对凌云山崖（大佛崖）即溷崖，常冲逼江舟触崖破碎。故李冰率蜀人凿断凌云山崖为渠，俾水势分弱，又灌赑子街（篦子街）以南的沿江平原（今为牛华溪、五通桥平原）。《汉书·地理志》称青衣江为"大度水"①，称今大渡河为"渽水"，《水经》作"沫水"，郦道元《注》作"渡水"，与《华阳国志》沫水正合。不得谓岷江上游为沫水，即不得以灌县宝瓶口为李冰所凿。宝瓶口系石灰质砾岩自裂，水下尚有数丈深陷，非人工可凿。凌云山系砂岩，秦汉间石工已能凿。原凿时江水位高，实为水渠。其后江水侵刻已深，渠成陆土，

---

① 《汉书·地理志》之《蜀郡·青衣县》云："《禹贡》蒙山，溪大渡水，东南至南安入渽。"疑有脱文。其下严道县云："邛崃山，邛水所出，东入青衣。"是大渡水即青衣江之别称也。称大渡者，汉时，蜀与邛筰往来皆由青衣、严道逾邛崃山。临邛以东皆有桥，临邛以西无桥，要津皆舟渡，而以青衣江渡为最大，故名大渡水。其后开西南夷，滇邛道通，乃以渽水渡为大渡，青衣江不再有大渡名。渽水（一作渡水）之名亦废。

人乃忘其为渠，而亦不知李冰所率蜀人凿山开渠之劳。《华阳国志》广都县云："江西有安稻田，穿山崖过水二十里。"不云李冰所凿。然亦足见秦汉间蜀中凿山开渠数十里，已成风气。亦缘李冰始创其法，蜀民能致其功耳。

溷崖通，乌尤与凌云山离，故曰离堆。此《史记》《汉书》所云离堆也。宝瓶口裂，内江由之为门户，伏龙观自亦为离堆。离堆二字遂成表达地文之通用名词。《嘉庆四川通志》谓蜀有五离堆（乐山乌尤寺、灌县伏龙观、名山水口场之龟都寺、芦山飞仙关之二郎庙、南部新坝之离堆室）。抗日战争时期，地理学会组队考察嘉陵江，谓沿江有三十处离堆。

穿成都二江不当与都江堰工程相混：都江堰分内外水，即《禹贡》之"东别为沱"。若《禹贡》为西周时书，则殷周世江已分沱别流矣。最晚，亦当在鳖令时。李冰不过运其巧思，因内外水道之旧作埘而立水则，未可与凿凌云山崖与穿二江过成都工程相比。此两役，以当时工具之精度以估计工程速度，可能各需一万人开凿十年。若都江岁修，不过月余可竣。故史迁以凿离堆与穿二江并提，而不及湔埘。

《华阳国志》"冰乃壅江作埘"之下，接言"穿郫江捡江，别支流双过郡下，以行舟船。岷山多梓柏大竹，颓随水流，坐致材木，功省用饶。又灌溉三郡、开稻田。于是蜀沃野千里，号为陆海"。《水经注》引扬雄《蜀都赋》曰"两江珥其前"；又引《风俗通》曰"秦昭王使李冰为蜀守，开成都两江，溉田万顷"；又引《益州记》曰"江至都安，堰其右，捡其左，其正流遂东，郫江之右也"。

窃考李冰所穿二江，曰郫江者，分沱江之水南过成都城南，"市桥""江桥"皆跨其上，至万里桥与捡江会，南至武阳（彭山江口）再入岷江。今自谭家场分水，经洞子口至成都，今城西北之九里堤与城内王家塘、洗马池为其故道（秦城在此故河道之北，市桥、江桥皆跨其上。唐以后城向南移，二桥故道埋塞，城外别开新河，今城北门外油子河是也。新河绕城至东郊，仍循故道与捡江合）。缘其过秦时郫县城西，故曰郫江①。今世尚称此段沱江为郫河（俗讹作毘字）。

捡江，则自宝瓶口下即分内江之水东南流经笮桥至万里桥

---

① 《汉书·地理志》之《蜀郡·郫县》云："《禹贡》江沱，在西，东入大江。"水分别流复入者为沱。江、河、淮、汉、渭、汾皆有。故称郫县之沱为"江沱"。自都江分水，出金堂峡至江阳（今泸州市）乃复九江。《秦地图》称为"江沱"。《汉书》因之。鳖令治水前，江沱漫乱无定流。今导之为一水，与湔水、洛水、绵水合流出金堂峡。其会湔以上称郫江（即今之蒲阳河段）。李冰因江沱之水，自郫县界内分流过成都，故曰郫河。

合郫江，距秦城江桥十五里。故迹为今从十二桥入城之金河。古时能行船（河岸系缆石桩清末犹存，李劼人云如此）。明洪武时筑城，始包入城内，而更于南门外开新河至万里桥与古郫江合。古万里桥，在今望江桥附近。今人称南门大桥为万里桥者，亦误。捡字，古与敛字和检字音义并通，象手掌向下拇指枝出欲有所取之意（象意＝会意）。内江出宝瓶口外，北为蒲阳河，分南枝如出拇指作夹取之势，故曰捡江。唐、宋以来改称流江（取《蜀都赋》"二江之双流"为义）。

李冰开河时，原可行舟。故《史记》曰："此渠皆可行舟。有余则用溉浸，百姓飨其利。"（此乃统鸿沟、淄济，与此二江言之。）其后支渠纷出，堰坍频起，成都以上舟不复通。惟成都以下，自万里桥起保持行船，以通吴蜀水路。故诸葛亮送费祎使于此桥曰"万里之行，始于此也"。（关于以上考订，另详见《华阳国志校补图注》）

李冰所兴其他水利：常璩言李冰即作石犀以厌水精，"乃自湔堰上分穿羊摩江，灌江西"。是李冰所穿，又不止成都二江。羊摩江者，今曰"羊马河"，自岷江正流（外江）分出向西南，受味江、白沫江诸水，至新津渡复合于江。"江西"者，正流之西，秦江原、临邛两县地（今崇庆、大邑、新津、

145

邛崃四县）。盖冰既穿成都二江以后，应江西人民之请所开，是为成都西部兴修水利之始。羊马河，《汉书·地理志》称为郫水。蜀郡江原县云"郫水，首受江，南至武阳入江"是也。当时江原县治在此水侧。历世支渠纷兴，河道屡变，古之羊摩江，不可与今之羊马河全合。名称则相因。

李冰"又导洛通山洛水（或）出瀑口，经什邡、郫，别江会新都大渡"（或字当衍）。洛水，今云什邡河，源出九顶山主峰（海拔近五千米）峰群东侧，奔流向南，亦曰金河。至木瓜坪以南，始略平缓（红白、金花、三河、八角等公社皆在此部），与湔水海窝子盆地略似。穿高景关山岭而出，是为瀑口，亦似彭县关口。据《华阳国志》，亦是李冰所开。盖冰实生长于此。既穿成都二江与羊摩江，更兴什邡水利，于理可能。云"经什邡、郫，别江会新都大渡"者，秦时沱江（郫河）以北，只郫、繁、什邡与雒县，皆缘跨北山坡地，平为平原。冰为使湔、洛、绵水陡落平原后冲刷力减缓，似曾缘山开渠通灌四县低处。但因沙砾繁重，易淤败决堤，保持未久。故至文翁为蜀守时，再修理，分湔、洛、绵为三个灌区①。仍俱汇合于新都大渡，即金堂峡北口（旧名赵家渡，原属新都县，唐置金堂县，乃分出），今为金堂县治。

2. 关于交通建设

蜀族为了与中原往来之便，早在蜀王拥有五丁力士的年代就已开山修路，成功修筑了"石牛道"的坦途。这条路，与今世的宝成铁路路线一致。相传，五丁力士就累死在马角坝与雁门坝之间的"五妇山"。马角坝，原叫马鸣阁，是四川最早建成的桥阁栈道，是凿山计穷以后的蜀人想出来的通道方法（褒斜为北栈道，这里为南栈道。剑门山阁道，是诸葛亮创建的。剑阁道通，马鸣阁道才废坏）。以后的桥阁栈道，一直保存到解放前。可以说这是蜀国民族创造的方法，并且由蜀人维修，保存其法阅三千

---

① 《华阳国志》："孝文末年，以庐江文翁为蜀守，穿湔江口，灌繁田千七百顷。"又于李冰有"导洛通山"之文。并续谓"又有绵水，出紫岩山，经绵竹入洛（此洛指沱江），东流过资中，会江阳。皆灌溉稻田，膏润稼穑，是以蜀川人称郫、繁曰膏腴，绵洛为浸沃也"。既以为开辟绵、洛灌溉是李冰，开辟郫、繁灌溉是文翁，则何为又谓洛水灌及郫县？于理，不能谓李冰未谋湔江水利。此诸县平原北高南低，兴水利者，必图缘山凿渠乃利引灌，李冰不能不是如此。即今日，亦尚有缘山之渠。可知文翁但承冰旧业，有所改善耳。

年之久。华夏平原生长的人，是不能够发明那种方法来在悬崖修路的。

秦置蜀郡后，开凿了龙溪、娘子岭，把成都平原与茂汶盆地直接联系起来，为汉开冉駹置汶山郡奠下基础。这条道路即所谓"湔氐道"。显然是张若与李冰为蜀守时候，发动蜀国湔民开辟的。

还有临邛县与邛崃山之间的严道（《淮南王传》曰"严邮"），同样也是秦灭蜀后发动蜀国遗民开辟的。它为汉开西南夷奠下基础（这两道，也同在汉代建置为县）。这种劈山修路的工程，程度之大，比凿溷崖和开二江，或许还更大些。只由于李冰领导有方，蜀民积累经验，养成兴趣，所以能不声不响地便完成了。后来唐蒙开南夷、凿僰道，司马相如通西夷、镂零山道，就显得困难得多。因为那时的蜀国遗民已与汉族融合，经营农桑，不再有过去拔山扛鼎的气力了。

蜀地原没有桥梁，过大河用舟筏，过小河只徒涉。自李冰开始，在成都的两江上，架成七座木桥，是谓"星桥"。《华阳国志》谓蜀郡城"西南两江有七桥，直西门郫江中曰冲治桥（谓少城正西门外），西南石牛门曰市桥（少城正南），……城南曰江桥（大城正南），南渡流曰万里桥（在两江合处），西上曰夷里桥，上曰笮桥（三桥皆在捡江上），从冲治桥西北折曰长升桥，郫江上西有永平桥。长老传言李冰造七桥上应七星（此文已有八桥，笮桥不在七星之列）"。又"城北十里有升仙桥（今云驷马桥，亦不在七桥之列），……于是江众多作桥"。谓升仙桥与笮桥皆李冰以后民众所作[①]。

李冰所造七星桥，皆木桥也。李冰前蜀地有竹索桥，可以过人不可以行车马（因中段下垂如反虹）。惟地多大木，作桥正平，可行车马，然冰时犹未能多造，所以仍以竹索桥为多（上文笮桥，即是）。冰修治蜀城与江原临邛邮传大道，亦系以竹索桥过岷江正流。《华阳国志》所云"冰又通笮文井江径临邛"是也[②]。

当时对于陆路交通，只能发展至此。对于水道，则更只能听其自然。唯李冰亦曾做过努力。除凿平溷崖外，如《华阳国志》云："僰道有故蜀王兵阑。亦有神作大滩江中。其崖崭

① 七桥故址考，另详拙著《华阳国志校补图注》。
② 《华阳国志》："江原县，郡西，渡大江，滨文井江。"江原故治在今崇庆县元通场。文井江即分州河。成都至临邛路原是先由擦耳崖渡外江，即李架笮桥处。先至江原，乃至临邛（不是今日绕由新津路）。索桥虽不载车马，人行便速，仍为比较进步的措施。外江水涨落变化大，河床洲坝宽，木桥难架，故以笮通之。

峻，不可凿，乃积薪烧之。"所云"蜀王兵阑"是蜀人所做的地名，谓其滩上礁石似兵器库，冬季出水，可辨而避。夏季没于水下，破害舟船。礁石崖立，石坚不可凿。乃于冬季积薪烧之，而沃以醋，则礁石层层剥脱，终得铲除。

3. 关于开凿盐井

蜀族在岷江上源草地，食哈姜池盐，甚廉便。迨下至温暖河谷，食盐渐感艰难。但农业发达，文化日高，生产品为牧民所重，自甘运盐兑换，故亦不致匮乏。转入渝山地区后，羌盐断绝，惟仰给于巴盐（巴族从巴东盐泉煮盐，沿水道运至成都平原。故蜀国境内曾发现船棺葬墓。盖许巴盐商居留者之墓）。巴与蜀，时而战争，时而和好，应皆与盐商交易有关系。迨秦大举灭蜀、巴时，巴人似曾求救于楚，楚亦乘时因援巴之便侵据江州（今重庆）以东，枳邑以下，沿江盐泉所在各县，扼盐运以制秦。秦得蜀与巴、汉而无盐，人民怨恐。故秦又使司马错"率巴蜀众十万，大舶船万艘，米六百万斛，浮江伐楚。取商于之地为黔中郡（《蜀志》在周赧王七年）"。但因楚人抗击强烈，江州以下不能从水道更进。乃转由巴符水（今合江县古称巴符关，赤水河古称巴符水。宋刻讹为巴涪）

取楚鳖邑与郁山盐泉。置黔中郡以捍之。蜀得此，聊可自给。而楚人扼枳邑，不能由水道运济。因为从巴蜀攻楚不能克，乃命白起更率大军，逾韩国，直取楚之鄢郢与夷陵，截断江路。张若亦浮江应之。楚顷襄王兵败东走，沿江十五邑与巴巫盐泉尽失。秦以楚地置南郡，以卫盐泉。故苏代谓燕昭王曰"楚得枳而国亡（《战国策·燕策》）"。但是那时楚国已兼有吴、鲁、陈、蔡之地，东方境土还宽，顷襄王到陈更起大军，就在第二年又打回来，收复沿江十五邑，再度占有枳邑以下的巴东各盐泉，连郁山盐泉亦已收复。于是秦国所得的地面军民发生盐荒，汹汹不安。李冰想出办法领导蜀人开凿盐井，自行煮盐。这原是无可奈何中想出来的办法。初未料到这种办法，竟逐步发展成为四川盆地的井盐，竟会压倒巴东泉盐的优势，而著名于世界。

《华阳国志》说李冰"识齐水脉，穿广都盐井诸陂池。蜀于是盛有养生之饶焉"（汉魏人谓煮盐之水为齐水，音剂。明清刻本有妄改作察者）。其实是蜀人从军攻取巴东盐泉的人（或有李冰在内），看到盐水从地下涌出，料到四川盆地的下层有盐水，献计于张若，建议自己从地下掘取。李冰支持这一建议，并研究地文形势，揆度盐层所在，反复实践之后取得的成绩。并非他是神人。

这里所谓"广都盐井",指的是龙泉山脉南侧,即今籍田铺、贵平寺和仁寿县地面的盐井。当时开凿的是大井,即掘地为一大坑,深过淡水层,以求咸水。坑愈深则卤愈佳。于坑壁作螺旋盘道,以人负皮囊下挹取盐水出煮。平原淡水层厚,作坑难得盐水,选背斜层侧求之为易。故李冰最初得盐在龙泉山脉部分(当时属广都县)。若平原作坑,有至二三十丈者(如陵井与富世井),则得卤尤佳,且持久不衰;而气滞杀人,则作桥于坑口,以辘轳汲取之。皆李冰法也[①]。若背斜层部作坑,得盐易而不久即罄。于是废为鱼池,蓄水灌溉,兼收菰蒲之利,亦李冰法也。《华阳国志》以盐井与"诸陂池"连称,原属一事之劳故也。

方蜀郡盐荒严重时,邛国池盐亦逾雪山、邛崃行销入蜀,兑换铁器。张若于临邛与成都设盐铁市官,以监护市易(《华阳国志》云,张若作少城,"城内营广府舍,置盐铁市官并长、丞")。邛商多居临邛,故"临邛县"曰"本有邛民"。

---

① "陵井"在仁寿县治南,世传为张道陵所开,其实是秦井。依丘陵凿成,历世加深,至三十余丈。至宋代竹筒小井盛行乃废。富世井在富顺县,开凿较晚,卤质极佳。自流、贡井荣盛后,乃废。

邛民又以其取盐经验，帮助蜀人开火井槽盐井与安宁盐井。于是蜀亦有盐泉二，产量虽不大，犹胜于无。蜀人称盐为临（龄字同），故"临邛"为盐邛之意[①]。今人但知有小井，不知李冰所创之大井；知有井盐，不知秦灭蜀以前泉盐之利；知临邛为秦汉巨市，误以为因邛崃山得名而不解盐邛之意，故略作辨订。

4. 关于农业生产

秦灭蜀后，蜀族人民与中原地区经济文化交流增多，各方面的建设当较往昔有更大的发展。他们在秦汉之际农业方面的成就，由于史籍中资料太少，只可能举其大端如次：

（1）农业方面。在水利建设的推动下，已大量开辟农田，这乃是使单位面积产量提高的主要因素。就成都平原而论，当其尚是沼泽时，取鱼之外，无可利用。杜宇始开垦黄土丘陵种麦。鳖令治水后乃能有稻田。水稻栽培，比之于麦，力省，肥料多，收粒倍多。唯须造平田，有灌水、排水之便，一劳而永逸。故开明氏时农业生产有一度跃进，李冰为蜀郡太守时更大力提倡之。其

---

① 陇西临羌县，王莽改名盐羌；巴郡临江县，王莽改曰监江；定筰临池泽，应劭《十三州志》作盐池泽：皆缘是产盐故称临，监与盐皆临字形变。

时人民犹畏开治稻田之难，且种稻宜水牛，蜀族习惯黄牛，于种稻未便，尚多徘徊于旱粮种植。李冰劝民畜水牛，开稻田。遂成"沃野千里"。《华阳国志》称李冰："作石犀五头以厌水精。穿石犀溪（汉魏人谓渠为溪）于江南，命曰犀牛里（今为犀浦镇）。后转为耕牛二头。一在府市市桥门，今所谓石牛门是也。二在渊中（即石犀渊，在市桥下）。"这个犀字，我考是兕字之讹。二字同音，原皆水泽凶猛野兽。犀三角在鼻，兕二角在顶，字象其双角之巨。蜀中原有犀，白垩纪地层多有其化石。但在第三纪已绝迹。李冰不能见其物，则安能造其形？兕被南方人驯养为耕牛颇早。其性喜水，嗜浴，今称为"水牛"，与喜燥、恶热之黄牛不同，特宜于耕种稻田。蜀地原无其种，初惟岭南养之。随种稻之术引进于云梦盆地，又随巴族引进于巴蜀。李冰凿石象之，以教民引种，故曰"后转为耕牛"。非犀能转为耕牛也。今蜀中沿江多有石牛，铁牛在水次，云能厌水害，亦皆作双角水牛状，不作犀状。足知厌水之说或出于冰，其形固是兕。是秦时只称水牛为兕，汉人讹其字为犀耳。

水田种稻之利既见于成都平原，红土丘陵地区，亦仿为之。《华阳国志》梓潼郡涪县："有宕田、平稻田。"平稻田即平原有灌溉之利的稻田。宕田即红土丘陵区的稻田，俗称

"于田"，得雨则种稻，旱季则种麦。这种田，后汉、三国时已推进于川北山区，宕渠郡县，成为四川建造梯田的动力。我国梯田，建国前惟四川与福建有之。建国后始推行全国。人知其如此，而莫知其与李冰推广种植水稻有关。故特提及之。

四川的山区，原只种麦与芜菁[①]。何时开始种黍稷，史无明文。然二种在汉代已成普遍栽培的粮食作物，则有古诗可证。常璩《巴志》土风诗云："川崖惟平，其稼多黍。旨酒嘉谷，可以养父。野惟阜丘，彼稷多有。嘉谷旨酒，可以养母。"又有"彼黍既洁，彼牺惟泽"句。显然为秦置郡县后，华夏族大量入居以后之诗。黍为华夏原产之旱地谷物，其由中原引种无疑。稷在中原一名"蜀黍"（今云高粱）[②]，是否为蜀族最先育成再引种回中原，尚待考订。

（2）蚕丝方面，是蜀族祖传的杰出本领。进入成都平原

---

① 芜菁，一名"诸葛菜"。相传诸葛亮南征时，从夷中引种。窃疑是蜀族人用羌人圆根萝卜培养的新种，由诸葛亮北伐时引种入汉中，传入中原，今川边高寒地犹多种植。味腴厚，可生炎，长于圆根三四倍，俗称"青皮萝卜"。

② 中华农作物，由巴蜀传入中原者颇多。亦每冠有巴字，蜀字（如蜀椒、芭蕉之类）。亦有自尼泊尔，与西部亚洲及印缅输入者，如波稜、豌豆、生姜、棕榈之类。似亦不能不先试种于巴蜀，然后再入华夏。其在秦汉以后者，此当不论。

后，虽无史文说到这方面的发展情况，也可由下列一些史事知道其是在继续发展，始终保持着全国先进地位。诸葛亮贻兄瑾书，说他"成都有桑八百株，子孙不虑衣食"。这说明三国时成都蚕桑业仍普遍发展，不似今时成都平原之情况。蜀锦之名噪于夷夏，更可见直至秦汉魏晋，丝织工业仍为全国所莫及。左思《蜀都赋》："阛阓之里，伎巧之家，百室离房，机杼相和。贝锦斐成，濯色江波。黄润比筒，籯金所过。"①按"贝锦"，今称锦缎。古章施只于素帛上绘以彩色，蜀人创扯综提花法，织花于素绢上，于锦江水漂濯之使净素，是为贝锦。其后更以漂白之丝染色后织花，是为蜀锦。成都城原在捡江之北十余里，故捡水清洁，宜漂丝、锦。其后城市南移，市水污江，则移濯于上游之浣花溪。浣花谓濯锦如浣花也。"黄润"，细绢也。蜀丝色黄胶重，绢工成绢，煮去其胶，则细润，不漂，则色黄，故称黄润。每匹可卷纳于竹筒中远销。张骞于大夏所见之"蜀布"，或即是此。古无棉织品，称丝、

---

① 刘逵注："阛，市巷也。阓，门外内门也。贝锦，锦文也。谯周《益州志》云：'成都织锦既成，濯于江水，其文分明，胜于初成。他水濯之，不如江水也。'黄润，谓筒中细布也。司马相如《凡将篇》曰：'黄润纤美，宜制裈。'扬雄《蜀都赋》曰：'筒中黄润，一端数金。籯，也。'《韦贤传》曰：'黄金满籯。'"

麻、毛织品与货币皆曰布。故刘逵注云"筒中细布也"。以上引据资料，虽皆出于汉魏，其工巧发展，则当上溯数年。周诗已言贝锦，则其造作之法远在杜宇之前可知。阅千余年，全国莫能及（唐以后江南丝织乃盛，仍不能夺蜀锦声誉）。

成都的"蚕市"和"蚕丛祠"，宋代犹兴盛。锦官城，则是因唐代已包入大城以内才消失了的。宋代吕大防为成都府尹还曾一度恢复锦官。见元人的《蜀锦谱》。这些史料，皆可说明成都地区传承蚕丛氏事业两千多年，日益臻盛。正由于家家蚕桑，户户机织，人人把它视同日常事件，所以反无史笔论述。今成都平原桑树罕见，蚕市改为花市，则是南宋以后的事。

（3）关于农产制造和运销方面，蒟酱与蜀布是最突出的。《史记·西南夷列传》载：汉武帝建元六年，遣唐蒙使南越，"南越食蒙蜀枸酱。蒙问所从来。曰：'道西北牂牁'。牂牁江广数里，出番禺城下。蒙归至长安，问蜀贾人。贾人曰：'独蜀出枸酱，多持窃出市夜郎。夜郎者，临牂牁江。江广百余步，足以行船。南越以财物役夜郎，西至同师，然亦不能臣使也。'"①于是唐蒙说武帝通使夜郎国，浮牂牁江出奇兵以袭取越南。结果是汉遣八校尉率大军从夜郎伐越，未能达到番禺，南越已被从海道去的汉军讨平了。但西南由是开置七郡。

枸酱者，蜀中野生枸杞遍地（其根入药，曰地骨皮），茎蔓生结小浆果鲜赤如鼠心，味甘，性滋补，蜀人种之，摘其果为酱，远销长安，南至番禺。故唐蒙一见即能联想之。问所从来，侍者答以来自牂牁。"牂牁"者，夜郎之别称，竹王之国名也。春秋时已为中华所知，著于《管子》。其国都夜郎，在今云南沾益之黑桥，临南盘江，为西江正源。西江出番禺城下，当时南越人以其从牂牁来，呼之为"牂牁江"。唐蒙因闻"自牂牁"而联想到城外的牂牁江。又于长安闻蜀贾人谈夜郎临牂牁江可行船，估计从此水可通货运，则从夜郎乘船可以奇袭南越。结果反落后于海道。汉军已平南越而牂牁一路犹未通。然遂因以开西南夷七个新郡。牂牁一路未通的原因，是因为南盘江只沾益、曲靖至陆良一段通船。陆良以下约千里至今

① 《汉书·西南夷传》使用这段文字，做了错误的修改。后人如《蜀都赋》《华阳国志》《水经注》及《通鉴》等书皆用《汉书》改《史记》，相从以"枸酱"作"蒟酱"，以"道西北牂牁"作"道西北牂牁江"。断句（中华书局印标点本亦从误）。兹点正。另有《蒟酱考》在《华阳国志校补图注》。

不能行船。商旅须转陆运至剥隘，入广西右江，乃再由舟运至番禺。长安贾人只曾至夜郎，不知夜郎以下陆运之艰险，致误唐蒙与汉军也。

此故事，说明这条商路之开辟，全属蜀商与枸酱之功，其开通早在秦灭蜀前。安阳王的进军交趾，与此商道的引导有关。设非蜀地运货商人引导，则八校尉拥大军不能至南越，则蜀王子安可能于覆国之后率三万人远至交趾哉！

"蜀布"通过身毒（印度）行销至大夏，为汉使张骞所见。因而开通了西南夷，亦见《史记·西南夷列传》《大宛传》与《汉书·张骞传》。这个"蜀布"，究竟是什么布？有人猜想它就是黄润，有人猜想它是蜀中铸的铜币（如邓通钱）。我的猜测，它是苎麻布（另有《蜀布考》，见《华阳国志校补图注》）。这里只说它行销之远，不但到了印度，而且到了巴基斯坦和阿富汗，那是必然要通过邛国、滇国、哀牢和缅甸的。由张骞在大夏见到它，就可知早在秦灭蜀前，蜀人就种苎取麻，织为白麻布成功，并且次第远销到数千里外了①。

_____

① 苎麻布是特别受热带人民欢迎的布，因为它耐湿不怕汗渍。在古代商品中称为"蜀纻"，或"蜀苎布"。宋以后，这种苎布才在江西、湖南生产，而四川仍是遍地种苎的。

（4）关于采矿和冶金铸造方面，蜀族人民对秦汉国家的贡献也很大。

《禹贡》梁州："厥贡镠、铁、银、镂、砮、磬。"六品皆是矿产。镠即自然金块，说见拙著《四川的黄金》。铁是周代才提炼成功的（《禹贡》是西周作品，另有说）。《禹贡》唯梁州贡之，足见蜀地生产最早，不待山东迁来程郑、卓王孙之后才开采。银，是朱提最佳，亦蜀王所开，已前述。镂，是指青铜器雕刻工具，即是铜与锡的合金，其坚锐优于粗制的铁器。蜀地湔山产铜，近年还在开采。平武响水产锡，曾以"响锡"著称于时。故知蜀人善制青铜器。近年蜀地发现战国钟鼎彝器甚多，可证。砮，石镞。古以石英锐片缚为箭射之，值廉，而杀伤力大。配合侧竹弓，为蜀地利器，亦为商品行销，列于厥贡。磬，以青石为之（青灰色页岩，在四川盆地边缘露头甚多），是上古重要的乐器，川中近年亦多有出土。足知周秦汉间蜀民之精于矿冶工艺。

南充中和公社于1972年发现天宫山汉賨王崖墓。凿石为三室相连，有四塌，最上一塌骷髅骨架完好，但已朽甚，触手成粉。旁置长刀二柄，已锈断，绫缠柄部尚完整。塌上五铢钱数千，皆完整。侧一室有塌无尸，盖示其日常治事处。侧壁浮雕十三人像，第三人汉装，盖示所雇用之汉文书佐。余皆夷装。其正对塌面的五人为歌舞奏乐之优伎。其下室左侧有二塌，亦堆有钱。其一杂有铁钱，又其一杂有斩边截角的东汉榆夹钱。可知其属祖孙三代做官者合葬，平民未得与。值得注意的是三件殉葬的铜镜。一件堂琅赤镜，有二十八字铭文和细致的图案，字虽隶体，每犹显出篆意，原有双刀和五铢塌，可以判断是秦代造的，用于汉武帝时赍酋殉葬。第二塌有一件白铜镜，工作尤巧，隶书铭文甚佳，有"黄羊作镜"字。第三塌的一白铜镜，体小无铭文，浮起龙形背纽间亦镌有"黄羊作"三字。闻四川省博物馆藏有黄羊镜尚多。考有关白铜的记载，汉武帝时上林苑始有，见《平准书》，系银铜金。其他郡国县道无所闻。兹审此二白铜镜，大镜铭文即当是汉武帝时作。然则上林白铜之法系自蜀地传入也。

"黄羊"可能是汉世蜀中白铜镜作坊名称，可怪的是恰与黄羊种羌字同。黄羊、白马两种羌，原皆居于石泉盆地，为蜀王的支族。白马羌自汉代已成大族，原居今北川县的白草河谷，陆续向东北发展，进入徽成盆地。汉武以白马羌为武都郡是也。其留者称"白草番"，宋以来颇有声名，清中叶乃与汉族融合。居片口河谷者为黄羊羌，六朝时属邓至羌部，明代曾

161

与朝廷对抗。至黄羊镜作坊主人黄羊，是否即出于蜀族，居于片口河的黄羊羌（番），是否即此镜工黄羊之后裔，大有探索之价值。但无论汉代之镜工黄羊与明代之白草黄羊是否为祖裔一系，要皆为蜀族人民则可肯定。应与朱提、堂琅银铜生产有一定关系亦可想而知。

第八章
进入四川盆地的其他羌支

一、大渡河与清衣江流域的羌支

1. 大渡河与清衣江流域的地理概况

大渡河从巴颜喀拉山脉发源有四大支：色柯河汇合多柯河自西向东流，梭磨河汇合麻尔柯河自东向西，都流于海拔三千米以上的高原上。是为上源部分，属于阿坝、马尔康、壤塘、色达四县和大金县的西部的阿坝高原区。从古迄今都是羌族的牧场。两条相对流向的上源，就地文来说是因流行于一个横卧的山脉北侧而形成的。相汇合后，乃穿破山脉，向南直流，成为一个丁字形，人称此水为"桓水"。羌族人则称它为"色曲"，意为金河。因为很早以前，羌人在这里拾得许多自然金块（镠）①。

这个大渡河上游地区的四县不仅以产金著名，而且森林茂密、野兽繁多、水草茂美，是牛羊蕃息的乐园。祁连山屏蔽于正北，西伯利亚寒潮不能至，属稳定的冷温带气候，河原可种麦类、蔬果，盛产药材。故羌族入居甚早，并与华夏交通亦早。"昌意降居若水"，便是由此往来的。《禹贡》称其人为"西倾"。

大渡河从东西两源汇合处起，湍急陡落，二十公里间海拔剧降至二千米以下。历金川、小金、丹巴、康定、泸定、石棉、汉源县界，约三百公里地段，海拔在两千至一千米之间，是为其中游。

中游又可分为三大段：北段，羌语称为"嘉绒"，似为王谷之意，汉人称作"金川"。北来正流为大金川，东来大支流曰小金川，今为金川、小金两县。又有西来的丹东河与旄牛河，齐汇合于丹巴县治附近，是为金川盆地。河面海拔在一千八百米左右，为温和多雨的温带气候，盛产大小麦与各种果树、蔬菜和药材。虽已山高谷深，但河原可耕之地、高山宜

---

① 参看上篇第二章，与本章下节。

牧之地与山崖森林宜猎之地相当，是川边羌族由牧业向农业过
渡的最佳地段，也是川边羌族文化发育最早的一个地区。由于
对外交通不便，其社会发展历史，不能似蜀族那样明确。只能
知道汉代的钟羌，隋唐的嘉良，与清代的金川都有过辉煌可惊
的历史。清代镇压金川少数民族，征剿数十年，平定时附近土
著几乎被全部消灭。乃开设绥靖、崇化、章谷、懋功、抚边五
屯，移徙汉民耕种。唯有得到收降的若干小土司保存了其边缘
部分的土民。这些土司、土民，是真正的嘉绒民族，虽已接受
汉族文化近两百年，已经不知道自己的历史，仍还保其旧俗和
语言不少，是很值得调查研究的①。

　　大渡河出丹巴入康定界，又通过一段绝峡，出峡后海拔下
降到一千五百米左右，两岸高山，则海拔三千米到五千米（西
岸的木雅贡噶雪山群高七千米以上），河谷壁陡之部甚多。谷
中垂直温差极大，往往是高山降雪，谷底流汗；高山花开，谷底
果熟。谷底燥热，每呈亚热带气候，有沙漠间出，仙人掌成林。

────────────

① 　清朝统治者对金川用兵时打箭炉的明正土司、穆坪的董朴韩胡土司、
汶川的瓦寺土司、理番的杂谷土司与道孚的霍尔土司，都是拥护清军协助
征讨的。梭木、松冈、卓克基、党坝四土司，与丹东、革什咱、绰斯甲等
土司降附最早。巴底、巴旺、中龙、大塞、别思满、汗牛等小土司归降较
迟，但都曾助清军攻讨。所以在嘉绒中保存得多。

盛产水稻、玉蜀黍、桃、李、梨、樱、胡桃、油菜豆类和花生，无牧场，为纯农区。是为大渡河中游的中段。若更细分，则还可从冷竹关到康定鱼通段划为泸定段。康定段有瓦斯沟与金汤河两支谷。其鱼通区最闭塞，保存羌俗甚多。瓦斯沟路通康定与泸定桥，汉民多，土著几乎完全与汉族融合了[①]。

泸定县原为咱里、冷边、沈边三土司分管地（还有岚州、察道两个古老的小土司）。冷、沈二司辖地皆在县境东岸的南部，以佛耳崖为界。佛耳崖以南，海拔降落到一千米以下，气候更炎热了，现在已引种柑橘成功。从沈村、摩西以南，经得妥、湾东、海耳洼、安顺场，下至富林与大树堡，至万工堰入峡，为大渡河中游的南段。河谷比较宽阔，水道比较平静，蜀滇之间的古驿道经过此区。社会开化得早，民族历史变化很大，自乾嘉以来殆已全面融合于汉族了[②]。资源得到开发，生产技术与社会文化都得到提高，一切与内地相似[②]。但在公元前

① 鱼通区在元代包括康定河谷。清代开辟打箭炉驿道，打通了瓦斯沟崖路，明正土司才把瓦斯沟以北的河段划为鱼通区，委派族人为小土司管理其地。其地不当驿道，汉人少到，自为风气，保存羌俗最久。

② 这段河道，清代道光、咸丰年间开采银铜矿极盛，至今还被称为"铜河"。沿河有市场七处，号为"河道七场"，都是开矿时兴盛起来的。矿业衰歇后，经营汉、夷间土产市易仍很兴旺。

的各世纪内这区则是多种民族交织的地区。

大渡河穿过金口河峡谷以后，进入四川盆地，海拔降到五百米以下。经过金口河、峨边、峨眉县界入乐山县境，岸山渐低，河谷开阔，至沙湾以下扩展为大平原。与青衣江汇合后，不到十公里入于岷江，是为下游。

大渡河与青衣江的分水线，为邛崃山脉。也就是四川盆地的西界。

邛崃山脉，从松潘县毛儿盖南山的西端开始与松潘草地形成分水线。经鹧鸪山（杂谷脑河与梭磨河分水的山口）、洪桥山（杂谷脑河与抚边江分水的山口）、巴朗山（汶川草坡河与小金川分水的山口）、夹金山（宝兴河与小金川分水的山口）、马鞍山、二郎山、蒲麦地（皆青衣江与大渡河干流分水的山口）、大相岭（青衣江与汉源河分水的山口），至东西瓦山，越金口河与万工堰间的大石灰岩峡为大凉山山脉。划分开四川盆地与川边高原的界线。

以上所举的许多山口与更多的小山口，海拔皆在三千米左右，成为大渡河盆地与青衣江盆地人民往来的主要通道。也就是古羌族由大渡河地区进入四川盆地的商路。

青衣江自飞仙关以西为上游，有芦山、宝兴、天全、荥经四县，是历史上的少数民族住区。自飞仙关以东，雅安、名山、洪雅、夹江、乐山五县界内为下游。属于腹地汉民已很早就已住居的地区。

2. "西倾因桓是来"的西倾

《禹贡》梁州："厥贡璆铁银镂砮磬，熊罴、狐狸、织皮，西倾因桓是来，浮于潜，逾于沔，入于渭，乱于河。"孔安国《传》："西倾，山名。桓水自西倾山南行。因桓水是来，浮于潜。汉上曰沔。越沔而北入渭，浮东渡河；白所治正。绝流曰乱。"凡治古文尚书的皆从其说。《史记·夏本纪》文同。璆字，石经作镠。《集解》引郑玄曰："黄金之美者谓之镠。"又引马融曰："治西倾山，因桓水是来，言无余路也。"

今按《禹贡》导山，有"西倾、朱圉、鸟鼠，至于太华"句。导水，又有"导渭自鸟鼠同穴"句。又有"导河积石"句。孔《传》云："西倾、朱圉，在积石以东。鸟鼠，渭水所出，在陇西之西。三者雍州之南山。"此其原意，盖谓：河源的积石山为今所谓"大积石山"（藏名阿尼玛靖），在雍州极西，即古谓"河出昆仑"的昆仑山。故云"在陇西之西"。朱

围、鸟鼠在其东的陇西郡界。那叫"河源积石"，与后世所言
"河关积石"（即刘家峡附近的积石关）是两个地方。河源积
石之西为昆仑部落（即今通天河区）。河源积石之南为析支部
落（即果洛自治州）。河源积石之东才是朱围、鸟鼠山。河源
之南才是西倾山与西倾部落。其山，应指今天的巴颜喀拉山。
是雍梁二州的界山，亦是江河二派的分水岭。故雍州不言西
倾，而全国性的导山则把西倾、朱围、鸟鼠，与太华、熊耳联
叙，因为它们都是雍梁二州的界山。至于西倾部落，则是属于
梁州的部落，但也是牧部，贡物有镠（即自然金块。《孔传》
释为玉名，是错误的，当从《郑注》）和织皮（连毛羊皮）。
雍州的昆仑、析支、渠搜等西戎部落亦贡织皮，但不能把西倾
连到雍州戎落去，而必须叙入梁州，故把西倾贡道与梁州贡道
综合为一句叙述。这样设想，与古今地理和《禹贡》文义完全
符合（尽管《禹贡》是周代人假想的制度，托名于禹。由于它
所言地理形势几于完全符合实际，可以相信是一本很好的古地
理书）。

　　后代的人不知道巴颜喀拉山叫西倾，妄把洮水发源的强
台山，贴上西倾山的标签。于是把《禹贡》文义搞混乱了。
《汉书·地理志》陇西郡临洮县说："《禹贡》西倾山，在县

西南"，还不算错误。巴颜喀拉山本然是在陇西临洮的西南方。郑康成《禹贡注》删去"西南"二字，就变成在临洮县界内了。唐人《括地志》说"西倾山今强台山，在洮州临潭县西南三百三十六里"（《史记正义》引），就把这张错误的标签固定下，乱了州界，便使《禹贡》文不可解了。清人《禹贡锥指》为了把强台山流出的水生拉活扯引到梁州界来，只好说白龙江流入嘉陵江，就是桓水。虽然勉强把贡道说通，却把州界混乱。雍州山列入梁州，还可说它是界山。界山的贡道不从临洮径入渭水，而要从梁州的潜水（嘉陵江）转入沔水，再由沔水翻秦岭大山入渭水。况且梁州重要部分在"东别为沱"的四川盆地，如何会以"西倾山"与"白龙江"为贡道呢？小处说得通，大处反转大不通了。

《汉书·地理志》"蜀郡"下班固自注说："《禹贡》桓水出蜀山西南，行羌中，入南海。"这是指的大金川南流。虽与今日的大渡河从石棉县转东流入岷江不合，若依《尔雅》把南海释为南方蛮夷之部，则也合得。况大渡河原是向南流入安宁河的，遗迹明显，汉时人考查不足，误传其流入南海，也不足怪。言其源"出蜀山西南"，就必然指的是大渡河。从而《禹贡》的"因桓是来"的"西倾"，就必然是大渡河上游部分的巴颜喀拉山脉以南的游牧部落，相当于今天马尔康和绰斯甲以北的阿坝、壤塘、色达县地面。这些牧部，是从古就出产羊皮与黄金的羌支部落。他们中有善于经商的人，搬运自然金块（镠）与连毛羊皮（织皮）和一些野兽的毛皮（熊、罴、狐、狸），从大渡河谷到巴蜀地面来，调换丝帛、麻布和金属工艺品回本部去，又可调换更多的土产商品。巴蜀的商人又把这些商品连本地的土产，贩运到华夏地区去调换商品。编造《禹贡》的人，知道这些商品的来历，便拟出各州的贡赋来。

就织皮这项商品说：雍州极西的"昆仑、析支、渠搜"诸部都盛产，也盛销于华夏（剪下毛来织褐布，故曰织皮）。梁州的西倾牧部也盛产，运销到巴蜀。分州制贡，就必须如此叙述。"西倾"之成为山名与部落之名，究是出于羌支本语，抑或是华人的称谓，很难判断。

3. 钟羌的根据地——金川

《后汉书·西羌传》里有一些关于钟羌的文字，并未说钟羌是怎样一种羌人、原始居住地在哪里、因何称作钟羌。为了解决这些问题，只能摘出所有有关钟羌的文句来作分析。

先零别种滇零与钟羌诸种大为寇掠，断陇道（事在安帝永初元年，公元107年）。……郡县畏懦不能制。冬，遣车骑将军邓骘，征西校尉任尚副，将五营及三河、三辅、汝南、南阳、颍川、太原、上党兵合五万人屯汉阳。明年（永初二年）春，诸郡兵未及至，钟羌数千人击败骘军于冀西，杀千余人。……其冬，骘使任尚……与滇零等数万人战于平襄，尚军大败，死者八千余人。于是滇零自称"天子"于北地。……三年（公元109年）……汉兵数挫，当煎、勒姐种攻没破羌县，钟羌又没临洮县，生得陇西南部都尉。……

顺帝永建元年（公元126年）陇西钟羌反，校尉马贤将七千余人击之。战于临洮，斩首千余级，皆率种人降。……自是，凉州无事。

（阳嘉）三年（公元134年），钟羌良封等复寇陇西、汉阳，诏拜前校尉马贤为谒者，镇抚诸种。马续遣兵击良封，斩首数百级。四年，马贤亦发陇西吏士及羌胡兵击杀良封，斩首千八百级，获马牛五万余头。良封亲属并诣贤降。贤复进击钟羌且昌。且昌等率诸种十余万诣梁州刺史降。（梁州当作益州）

自爱剑后，子孙支分，凡百五十种。其九种在赐支、河首以西，及在蜀、汉徼北，前史不载口数。唯参狼在武都，胜兵数千人。其五十二种衰少不能自立，分散为附落。或绝灭无后，引而远去。其八十九种唯钟最强，胜兵十余万。其余大者万余人，小者数千人。更相钞盗，盛衰无常。无虑顺帝时胜兵合可二十万人。……

如上诸文，钟羌初见于永初元年，与河曲先零别种滇零等相结，叛汉。这一次羌乱，竟把陇西郡县全部占领了，还侵扰到三辅、河东与汉中、蜀郡地面。滇零在北地建国，称天子，是为义渠以后羌族在陇西建立的第二个国家。但钟羌侵占的地面，则北至临洮（今甘肃临潭县）与汉阳（今甘肃天水县）而止，并未深入到金城、北地、上郡地面去。看形势，它并不是臣属于滇零皇帝，而是划地分据的。滇零败亡后，陇西大体平定，而钟羌仍据临洮、汉阳之地，与汉朝廷对立。到顺帝永建元年，被马贤战败，临洮部分羌民投降，于是"凉州无事"（东汉凉州，统陇西、汉阳、武都、金城、安定、北地与河西四郡凡十郡）。显然，同时退出汉阳了。但汉阳是它不甘心退出的，故阳嘉三年钟羌良封又率兵来争取。但被名将马贤战败而死，其亲属与部众全向马贤投降。钟羌的巢穴还有个首领且昌，率众在益州（今四川）。马贤乘胜进军击之。且昌也降了。传文称"率诸种十余万"，那就不能是出征在外的将领，而只能是一方的国王了。还可怪的是：这次马贤攻斩良封，居然使用了"羌胡兵"。凉州郡县本是羌胡与汉民杂居的。羌乱平定不久，羌人并非心服。征调降羌去攻杀羌人，马贤良将，何能不考虑到前徒反戈，而竟然调用？这必然有他必能同仇的保证。可以设想陇西羌不是钟羌的同种，起码是支系很远，情感不同的。或许就是它侵据临洮与汉阳时受其侵掠蹂躏的羌人，所以能同仇协力击破钟羌。

另一可怪，是马贤来征，他不去降马贤，却降益州刺史①。考这时的益州刺史是张乔，甚有贤称和勋绩。可能是钟羌首领且昌，闻良封败死，怕汉军进攻他的巢穴，所以接受张乔招抚，"率诸种十余万诣降"于乔，表示不再出扰了。并非战败而降。

---

① 今本《西羌传》作"梁州刺史"。是益州字讹。汉武帝改梁州为益州，晋代乃分益州置梁州，阳嘉时无梁州刺史。同书《西南夷传》安帝元初中，卷夷大牛种封离等反叛，杀遂久令。"永昌、益州及蜀郡夷皆叛应之。……诏益州刺史张乔，选堪能从事讨之。"可证。

钟羌的钟字，不是人名（羌的氏族，一般是以人名为称。唯钟羌其首领名可知者曰良封、曰且昌，皆冒"钟羌"字，故可定钟是种落之名，非人名）。其种落被称为"钟"的取意，我考为：羌人谓乱石砌成之碉楼为"钟"，即《后汉书·冉駹传》的所谓"邛笼"。这种碉房，一般为三层，四方，墙壁坚固，只开一门，从内部用独木梯上下。下层住牧畜，中层住家人，上层住家主夫妇，供神。屋顶平铺土作晒场和眺台。每家一幢，相聚为邑，今人呼之为寨子。各寨更有高碉达七八层或十三四层，供防守眺望，指挥备战之用。更有作八角形者，亦皆乱石砌成，其技甚精巧。惟大渡河与岷江上游地区羌民擅其技。他处藏民建造官寨、碉堡与住宅者皆延金川与茂汶羌民砌之。其人善砌乱石，但有一侧平面者即可选用，不拘大小，不用绳墨，随石块形体施工。亦无黏结剂，但以碎石与沙土支衬，即自牢固。历三四级地震不坏。

今丹巴县大小金川汇合处的东岸，有中龙、大寨两村，为百余户之邑聚，在一山弯的斜坡上。倚山临江，外人不易至。隔江望之，有数十高碉参天，恰似在上海望浦东工厂区的烟突林，为金川地区一大奇观。我曾泛皮船渡往考察，知其似烟

突之高碉，皆十层左右之守望碉，亦皆乱石块所叠砌，多已废
败。估计建成已千余年矣。此区在隋唐世称"嘉良夷"，声名
甚大。疑此碉群，即嘉良故都，历久衰败耳。闻大金刮耳崖、
小金新街子等处亦原有类似之碉群，故能抗拒清军二十余年。
其人死尽，军事才得结束，其碉群亦毁成废墟。此中龙大寨之
主人，或是投降较早，故得不毁。茂汶地区，虽亦多有羌寨，
罕见高碉，更无论高碉群。以此，我判"钟羌"的根本地域在
金川盆地。由于它的农业生产优于牧区，地方富乐，文化高于
草地诸羌。其人缺乏凿石工具，沿河惟多乱石，用以砌屋。积
累经验，遂成独擅的巧技。附近羌落皆延之兴建住宅，故称之
为"钟羌"。

钟羌因其居地偏远，初未参加陇西羌乱。迨先零、烧当诸
羌次第败溃，其遗族溃入赐支河首者，乃与相结，复犯陇西。
其时冉、駹已灭，岷江上游亦附钟羌。凡碉寨羌落，皆已成为
钟羌附落，故其兵力能远取临洮、汉阳之城而据有之。汉虽收
复陇西，平定羌乱，终不能达钟羌巢穴。唯有许其投降，据地
安处而已（参看第四章）。

尽管"钟羌"这个名词是后汉才出现的，但从其文化发展
过程所需要的时间作推算，它是于蜀族进入岷江上游地区的

同时进入金川地区的。不过它发展比蜀族缓慢，到后汉时才成为强国①。

4. 《竹书纪年》的"瑕阳人"与今世西藏的"夏尔巴人"

《竹书纪年》有这样一条：周显王八年，"瑕阳人自秦，导岷山青衣水来归"（《水经注》引作"梁惠成王十年"）。这个瑕阳人，乾隆中当涂徐位山作此书《统笺》有这样一段解说：

笺按：晋有二瑕。《左传》郇瑕氏之虚，京相璠曰："河东解县西南五里有故瑕城。"文公十二年，秦侵晋，及瑕。十三年，晋侯使詹嘉处瑕。《西征记》："陕州太原仓，北临大河，周回六里，即晋詹嘉所处之瑕也。"瑕阳人不知何属，无所考也。……《一统志》："青衣水，出雅州芦山县，……至嘉定州入大江。盖魏瑕阳人为秦导岷青衣水。至是，始自秦来归。若

---

① 由于钟羌不侵犯内地州郡，华夏史便不注意到它，无所记载。可能南北朝的"邓至羌"就是它的代称。隋唐的嘉良，明清的金川，是大渡河中游北段的羌支国，就更不用说了。因其不在本文时间下限之内，可以不论。

魏地，逼近大河，安用导青衣水来归哉。"

《竹书纪年》，是战国时魏国人的史书。周显王八年，即魏（梁）惠成王十年。时周室已微，书曰"来归"，谓来归好于魏，非谓来归于周。徐氏执一瑕字求之，把古地名涉及瑕字的搜罗罄尽，判断其为魏国河曲地区的人。又因青衣水与岷山远在四川，不可能说成魏地与当时的秦地，遂设想为魏国的瑕地人为秦国去疏导岷山地区的青衣水，到这年才回魏国来。这样设想的错误有如下几点：

（1）那时秦与三晋对立作战，诈虞相图，不会有魏人帮秦治水的事。

（2）那时秦未灭蜀，不会与岷山和青衣水发生联系。

（3）如其秦要治水，也只能像用外国人开郑国渠那样，在渭水平原兴工，不会远到岷山与青衣江。

（4）青衣江区山高、谷狭、水流湍急，纵使其人已附秦，亦无可以疏导水路之处。

那么《竹书纪年》中的这句话又该如何解说呢？我的解释如下：

第一，瑕阳人，是当时已从西倾地区游牧部落进入大小金川和鱼通、泸定，即"大渡河中游盆地"内居住的羌支民族，其时川边高原的羌人把这个地区称"瑹域"，即"东方地区"之意。

第二，"瑹域"（瑹阳）这个名称是怎样形成的呢？这只能从地理条件上来作答。大渡河中游地段，约长三百公里，宽不过五十公里，面积合大小金川计约二万平方公里，农牧生产地只可占得十分之一。因为岸山太高，坡度大，海拔虽在一千至两千米之间，全年气温都很高，接近于亚热带气候。康藏高原上的牦牛和藏犬不能在此河谷长期生活，所以，康藏高原上的羌族，不乐于居住到这一地区，唐代的吐蕃也未能征服这一地区。又由于它与四川盆地隔绝，华夏政府也未注意到它。汉代虽曾设至沈黎郡，未满半个世纪就罢废了。因为管理上有很大的困难，唐代也只把它们置为羁縻州，分隶于黎、雅两州，实际是放任不管。元、明也只委为土司领地，清末才改土归流。不过因打箭炉为茶贸重心，和西藏与金川用兵连年，运茶、开矿、采木、经商和文武员弁的汉民通过此区者渐多，沿途习俗有所改变而已。是故这个介于汉、羌之间的大渡河中游盆地，实际上成为几千年间华蕃之间的空隙地带。从西倾桓水向南入居此区的民族，可以自由自在生活下去，有如理想中的

"桃花源"一样。故最早的康藏人民称它为"瑕域"。其人原是羌支，也接受了这个称呼，而称为"瑕阳人"。

第三，《竹书纪年》的这句话，究竟如何解释呢？这是一句瑕阳语（羌语）的直译。其本义是：这个使者（实际上是商人）自述他是溯青衣水，经过岷山，从秦国地界到魏都的大梁来贡献的。羌语主语在前，谓语在后。所以"自秦来归"这句话里夹上"导岷山，青衣水"一个子句，又把最先经过的路段列在补助语的最后。并不是说他先从秦国到岷山，再去青衣水。魏史官不懂他的语法，便将来的路线排列倒转成为回去的路线了。

这里所谓来归的归字，古与馈赠的馈字相通，并不是归顺、降附之意。古时异域民族的商人，凡所经过的地域都要向其统治人物馈赠商品为贽见礼以求其保护。中华商人行贸于异域也是如此。瑕阳人到青衣夷邑，到岷山（指冉駹国），到秦国，也皆必有所馈献，不必到大梁。不过秦国等国无史官书入史册，魏史官特书其事以夸能来远人，赖以传此事耳。

第四，周显王八年，正是商鞅自魏入秦的一年。魏国正强大，居华夏正中，富力雄厚，故瑕阳人亦来贸易。其时蜀国也正强盛。瑕阳人入华夏，不从蜀境取捷而取道青衣水和岷山入秦，显然是与蜀国不和谐互市的原因，但不可设想为是他有联合秦魏攻蜀的企图。因为那时的瑕阳还未建成国家，魏与蜀之间还有韩国、楚国和巴国，无聘使联络的必要。因而只能设想到他是商人。由于通过青衣、岷山和秦国，语言习俗方便。至于道路艰险，并不是那时商人所畏惧的。

第五，那个瑕阳部落，究竟在这河谷的哪一段？我的推测，是在今天的康定鱼通段。从鱼通经金汤（上鱼通曾为金汤设治局）逾山到穆坪（今宝兴县）便是青衣水。溯青衣水逾夹金山入小金川盆地。再逾山入杂谷脑河（骁水）即岷山国。溯岷江至陇西，便是秦国地界。就是当时瑕阳人来回的商路。

第六，瑕阳人为何能行商到如此远处？大渡河中游段，农、牧相宜地面太少，其人口在安定生活中发展甚速，不能不从事经商远行。远出经商，能提高他们的知识与见解，可找到迁流展拓的土地。因而他们早在秦汉年代就已经发展到青衣江盆地，建成为徙国了。其国邑在今天全的始阳镇。"始阳"这个地名始见于《魏书·地形志》。杨升庵说那就是《西南夷传》"徙，筰都最大"的徙国，和《司马相如传》"略斯榆"的斯榆。斯、始、徙、瑕都可能是Sar的对音，榆、阳、域都可能是筰的对音。只是，我还怀疑秦灭蜀以前瑕阳人还未到达

181

始阳。因蜀王征服青衣，"雄张獠僰"，不会容许瑕阳人入居青衣江盆地甚至建国。瑕阳人在始阳建国，只能是秦灭蜀以后的事。所以我认为瑕阳人入魏是从鱼通出发的。

5. "筰都为沈黎郡"的筰

《史记·西南夷列传》："自嶲以东北，君长以什数，徙、筰都最大。"又，"乃以邛都为越嶲郡，筰都为沈黎郡，冉駹为汶山郡"。

这个沈黎郡属今何境？筰都是今何地？我初步考订后认为：汉沈黎郡境，包括今大渡河谷的汉源、石棉、泸定、康定四县和雅砻江流域的道孚、雅江、康定木雅乡，以及九龙、盐源、盐边等县与渡口市区。据《茂陵书》，沈黎郡辖二十一县。可算得汉代面积最大的一郡。但元鼎六年（公元前111年）开置，天汉四年（公元前97年）罢废，仅阅时十四年，也算得汉代最短命的一郡。郡废后一部分有汉人杂处的县（如青衣、严道、旄牛和徙县）改隶蜀郡。一部分有僰人杂处的县（如定筰、大筰、筰秦、青蛉四县）改隶越嶲郡。其属羌族旄牛王的纯牧业地面的各县俱废，以其地遥属于旄牛县。故《后汉书·筰都夷传》曰："天汉四年并蜀，为西部，置两都尉：

一居旄牛，主徼外夷；一居青衣，主汉人。"而《汉书·地理志》蜀郡旄牛县曰："鲜水，出徼外，南人若水。若水，亦出徼外，南至大笮入绳（绳水即金沙江，若水即雅砻江，鲜水即道孚河）。"旄牛县治在邛崃山下（今汉源县的青溪城），而县境远到鲜水、若水，其无法实际管理可知。但以旧郡关系，委旄牛都尉羁縻其人而已（其详另见《华阳国志校补图注》）。

又考沈黎郡治笮都县，在今泸定南境的沈村。沈村与隔河的咱威河坝相对，有石岗临江，今存植桩系溜索与候渡石室的遗迹。相传旧时有巨形溜索引渡两岸。对岸山岗亦有溜索下达此岸，以便汉番往来。木雅乡番人常有商队运货由雅加埂（木雅贡嘎山脉最低的山口）、磨西下来，人、货、牲畜俱由溜索渡过沈村。再由龙巴沟上化林坪，过飞越岭至泥头（古飞越县）及汉源，与汉商交易。有时亦到雅安贩茶，仍由此溜索运回。故明、清两代，建置土司于此，管理交通，是为"沈边土司"。由于泸定建桥，打箭炉开市，商道改变，此渡乃衰。乾隆初，山崩壅江，溜索败废，只用皮船泛渡，沈村才衰落了。

古人称溜索渡为笮。由这一传说与许多遗迹看来，古所谓旄牛夷（《后汉书·西羌传》作"氂牛种"，《三国志·张嶷传》称"旄牛王"），是住居木雅乡大高原的羌支部落。他们开辟了沈村的商路，深入内地黎、雅地区来市易（旄牛县，后为黎州），受到汉朝使者的招抚，申请置吏，遂置沈黎郡。嗣因汉官不能管理牧部，又废郡与筰都县，把牧部会隶于旄牛县。所谓郡治的"筰都县"就是今天的沈村。

地名叫作沈村，却并无一人姓沈。问他们的祖宗，亦举不出有姓沈的。即其土司，也是姓余，并无沈姓的亲戚。称"沈边土司"的取意何在呢？我的体会，是取沈黎旧徼之意。若不如此解释，就两个沈字联结不起了。

"筰都"的取意，是否就是说的筰国的都邑？"筰国"这个名词是否可以成立？我的看法是筰不成为一国，只凡岸高水急不能架桥，也难用皮船横渡的地区，羌人创造溜索飞渡方法，汉人惊叹，即称之为筰区，称筰区之人为筰人。其实羌支民族，自己也并不自称为筰而是自称为"徙"（夏尔巴）和"白狼"（白兰）。《后汉书·筰都夷传》所记的"白狼槃木"，与《三国志·张嶷传》所记的"槃木王"，就是雅砻江下游地区的羌支民族。（定筰，今盐源县。大筰，今米易县和渡口市。筰秦，今盐边县。）还有一个"白狼楼薄"，则在大渡河与青衣江地区，即天全六番之地。

汉旄牛都尉是否先曾设置沈村，后乃徙并于邛崃山下，由于无文献查证，可以不论。

6. 青衣羌

青衣江，因青衣羌住区为名。开明氏第三世保子帝，"攻青衣，雄张獠僰"。足见这支羌人入居四川盆地内的青衣水区，约略与蜀族进入成都平原同时。按《竹书纪年》瑕阳人入秦、魏的文字，是战国初年这条河已叫"青衣水"了。这既可证明他们入居青衣水区之早，又可证他们虽亦属羌支，却与瑕阳是两支。按地理条件推测：瑕阳人是自西倾入大金河谷发展起来的，青衣羌是自西倾入小金河谷，再逾夹金山入穆坪河谷发展起来的。他们两者族源很是接近，习俗多半相同。不过瑕阳入住的是个闭塞区，所以难于发展，至今还保存羌俗、羌语很多。青衣羌居住在四川盆地的边缘，与高文化民族接触的机会多，故进步得比较快。但又还不能与地理条件更好的蜀族和巴族并肩前进，只能成为蜀国的附庸部落而存在。

青衣羌，又或省称为"青羌"（《樊敏碑》）或"青氏"（《魏略·氏传》），不是他们自呼如此，只是汉人因其用牦牛毛绩织的本色褐布为衣，而呼作"青衣"（那种淡黑色，巴蜀人叫青色，与中原人称天蓝色为青不同）。其实羌族本俗就是穿的这种牛毛布，后来才穿白牦子与花氆氇。其进入内地的温暖河谷后，才仿照汉族种麻而穿麻布。瑕阳人与青衣羌住区皆不产牦牛，但瑕阳人与青衣羌狃于旧俗，至今都还重视牛毛布。其毛与布都是从藏区贩运来的，价值比汉地销入的麻布、棉布高。所以到了近代，这两地区的人衣色变了，但他们的盛装，总还是有牛毛布点缀的。

《西南夷传》对于大渡河与青衣江地区的民族部落，只提到"徙、筰都最大"，未提青衣。《汉书》蜀郡既有旄牛县和徙县（它俩可以代表徙与筰都），又有青衣县。魏、周、隋后的徙阳县又在青衣江畔（今天全县的始阳镇），很能使人误解徙就是青羌。我近来考证汉代的徙县在大渡河谷，不在今天的始阳镇。故《汉书·地理志》把徙县叙在蜀郡青衣与旄牛之后。徙阳搬到青衣江区，是齐梁以后的事（此事我另有专文考证，将另行发表）。

汉代青衣羌的国邑，在今宝兴县的灵关镇。秦灭蜀以前，它的境域局限于飞仙关以西的今芦山、宝兴、天全、荥经四县地面。飞仙关以东，是丹犁国。两国之间夹有个汉民插居地带，为临邛通往邛国、滇国的大道（关于丹犁国，详第四篇）①。

青衣王子，一直是拥护汉政权的。齐梁之后，中国大乱，青衣王国曾扩大到整个青衣水流域，远及大渡河以南。故唐宋人的书典称嘉峨之间的青衣水为"平羌江"。而大渡河以南的越巂郡界亦多有"青羌"的史事。元明世，青羌又退缩到天全六番以北去了。到明代，"穆坪董卜韩胡土司"曾经强盛一时。他就是青衣羌的遗裔。在清代，与打箭炉的明正土司结为一家，逐渐与汉族融合。其土司保存到1919年才改流。如今在最北的硗碛区，还有保存羌语的部分古羌族后裔，但不如鱼通地区保存羌俗之多。

为了便于大渡河区民族调查工作者的参考，特提供以上线索，不惜反复详述这部分羌支民族的历史发展痕迹。未免就越出题限的时间以外了。

二、岷江上游地区与蜀族同时存在的民族

蜀山氏这支羌人，从岷江上游地区发展起来，到达茂汶

---

① 本书只收录上下篇。

盆地，形成蜀这个民族。又被自后方来的羌支冉族和駹族驱逐到四川盆地的成都地区来，开垦成都平原建成了大国，已如第一章所述。当其被迫逾山进入四川盆地时，已经分散成为几支，后虽统一于蜀国，支系痕迹仍然存在。本章试作一些考订。

1 "冉駹为汶山郡"的冉与駹

由于《史记·西南夷列传》最先说出"自筰以东北，君长以什数，冉駹最大"和"冉駹为汶山郡"这两句话，都是以冉駹连称，遂有一部分人，把冉駹二字说成是一个戎国了。我考冉和駹，不但是两个羌支民族，而且还是先后不同时进入茂汶盆地，逐去蜀族，据其故地而分有之。大抵駹族最先从嘉绒地区进入杂谷脑河谷，故杂谷脑河古称駹水[1]。其初来时，只据有杂谷脑以上河谷部分，臣属于蜀。冉族原是草地牧部，自北（如今之黑水地区）侵入蜀地，逼蜀族向南。最后乃与駹人联合逼蜀族自安乡

---

① 《后汉书·郡国志》蜀郡汶江道，刘昭注引《华阳国志》曰："涐水、駹水出焉。多冰寒，盛夏凝冻不释。"宋刻本汶山郡文大部阙，全失诸县。考后汉汶江道即前汉汶江县，是今理县地。涐水即《汉书·地理志》之湔水，亦即今之马尔康河。然则駹水即杂谷脑河无疑矣。从而可知其得名由駹国故域也。

山徙入湔水地区。于是茂汶盆地为冉地，杂谷脑河谷为駹地。当蜀族在成都平原成为大国以后，冉駹亦皆臣服于蜀。

秦灭蜀后，食盐为巴所扼，湔山以南闹盐荒，而冉駹有哈姜羌盐运售，故秦开湔氐道以通冉、駹，不灭其国以为郡县，即由于资其人运羌盐以资蜀民。其后汉武帝既灭南越，开西南夷，乃以冉駹为汶山郡，谓以冉与駹之地为郡也。

其时冉地北至松潘草原，駹地西至嘉绒盆地，其人皆已经营农业而犹保持羌俗。其王之役属于汉，徒因贪汉缯帛之赏，与土产市易之利，而请置吏。既设郡县，又不乐于汉吏统治，故建郡四十年又复"请省郡"。宣帝地节三年（公元前67年）遂废汶山郡，为蜀郡北部都尉领地，羁其王侯，视同属国。由于夷汉亲睦，商贾往来，汉民入居渐多，安帝时与灵帝时，皆曾复建汶山郡。但亦未几即复废为都尉。至蜀汉世，姜维经略西羌，以此为门户，遂仍置郡县，迄今未废。（详见《华阳国志校补图注》）

冉駹族，在东汉世融合于钟羌。钟羌降益州刺史张乔后，此部在西南诸夷中最驯服，三国以后遂更融合于汉族，故汶山郡能历久不废。隋唐后为茂州与维州，为吐蕃与唐争夺地面。吐蕃曾得维州（古駹地），唐则坚守茂州（古冉地）。其蕃域内羌落不服吐蕃而来依附于唐者，安置松、茂边徼屯垦，是为"西山八国"，置诸羁縻州以御吐蕃。其人与吐蕃同为羌族支裔，言语习俗接近，久亦渐与吐蕃交通，接受其文化，故唐人又呼之为"两面羌"。其一部分坚决与吐蕃为仇，拒绝其喇嘛教文化者，衷心服属于唐，徙居岷江东岸以避蕃人侵扰，今茂汶羌是也。其历史演变复杂，皆在公元1世纪后，原不应在本文论述范围，兹只提其要领如此。另在拙作《康藏史地大纲》一稿详之。

2 "黄羊造镜"的黄羊

1982年，南充中和公社天宫山出土的汉赘王崖墓（已详前篇第七章），有大小两具白铜镜，其一较大，有铭文"黄羊作镜四夷服"等六句四十二字[①]，显为汉武帝用兵匈奴时所造。其一较小，无铭文，但背间刻有"黄羊作"三字，似为王莽时银铜俱已缺乏时作。乍看，颇以黄羊为前汉世铜镜制造工之姓

---

① 黄羊镜铭文为："黄羊作镜四夷服。多贺国家人民息。胡虏殄灭天下复。风雨时节五谷熟。长保二亲得天力。传告后世乐无极。"按：句中服当读如匐，《礼·檀弓》"扶服救之"，《释文》作"匍匐"。又复字当读如愎。凡畐声之字，在《周诗》皆读如逼。此六句，一韵，为汉世蜀地行古音之证。辞意充满徭役之叹为四夷平定祝愿，是为汉武帝时所作。

名或铜镜作坊主人之名。细详则不然。羊字古可通祥，但在汉代已与祥字分别为两种音义了。人有取祥为名者，无以取羊为名者。此二镜制作甚精，隶书甚工，白铜又是汉武帝世乃有（见《平准书》），则人名不致单用羊字。若其有之，必是少数民族。故我窃疑有蜀族铜工，为其作坊主人创造白铜（银或镍与铜之合金）成功而致富者，自开铜镜作坊。用其发明者之名，为作坊名称曰黄羊。其工巧、图案与文字皆雇用汉族工人为之，故其制作如此。

所以要如此设想，亦因为蜀族在湔水盆地时已知经营铜、锡矿，其湔山又多银、镍等有色金属矿，因而有发明白铜之机会。大概在东汉年代，黄羊镜曾行销很远，成为全国的名产。当永初羌乱，作坊停产时，其主人退还湔水地区，营采矿业，发展成新的氏族，仍称黄羊。其后蜀地兵祸相寻，无宁日者数百年，湔水地区在汉官、汉吏和军队侵扰下，亦不易居，则更退入石泉河地区作多种经营的避世生活。就成为唐、宋、元、明的所谓"黄羊""白草蕃"，保存其名至今。今北川县片口河与白草河（上游在平武县和松潘县界）还有黄羊族人后裔，不过已全与汉人融合了。其全面融合当在石泉置县以后。明代的黄羊蕃曾发生叛乱，史籍始有记载。以前他们一直安静无扰，故无史籍记载。

3. "封雍齿为什方侯"的什方

《史记·留侯世家》："上已封大功臣二十余人，其余日夜争功，不决，未得行封。上在洛阳南宫，从复道望见诸将往往相与坐沙中语。……留侯曰：'陛下起布衣，以此属取天下。今陛下为天子，而所封皆萧、曹故人所亲爱；而所诛者皆生平所仇怨。今军吏记功，以天下不足遍封。此属畏陛下不能尽封，恐又见疑平生过失及诛，故即相聚谋反耳。'……上曰：'雍齿与我故，数尝窘辱我。我欲杀之，为其功多，故不忍。'留侯曰：'今急，先封雍齿以示群臣，群臣见雍齿封，则人人自坚矣。'于是上乃置酒，封雍齿为什方侯，而急趣丞相、御史定功行封。群臣罢酒，皆喜，曰：'雍齿尚为侯，我属无患矣。'"

"什方"，同书《高祖功臣侯者年表》作"汁方"，云"以赵将，前三年从定诸侯。侯，二千五百户，功比平定侯。齿，故沛豪，有力，与上有郄，故晚从"。传十世，至元鼎五年"终侯桓，坐酎金，国除"。

这同一《史记》的两篇，各作"什方"与"汁方"，字互不同。《汉书·功臣表》作"汁防"，《地理志》作"什方"；《后汉书·郡国志》以来乃作"什邡"。这说明它是民族古语的译音字，并无一定写法。《史记集解》引"如淳曰：汁音什，邡音方。"足见如淳所见《高祖功臣侯者年表》本作"汁邡"字。《史记索隐》又云："县名，属广汉，音十方。汁又如字。"足见如淳所见本与司马贞所见另一本，俱作"汁方"，什与邡、防，皆缘音而讹的别字。且汁字本音亦与什异，不读十，自汉以来乃读如十。若民族本语就读如十，那便无须再音作什与十了。古称民族部落为方。上古的民族部落名称，一般只有一音的字，如朔方、徐方、羌方、蜀方、荆方、蛮方、鬼方，等等，例不胜举。这个"汁方"，当然是一个民族部落的译称。它的部位在今天的什邡县，古今一直沿用这个县名是肯定无疑的（相传什邡城南五里还有雍齿墓）。

今什邡县，有一半地面是平坝，一半地面是山区，以高景关为分界线。山区的水原产金，故称金河，秦汉世称为雒水，称高景关为"雒口"，常璩说李冰开雒水稻田，使绵雒为沃壤。可见这是一个远古就已经著名的地区，李冰就是这里的人。本来，汉高祖因自己是从巴、蜀、汉中三郡的封国兴起的，所以不以关中和巴蜀郡县封建诸侯。把雍齿封在"汁方"（什邡）是个特例，其目的是使功臣们知道是封的好地方。并且是将原不打算封诸侯之地用来封诸侯，故说"天下不够尽封"，用此权宜之法把功臣们的心稳定下来。其实它是一半山区的小县，不过有古国之美名而已。

至于汁方是何取意呢？我认为汁即原始的漆字，本作氿（柒与漆皆后世造出的繁体字）。缘古七字与十字极相似，作十与 ✦ ╫ 像割漆树取汁之形。像多方综合，即全面之意。隶变乃作七与十。此区山地多漆树，其人盖即割漆之发明者与推广髹漆之法者，故被称为汁方。汁字之本义为液体，应也是取漆之意。原读如漆，后转为叶，汉魏人乃再转为什伍的十音。司马贞说"汁又如字"者，即谓时人虽已皆读汁方为什方，仍有人读如汁液之汁音（如字）。汁液之汁，正可说明是保存取漆之原义。

汁方是怎样一个民族部落呢？我的推断，它是蜀族受冉夷胁迫，退过土门关，进入石泉盆地以后，骤难容纳，乃有一部分人从石泉河谷逾山而南，进入雒水与绵水河谷的上游森林地带，开垦沿河耕地兼营狩猎生活。因而发明了割漆，即以漆业行商华夏，被称为"汁方"，与蜀族之以蚕丝行商而被称为"蜀方"是一样的。它们也都是同时在龙门山脉地区发展起来的。不过蜀族开辟成都平原得早，能早强大；汁方开垦绵雒平原收功很晚，直到李冰后才成"沃壤"。所以汁方成了从属于蜀国的附落。秦灭蜀时，它已不成为独立部落了，但汁方故称还在人口，故秦立以县①。

三、进入涪江，白水地区的羌支民族

涪江上游为今平武县境。入今江油县境，扩展为大平原。仍有平通河、通口河、安昌河、凯江与梓潼河等大支流从西东两面流入。自射洪以北为中游，支谷多出山区。射洪以下为下游，地势平缓，至合川入嘉陵江。

涪江海拔较其他河谷为高，在四川盆地中，出水较早，古代民族入居亦较早，与蜀族、巴族及汉族相融合亦较早。其族

① 《汉书·地理志》"广汉郡县序"，首梓潼，是郡治所在的表示。次什方，是置县最早的表示。其次才是涪、雒、绵竹、广汉，都是蜀郡旧有，依立县次序排列。又其次葭萌与郪，是从巴郡划入的秦县。又其次新都，是初未从蜀郡划入广汉，设广汉西部都尉时才划入的。以下甸氏、白水、刚氏、阴平四县，则是合并西部时的新县。其他各郡的秦县皆可用此法由县序的规律去寻得。广汉北部都尉治阴平，主陇南地区夷落。另有西部都尉治新都，东部都尉治葭萌，南部都尉治郪。《地理志》只著北部都尉，盖宣、元时省其他三都尉。

源颇难考订。兹举其有线索可考的羌支民族如下：

1. 氐与傁是否可以成为民族称

《史记·西南夷列传》："自冉、駹以东北，君长以什数，白马最大。"下面结束西夷一句云"皆氐类也"，谓"自駹以东北"句下至此，一般称之为羌，但都属于甚接近于汉族，能接受汉文化的边徼民族，可以算作氐类。其下还有一句结束西南夷各部落的话"此皆巴、蜀西南外（指徼外）蛮夷也"，为《西南夷列传》解题。浅人乱了句读，遂谓西南夷都是氐类，或只有白马才是氐类，皆是谬误。

氐这个字，甲骨文未见。《诗·商颂》有"自彼氐羌"句，是个可疑的字①。战国末叶的书才有氐为民族含义的文字。魏晋以下，才有齐万年、李特、苻坚、吕光、杨千万等已经汉化了几辈人的内地人，打出氐族的旗帜来，号召同类建立

---

① 《周诗·商颂·殷武篇》是宋襄公告庙诅楚之文。说"昔有成汤，自彼氐羌，莫敢不来享，莫敢不来王"。成汤时尚无氐字，何得有氐羌来王之说？宋襄时有无氐人之称，亦都成问题。氐羌连称。见于《荀子》《吕览》与《淮南子》，不见于《春秋》《国语》《管子》《老子》等书。春秋世未必有之。疑《商颂》是狄羌二字。汉儒传写字讹。是否如此，尚待深考。

国家。其实，他们全族使用汉族语言、文字，有汉族生活习俗和制度的汉族队伍的组织。隋唐以后，便无氐这个民族的迹象存在了。自然也还有氐、傁、戎、狄、蛮夷等历史名称，有人任意使用。可是它究竟是什么民族？住在什么地方？有什么民族特性的标志？使用其字的人对于这些问题是全不负责的。举如陇南、蜀北地区，几千年来，民族混居，彼来此去，互有变化，每有各支祖先使用的名称，裔孙亦已忘去而另为称号者；亦有民族混居后，互相影响，互有融合者。文人好奇，率意取舍，张冠李戴，牛头马颈之误极多。若读古籍者不加鉴别，则出书愈多，混乱益甚，故世有"尽信书则不如无书"之叹。四川的涪江上游称氐傁者最久，兹就此二字略加分析示例。

氐字，甲骨文未见，就可疑殷代还没有这样的民族称呼。金文作𢆶，像危崖上巨石欲堕之形。许慎《说文》作氐，云："巴蜀名山岸胁之自（堆）旁著欲落堕者。"引"扬雄赋：响若氐隤"。（今行《史记》《汉书》之《扬雄传》与《文选》本，作坻、作邸不同，是古今字。当以《说文》为正。）窃疑"巴蜀名山"当作"陇蜀石山"。故应劭曰"天水有大阪，名曰陇坻。其山堆旁著，崩落作声，闻数百里"（《汉书》注引），用许说也。这种崖壁，在河谷深陷的陇蜀与大巴山区极

197

多。每有宽阔可避风雨者，古代猎户恒依以住宿，古文厂字（音庵）与宕字，皆沿此制，今人呼为"崖腔"者是也。原始人类，猎食于此区者，或世居一崖，长养子孙，成为氏族，故其字引申为姓氏之义。本义固是山崖，读音如抵。亦常有顶岩下坠及地者，古制氏字以象之，引申为抵达之意。又引申为底下与低下之意。坻、邸字亦皆缘此本义制成。其只用姓氏义者，转为支音，又转为世音，本无民族自称曰氏者。唯古羌族随猎进入此区留居者，华人称之曰"氐羌"，亦如"闽越""瓯越""莱夷""岛夷"，是华人缘其住区所加之称，后遂单用其地区为族称，只作一氐字也。

鱼豢《魏略》有《氐传》一篇，今保存在《三国志》裴注（《魏书》之末）之中。所述氐人分布地面，有"或在福禄（县属酒泉郡），或在汧、陇左右"。又"或号青氐（按即青羌）或号白氐（即白马羌），或号蚺氐（即冉駹羌）"。又有"兴国氐王阿贵（按在甘肃天水区秦安县），白项氐王千万（即仇池氐王杨千万）"。又"国家分徙其前后两端者置扶风、美阳"。又"此盖乃昔所谓南戎，在于街、冀、獂道者也"。又"故武都地阴平街左右亦有万余落"。综合言之，除酒泉福禄县为祁连山谷区外，全属陇南、蜀北的高山深谷地区。则"氏人"的取意已可理解了。

它又记其语言习俗云:"各有王侯,多受中国封拜。""其俗,语不与中国同,⋯⋯各自有姓,姓如中国之姓矣。其衣服尚青绛。俗能织布(谓麻布),善种田,畜养豕、牛、马、驴、骡。⋯⋯多知中国语。⋯⋯其自还种落间,则自氐语。其嫁娶有似于羌。"又云"其自相号曰盇稚"。

从这"氐传"看来,魏晋人所谓氐,只是多种羌支民族居于蜀陇山谷间已倾向与汉族融合者之统称,并非他们自称为氐。他们自称为"盇稚",当然是氐语。是何取意,无人能说。问过许多此区土著,亦莫能知。我想,南北朝时与宕昌羌齐名的"邓至羌",就是兴于金川,发展到岷江上游和涪江上游与陇西临洮、汉阳地区的钟羌(已前详)。钟羌自且昌降汉后,仍据有陇西以南之地。其后乘中华内乱再发展起来,称为"邓至"。邓至与盇稚的"至"和"稚",在羌语应是同一音义。即是古氐字(也就是氏字)的音变。"盇"与"邓",是支分的名称,在陇者为盇稚,在蜀者为邓至。盇稚,因逼近强大的华夏,分化为若干部落,各有侯王。邓至因僻在华夏政权难到之地,组织比较集中,保持自己的名称较久。但在魏、周、隋代,岷江以东,已成中华郡县,邓至汉化者多。其本部金川，别有嘉良部起来据地自擅，于是邓至消失了。此为公元1世纪以后事，本文不当详述，提此研究线索而已。

陇蜀区民族称呼，在魏晋世又曾大量出现叟字，一作傁。每有氐傁连称文字。考孔安国《尚书传》，释《牧誓》之蜀为叟。后儒咸遵用而莫能通其说。竟有谬谓叟为蜀族之别称者。这问题，也值得考订。

我的看法是，《禹贡》雍州的"渠搜"，在"昆仑、析支"之东，同为养羊和生产织皮行销于华夏的部落。用今天的藏语来回溯羌语本义，则渠就是大河。渠搜，是指甘肃的黄河。羌语搜，为黄金色之意。所指为今大积石山以北至河套地区的黄河。这带地面，在殷周皆为羌支民族的牧场，曾经建成义渠国。周末为秦所灭[①]。

秦灭义渠，置北地、陇西、安定三郡。义渠人民，除融合于汉族者外，分为三部：其坚决保持羌俗者退回草地，迄今尚自称"俄"。一部分人向东北退入河套草原，仍复称为渠搜。

---

① 《竹书纪年》殷代武乙三十年，"周师伐义渠。乃获其君以归"。在古公亶父时。《史记·秦本纪》屡言义渠。《后汉书·西羌传》亦言之。可互参。《墨子》作"仪渠"。仪字古读如俄。今河曲土民犹自呼为俄。果洛旧亦作"俄洛"。

《汉书》朔方郡渠搜县云"中部都尉治",莽曰"沟搜"是也。一部分南向入陇,称为"氐傁"。《华阳国志》武都郡,不到六百五十字言氐傁者八次(阴平郡二次)。多指仇池杨氏。同书于齐万年,亦称氐傁。盖魏人对陇西羌之汉化者皆作此称。又越巂郡有"苏祈傁""傁大帅""斯都耆帅""四部斯傁"等字句(亦见《三国志·张嶷传》)。几乎把前汉所称的氐类,都称为傁了。《后汉书·董卓传》与《刘焉传》皆言"傁兵"。合越巂郡的"四部斯傁"观之,则所谓傁民,亦是"氐类"。他们不但接受汉官统治,且亦服兵役,供调遣,与郡县齐民无异。但尚保持有一部分羌支本俗,因而被称为傁。在邸区者为"氐傁",在徙筰区者为"斯傁",在苏祈(今西昌礼州)者为"苏祈傁"。实皆羌支民族之高度倾向汉化者之统称,非某族某支之专称。迨其既与汉族融合以后,傁名亦即消失(孔安国言"蜀傁"者,盖以武王伐纣时无蜀国,以为《牧誓》之蜀为傁人也。董卓之支持者为陇西羌、氐、傁,故其军多羌傁。吕布原附卓,故其军亦有。刘焉能遣傁兵五千助刘范者,亦缘做益州牧,能征用傁兵)。傁与氐皆不当为民族专称,尤不当为今世的民族名称。

2. 刚氐、甸氐与黑白羌和紫羌

前汉元鼎六年（公元前111年）分蜀郡北部与汉中郡西部置武都郡。有甸氐、刚氐、阴平三道，皆秦所开。后汉永平中，陇西羌乱，扰及武都汉中，后乃分武都立阴平郡，此三县属之。安帝时，阴平郡没于钟羌，汉民尽徙。钟羌降后，乃以三县为广汉属国。蜀汉建兴七年，复置阴平郡。晋永嘉中，郡民逐太守，降于李雄，汉民皆还蜀。郡地入于仇池杨茂搜。其涪江流域之刚氐县，为氐傁李氏所据。唐、宋羁縻而已。至明，乃立龙安土知府。清代改流为龙安府，治平武县。

《华阳国志》甸氐县曰："有白水，出徼外，入汉。"所言即白龙江。则今甘南武都县为旧甸氐县地。又刚氐县云："涪水所出，有金银矿。"则今平武县地也。阴平县，云"郡治"。郡序云："土地山险，其人刚勇，多氐傁。有黑、白水羌，紫羌，胡虏。"阴平县，今为甘肃文县，原辖地包括今四川之南坪县。黑水、白水，皆今南平县河，合流后过文县，至阴平桥与白龙江合，至广元入嘉陵江。统称白水。

审此，可知羌之居于黑水山谷者，曰"黑水羌"，居白水山谷者曰"白水羌"，居甸氐河谷者曰甸氐，居涪江上游者，曰刚氏，皆汉人所加之称，非其自名曰黑、曰白、曰甸、曰刚也。

此区无紫水，羌、氐、叟亦无紫衣、紫饰，而称"紫羌"者，盖即《魏略·西戎传》所谓"赀虏"。其人本月氏（月支）种，故被称为"赀"，音存而字变也。其人有来居于甸氏县与阴平县者，魏晋人字又讹做紫耳。"胡"，谓"卢水胡"，或"黄石，北地卢水胡"，皆匈奴遗种。"虏"，谓"三河槃于虏"，大抵鲜卑一类之来居此区者。已于《羌族源流》详考，此不备述。

阴平县因是郡治，汉民多，氐叟亦多。汉民撤退后，全是氐叟，故仇池杨氏据之最久。

3. 白马种与参狼种

《后汉书·西羌传》："其后子孙分别，各自为种。或为牦牛种，越巂羌是也。或为白马种，广汉羌是也。或为参狼种，武都羌是也。"言巴蜀徼外，这三部分羌支是大种。牦牛种即《张嶷传》的旄牛王的部落（徙、筰、白狼等部落皆其附落），史文明暸。参狼种为甘南盆地的土著，即华人所称的甸氏。又称为"麻田氐叟"。《华阳国志》武都郡云："土地险阻。有麻田，氐傁，多羌戎之民。其人半秦，多勇戆。出名马、牛、羊、漆、蜜。有瞿堆百顷险势，氐傁常依之为叛。"[1]这可说明汉武都郡的民族，除汉民外最多是氐傁，即半似华人半似羌人的向华夏的过渡阶段。另也还有"羌戎之民"，即少量从羌族草原来的羌人和陇西来此混居的戎人。那时，还没有白马种入居到武都郡界的。那时的白马种还只住居在广汉郡界。这是就公元1世纪（后汉和帝永元十二年以前）言之。

《史记·西南夷列传》："广汉西白马为武都郡。"这个"广汉西"三字，是深深值得注意的。《汉书·地理志》武都郡，班固自注云："武帝元鼎六年置。莽曰乐平。"颜师古注引"应劭曰：故白马氐羌"（所据为应劭的《地理风俗记》，今佚）。看来，白马种原只分布在广汉郡西部，到东汉末叶，则已经进入武都郡，与参狼种融合为一，而被称为氐傁了。并且由于已经融合于华夏，参狼与白马两个名称亦即消失，只缘仇池杨氏据瞿堆百顷二百余年，保存氐傁之称独久。周、隋以

----

[1] 瞿堆，即仇池山的西南角，为甘南最险处。其北部亦是险岭，上有平地百顷可耕牧，故杨氏能据之数百年。原号武都山，郡因以为名。氐傁从汉人学种麻，以为衣，行销羌中，能获厚利。今河谷羌民犹嗜麻布。故氐傁区沃土皆种麻。被称为"麻田氐傁"。

后，氐傻之称亦即消失。

《史记》未说参狼种，是因它不是"巴蜀西南外夷"，则《西南夷列传》不列。唯上有"自冉骏以东北，君长以十数，白马最大"这句话，包括有几十个民族部落，应该包括参狼、黑白羌与甸氐、刚氐在内。不过白马最大而已。

言"广汉西"者，汉高帝始分秦之蜀郡与巴郡十三县地为广汉郡。其甸氐、白水、刚氐、阴平四县本秦时蜀郡北部（都尉领）。置广汉郡后，为广汉西部尉领（后汉为广汉属国都尉领）。白马种人原只分布于涪江与白龙江流域。其东之西汉水（嘉陵江）则为参狼种分布地。两种虽皆从羌族分支，来路则各不同。参狼种是从陇西地区向南进入武都区被称为"甸氐"的。白马种是从松潘草原进入涪江、平通河（苦竹沟）与通口河等河谷的，其主要分布地在广汉西北的龙门山脉地区，后被称为"刚氐"的。白马与参狼皆他们自称之名。

白马与参狼人，一般称之为羌（白马羌）。魏晋世被称为氐（白马氐或白氐）。审慎的史学家如司马迁，则既不加羌字，也不加氐字，但称"白马"。如伏无忌，则称白马种（《后汉书·西羌传》的前半部分是伏无忌原著）。

若上一假说可定，则"广汉西白马"是从松潘草原下到涪江山谷区来的，或许比蜀族进入岷江各地要晚些，所以到汉武帝时为汉人所注意。由于汉武帝把他们与参狼人都划归武都郡的属县，两种人乃渐混后融合，而产生氐傻的称呼。其留居在广汉郡界（四川盆地内）的白马，则全在友好生活中与汉民融合了。现在平武县还留有白马乡这个地名，那里可能就是最后融合的白马人居地。明、清的龙安府所辖地面包括今平武、北川全县，和青川、江油与松潘之一部，就是依据古代白马人分布地面划分的。《水经注·江水》："东南下百余里至白马岭而至天彭阙。"所谓白马岭，即今镇江关东山之古称。其东即石泉河、片口河与白草河区。故知古白马人住区与冉駹区的分界，即是此岭。当白马人来至石泉盆地时，冉駹亦似已驱逐蜀族入四川盆地以内，其原居的石泉盆地亦即为白马族所占领（汁方与白马，以典山关为界）。

4. 梓潼与邽国

《汉书·地理志》广汉郡："莽曰就都"，属县十三。郡治不在平原沃野而在山瘠水浅的红土丘陵内之梓潼县，后汉才徙郡治到新都。蜀汉更把梓潼升为郡，领梓潼、涪（今绵阳市地）、晋寿（今广元市地）、白水（今青川县地）、广汉、德阳（皆在成都平原内）。可见梓潼这个名声之大与其重要性。若以今世梓潼县地理位置与当时郡领各县对比，就令人无法理解。这乃是我国历史地理学上所难解答的一个问题。我曾勉为其难，做出初步解答如下：

梓潼是一个民族聚居区。族大人众，历史悠久。梓潼二字，"莽曰子同"。可以设想，二字是译民族本语的音，并无汉文取意。王莽改作子同，并非他也提倡简化字，只是"译无定字"。使用"子同"二字，还有表示"同属子民"之意，亦即说明这个地区还有一部分旧民族未完全融合，仍自称为"子同"，即梓潼。

更还可以设想：古梓潼县地面很宽，约有今天梓潼县的十倍。大概东抵嘉陵江，西抵成都平原，包括有今梓潼、剑阁、青川三县和江油、绵阳、盐亭和广元的大部。这个广大地面，也就是秦汉间梓潼民族分布的地面（亦可说是古梓潼国的地面）。作此推断的依据，是因为它是四川盆地内红土丘陵区最高的部分，应该出水得早，当羌支人民向大巴山区猎食东进时，首先就会发现这一可耕之地区，留下一部分人定居开垦。次第发展几万年，才到秦代。虽然其部族组织未免松散，但由于形成民族的历史已很悠久，族性顽强，不可能以武力征服，只可以高度的经济和文化去抚绥他们，使之逐步融合。所以秦汉必须在这个民族核心的故国都邑，加强示范领导。建成地区首邑，开展工作。

至于这个故国的首邑，也不是在今天的梓潼县治，而是在今江油县东部的马角坝或雁门坝附近。这自然还待考古发掘来做证实，现在只是假说。为何要设想秦汉的梓潼县治，只能在那些地方呢？又是何时迁徙到今治来的呢？我的推断，当是三国以后才徙治的。因为三国以前，秦蜀之间的通道是经过马角坝这个地带的（即今铁路所经线）。诸葛亮开剑门阁道后，才改由昭化桔柏津渡河经剑阁、涪、雒至成都。旧路此后乃废（今马角坝，为古马鸣阁驿站，原有桥阁栈道。钟会伐蜀，阻于剑阁时，还从此道与邓艾联络）。

梓潼还很早就建成了一座雷神庙，来显示它的民族威力。那就是今天还保存下来的七曲山的文昌庙。隋唐以后，才说他为"司禄命之神"。秦汉到南北朝都说他是凶恶的雷神。其庙叫善板祠①。这样以神道设教来管理顽强的民族，可能是梓潼

---

① 《华阳国志》梓潼县云："郡治。有五妇山，故蜀五丁力士所拽蛇崩山处也。有善板祠，一曰恶子。民岁上雷杼十枚。岁尽，不复见，云雷取去。"这明明说的是雷神。"善板"者，古谓簿籍为板。小乘佛教未输入前，华人已有天帝鉴察人间善恶，著之于籍以为惩劝之说，谓雷神主其德，故曰恶子。

王创造出来的，抑或是蜀王所做的事，也可能是秦王做出来的
（蜀王先已降伏此国，才可能把国境推进到褒斜去）。

梓潼民族虽是很早就居住到此区的民族，由于地方没有
丰富的矿产资源，进入铜器时代很晚，文化发展缓慢，生产落
后于蜀族和巴族。也很早就成为蜀国的附庸了。秦置郡县后，
其地发展很快，在公元前，即已全面汉化。故王莽改县名为
子同。

5. 陇、蜀间的宕昌遗民

《魏书》与《北周书》皆有《宕昌羌传》。《梁书》亦曾
说到它。这支羌人，是魏晋后才开始接近华夏，发生交涉，列
入史籍的，原不应在本文论述之内。但它的后裔分布在今川、
甘两省界上，至今都还保存有较多的羌语和羌俗，成为古羌族
的活化石。所以值得一提。

他们有居住在甘南白龙江上游的迭部县与舟曲县的，有居
住在白水上游文县与四川九寨沟县的，有在四川松潘县铁布寨
的，有在平武县白马乡的。建国初平武白马乡达布人被划为藏
族，他们一直有不同意见。四川省民族研究所邀集民族研究人
员开会讨论多次，印行有《白马藏人族属问题讨论集》（1980

年）。在族属问题上，有属藏、属羌、属氐，和直称达布、迭部、宕昌的主张不同，未作决定。我认为他们属于古羌族的支派是无可置疑的。由于他们的族属问题已有讨论集印行，此处不更引论。

四、嘉陵江与大巴山区的羌支民族

嘉陵江西源别称白水，其上游属甘南盆地的西部，历史沿革属阴平地区，古民族分布属白马族区，已如上章所述。其东源为嘉陵江正流，一曰西汉水，远古曾自白马关与阳平关两次流入沔水（汉水）。白垩纪内，乃决入四川盆地，与白水合流。以上源出于甘南礼县之嘉陵谷，故唐以来人称之为嘉陵江①。白水会口以上为上游，下至涪江会口为中游，合川以下至重庆为下游。大巴山脉本与龙门山脉衔接，成为四川盆地北界。因被嘉陵江和白水蚀断，乃为两段，分为两条山脉。大巴山北之水皆入汉，山南之水汇为巴河、渠江入嘉陵江。在这山水之间，广大的川北地面，为一个古民族地区。有许多先后

———————————

① 《汉书·地理志》武都郡有嘉陵道，考其地在今甘南礼县界，即西汉水源。亦有地理书说水出"陕西嘉陵谷"，误。

支别的名称，统于本章做出清理，用供研究四川古民族历史者
参考。

1. 牧誓八国多在大巴山区

《尚书·牧誓》是周武王伐纣临战前誓师之词。相传那次
会师的有八百诸侯，这数目很嫌夸大。但那时所谓诸侯，实际
都是华夏族各部落的小领主，数目确亦不少。他们都恶纣而亲
周，相与从周伐纣的，要占全国的一半以上（《孟子》说：文
王为西伯，"三分天下有其二"），所以能一举灭纣。誓词点
名未能一一把国名举出，却把会师的八个戎国名字举了出来，
遂有人相援称为"牧誓八国"。甚至有人说只有这八个国，那
是误解了誓文。兹分析誓文的点名次序，说明其阵容如下：

友邦冢君——指来会师的诸侯。

御事——为诸侯御车来的，必然是各国的重要相臣。

司徒——各国办理兵役的大臣，率军来的。

司马——各国训练军队的大臣，率军来的。

司空——各国办理粮秣、兵饷的大臣，随军来的。

亚旅——《孔传》云"亚，次。旅，众大夫也"。出兵少
的国家，国君与大夫皆不来，只派亚旅率兵来。

师氏——《孔传》云"大夫官，以兵守门"。今按：古称"当家娃子"为师氏。部落奴隶主未得建成国家者，只以师氏率军来会。

千夫长——出兵只数百人者只由千夫长率之来会。

百夫长——出兵只数十人者，只由百夫长率之来会。

及庸、蜀、羌、髳、微、卢、彭、濮人——尚未进入奴隶社会的原始氏族部落，其来会之师，无一定的指挥官，人自为战，故称曰人。

当时岐周也是奴隶社会的国家。其奴隶大都购自南国的江汉之间的民族部落，在《周诗》里表现得很多（另详拙著《周诗新诠》）。由于周室优待奴隶，能得其死力，故能使生产发达，战斗勇敢，短时便跃进为富强的大国①。所谓"文王化行江汉之间"，实际就是由于奴隶乐于卖到周国，各经营奴隶买卖的部落从而乐与周室市易，由发生经济联系而产生友好往

① 岐周之勃兴，旧史归功为"文王之化"。文王姬昌究竟有哪些"圣德"，各史文里全找不出具体的事实来。我撰《周诗新诠》，在三百篇里，发现多处体现为奴隶乐生的诗歌，和江汉之间（即大巴山地区）的民族部落与岐周友好交往的诗章。参验《汲冢周书》《竹书纪年》所记泰颠、闳夭、南宫适、散宜生等的忠勤史事，感到所谓"文王圣德"，就是他能优待奴隶。所谓"文王化行江汉之间"（诗序），就是大巴山区的奴隶主们能为他输送大量的优质奴隶来。

来，从而转入于主从的关系。

所谓"江汉之间"的南国绝大部分都在大巴山区。在殷末周初，这地区已经进入奴隶社会了，但发展还很不平衡。如申、邓、息、褒、巴、荆等依近华夏与大江的部落都已具备国家形式，比于诸侯了。他们出兵，便只在"友邦冢君"之列，不特举国族之名。"巴师勇锐、歌舞以凌殷人。"使殷"前徒倒戈"，克以灭纣。周赐巴王姬姓，"爵之以子"。汉魏间书，皆有文证①。若国王不到，如何会有赐姓赐爵呢？庸蜀八国，显然是国君未来，甚至连正规军也未派出，只能有一些商人组成武装临时参加，不是正规派遣的队伍。故但称曰"人"。

我作这样推测，文献依据虽不足，却有当时社会经济条件的依据。例如：庸国，就是当时贩运奴隶入周最多的一国。蜀国，就是卖蚕丝入华最多的一国。羌，应指的是西海盐池附近的羌落，是行盐入周最多的羌落。髳，虽难确知是何处，就字面看，也可知其为运售牦牛毛入华最多的部落。这些部落必是长期有经商的人住在周国的。纵然本国不出兵，他们为了保持

① 《华阳国志》此说出于谯周《巴志》。楚灵王妃曰"巴姬"，见于《左传》。

经商的顺利，也会自动组织一支队伍响应号召。若本国之君响应号召，也会派遣人来叫经商头人率领，才便于接洽一切。他们还可能随军经商。微、卢、彭、濮是何地的人，如何出兵助战，也就可以想见了。

关于这八国是今何地，从孔安国作《古文尚书传》开始，后来经师和史学家作考订的人不少。我看都只是缺乏科学知识的瞎猜，包括张澍《蜀典》在内。近世的徐中舒、顾颉刚、郑德坤、蒙文通、邓少琴诸先生，才开始用科学头脑作探索。见仁见智，未能尽同。我在他们的启导下，也做过多次探索。兹就我最近的看法写出其概要如下：

（1）庸

庸，是今湖北竹山县地，久成定说，无用论证了。但为什么要说它是贩奴隶入周最多的国家呢？须加解说。

就地理条件说，竹山和竹溪这个大巴山区的高盆地，没有什么特产可以发展经济，用致富强。只因它在大巴山区，地面比较开阔，尚可耕种，又比较接近华夏，故而经济上有一定的发展。华夏进入奴隶社会后，各氏族奴隶主都需要购买廉价而得用的奴隶于少数民族地区。此地必然会成为最早的奴隶市场（正如滇国、邛国和僰侯之国成为汉代滇、僰僮奴的市场一样）。其附近大巴山区小部落的人民，是必然也像近世凉山地区的僰人和汉人一样要受到掠卖的。庸国在此区最强大，其人以掠卖奴隶为业者必多，成为他们发家致富的道路，以至受到国王的保护，成为庸国经济生活的要项。而当时唯岐周优待奴隶和贩运奴隶的商人，于是就会发展成为贩运奴隶技术最高、销量最大的"友邦"了。《牧誓》把庸列为八国之首，足见其虽无正规军队派出，临时组成的参战队伍人数必多。因为贩运奴隶的主子，随时都有一大串奴隶运来待卖。一并组队参军，随走随卖亦可，故知在八国中，它的队伍最大。

当庸国强盛时，几乎把楚国搞覆灭了，大巴山区的所谓"百濮""群蛮"都响应它的号召组成受它指挥的联军，有一举灭楚之势。但他们的组织非常松散，结果是次第解体，反转自己国亡地分（详下章）。足见它虽很久之前就列为诸侯，号为大国，但没有自立的经济基础，只靠贩卖奴隶维持经济。奴隶社会过去，它便忽焉亡国了。

庸虽早已亡国，但在周秦间历为郡县。仍然是迁徙罪人之地（秦代罪人多徙于庸），足见其地之荒凉和贫瘠，不似巴、蜀之具备发展经济，建成大国的条件。

（2）蜀

《孔传》释"蜀"为"叟"，是谬释（已见前）。顾颉刚《史林杂识·牧誓八国图》把蜀定在汉中，谓"蜀之北境本达汉中"，亦有时间上的误差。殷末的蜀族固未到达成都，更未能到汉中。那时它还只住在岷江上游的茂汶盆地（已详第一章）。

（3）羌

当时羌人还是游牧部落，分布辽阔，只茶卡盐池附近羌人运盐行销陇西与岐周。可能因市易关系出兵助周，不能是泛言群羌。

（4）髳

张澍《蜀典》，释为《西羌传》之"牦牛种"，字义吻合，唯距岐周悬远，当时无缘联络。我疑是析支河曲或松潘草原贩运牦牛之羌民。地理条件适当，而苦无文献依据。顾颉刚援《春秋》成公元年"王师败绩于茅戎"，定为晋南之茅津。后复有人疑为"三苗"之苗字转髳，亦说得过去。可能茅戎就是三苗之裔族。当留待更作考证。

（5）微

《蜀典》有最荒谬的一条，说微与尾古通。并谓木耳夷有尾，居曲靖山中，即古微人所居。竟相信人类有尾，并且从曲靖山中远出数千里助周伐纣。这种"博览群书"的人，还莫如不读书好。

顾颉刚引《书·立政》："夷、微、卢烝，三毫，阪尹"，谓在"周近"。很有见地。近年，陕西岐山发现了微氏故邑。但我认为那是微子降周后，已封于宋（在成王时），所受朝周的汤沐之邑，不可能是《牧誓》的微人之国。但微子归周前，确曾封国于微。考其地，即今湖北十堰市的黄龙滩。有堵河（竹山河）支流曰"微水"，今名"虎尾河"（这里适用微、尾古通之义），晋置微阳县。即殷封微子之国也。微子憎其边远，实未之国，但遥领之。既而降周。故微人发卒从伐纣（详见《华阳国志校补图注》）。

顾氏又采《彭县志》吕吴调阳说，以微又通眉，定其地在陕西郿县（吕说定为眉州），则不足取。八国不可能在周王畿内。眉州的眉字，晚出于《牧誓》后千七百年，中间无可联系。吕说亦非。

（6）卢

字亦作纑。《孔传》："卢、彭在西北"，盖谓是卢水胡。考陇山以外有卢水，文王时为混夷（昆夷），地与周为敌国，未必肯从武王伐纣。且当时尚无卢水之名。陇山以西，羌人除西海盐羌外，未臣服于华夏（秦灭义渠乃置郡县）。故《孔传》谓"卢、彭在西北"，无取。唐人说"戎府之南为古微、纩、彭三国之地"（《史记·正义》），清人说"卢为泸夷""彭为彭州夷"者，亦皆误牵合古今地名字。惟卢为湖北中庐说，有《左传》桓十三年；"楚屈瑕伐罗……罗及卢戎两军之，大败之"可证。然蜀"有宾城、卢城"，在宕渠郡，见《华阳国志》。巴又有卢戢黎其人，见《左传》。疑《牧誓》之卢，与桓十三年之"卢戎"，是一跨大巴山之族，并且是与庸国同为经营奴隶贸易的小国，是相当进步的民族，早已华化。宕渠卢城，为其最后之故墟。地僻，故其史事难知也。

（7）彭

彭这个地名，普遍存在于各地区。若望文生义，随地皆可贴合。审慎解释，当从社会发展的历史与地理条件各方面综合分析决定。前人成说，每有管窥偏见，宜慎采择。例如《彭县志》说它是古彭国。字是同的，地亦在蜀，很能惑人。但就地理条件言，当蜀人未至前，彭县尚为内海，则安得已有彭国？《蜀典》说是"彭水夷"，似亦可通。但彭水县名隋代才有。两汉、魏、晋，都只叫作涪陵，或黔中，则何能殷周间便已有称彭的人呢？这条河，今称郁江，古称丹涪水，产丹砂与食盐，为一方所重。《王会》有"卜人以丹砂"入贡之文，可能就是此间丹砂商人，愿助周伐纣。若其如此，亦当称为卜人，或濮人，可能因唐宋以来有彭水之称，遂说为《牧誓》之彭。其他类似如此误解者甚多，不胜引驳。

《汉书·地理志》巴郡阆中县，有"彭道将池在南。彭道鱼池在西南"两句，一般未加注意。我考二池遗迹（今缘江水深蚀湮灭），皆在县城附近。同名"彭道"，是何取意，殊值研究。秦汉地名称道者，皆是夷落所在，新开道路，设尉官守卫处。如湔氐道、刚氐道、甸氐道、阴平道、严道、零关道、羌道、氐道、夷道、营道、泠道皆是。疑此原是彭夷故地，秦据汉中时开，故曰彭道。嗣复为巴据得，并徙都之。秦灭巴后，改名"巴道"（《常志》云"仪贪巴道之富"），汉乃改名阆中。彭道旧名，赖此二池保存，池废名灭，后世乃不知也。自此地，"浮于潜，逾于沔，入于渭"，便是周邑。大奴隶主多，故与周有联系。汉世著名的知识奴隶落下闳，与奴隶主大学者任文孙、任文公父子，及范目与七姓賨王，皆出于此区，实为周秦间与褒（苴）齐名的大国。对周市易已久，故亦出兵助周。其地富乐，故巴王徙都之。①

这自然还不够证实就是《牧誓》的彭国，但比其他旧说切合实际。今后可能会有地下发掘来做证实。

（8）濮

濮字，涉及地名尤为辽阔。若搜集考订，百纸不能尽。兹择要言之。

《牧誓》之濮，即《王会》之"卜人"。其地在今四川彭水、黔江两区县，为郁山盐泉与黔江丹穴所在之地。其建国过程与其尾族历史，将于第三篇详之。这里先谈大巴山区的"百濮"。

"百濮"是大巴山区的羌支。

《春秋》文公十六年（公元前611年），"楚人、秦人、巴人灭庸。"《左传》于此四言百濮。

楚大饥，戎伐其西南。……又伐其东南。……庸人帅群蛮以叛楚。麇人率百濮聚于选，将伐楚。于是申、息之北门不启。楚人谋徙于阪高。蒍贾曰："不可。我能往，寇亦能往。

---

① 阆中之南蓬安县，宋为蓬州。其东南仪陇县有大蓬山，又东南营山县有蓬城山。蓬、彭一音之转，可能皆是古彭国也。

不如伐庸。夫麇与百濮谓我饥不能师，故伐我也。若我出师，必惧而归。百濮离居，将各走其邑，谁暇谋人。"乃出师。旬有五日，百濮乃罢。

　　从芳贾这段话可以看出，濮是当时的一个民族的称呼。但他们的社会还很落后，尚未建成国家，只还是若干个支派分离的氏族部落，没有统一领导的酋长，连像唐、虞、夏那样具有核心力量的公社组织都还没有，所以称为"百濮"。就当时情况说，其中有个麇人的氏族是比较进步的，能够观察形势，游说附近的许多濮人氏族，乘楚国饥困，而又受四面夹攻之际，附和庸国，准备向楚地大掠一次。这些落后的濮人，不能正式作战，只会一窝蜂出掠，无一定的方向和战略。他们只图乘楚军所不备，突然劫掠，抢劫后就分散回巢。战斗力虽不大，但破坏力大，又难于防备。故当其响应麇人号召，聚谋于选时，申、息等国都不敢开北门。楚国的人也打算搬到高险处，以避免他们鸟来兽散的抢劫。芳贾即孙叔敖之父，却看出他们的虚弱，建议伐庸，表示能战斗讨伐。百濮不敢正式作战，见楚出兵，只十五天内便各自散回他们的居邑去了。

从麇（今湖北郧阳）、庸（今竹山、竹溪）、儵（重庆巫山）、鱼（重庆奉节），与申、息这些部落来看，庸国挂帅（称为帅）的"群蛮"全是大巴山南端接近长江的、比较先进的民族所建立的小国；麇人带头（称为率）的"百濮"，全是大巴山中部今川、渝、陕、鄂、豫四省之间的后进部落。至于谓戎，则可能就是"伊洛之戎"，在楚北方。推测他们的族源，都该是从西藏、青康大高原上的羌族祖先分支而来的。

但当上举那些盆地成陆以后，大巴山与秦岭已经有河谷可耕之地出现，生长的动植物种类增多，他们绝大部分的人就会要分向各河谷区移进，逐步进入农业时代，驯养家畜并开垦土地耕种。只因地形复杂，河谷分散，对外交通不便，发展得既很缓慢，也不平衡，更不能有像广原大野地区之出现统一组织。《左传》说的"百濮离居"，我认为只能如此解释。

更还当设想到：大巴山区，并不是只来过一批羌族人，而是随年、随月、随时都有人来的，正如水流浪滚一样。先来到的总是知识比较简单，生活比较落后的，也必是故步自封、难以推动社会前进的人，无论是如何顽强也会归于淘汰，能剩下来的总不会多。相反，只要有地理条件促进经济发展的地方的居民，若能配合经济资源，不断想法发展生产，推动社会前进的，就会发展迅速，成为先进民族，创造出辉煌的历史业绩。例如巴族、楚族和更早的巫载民族，都是从大巴山区的羌支发展起来的。他们能在距今三五千年之前就已进入文明社会，就是由于他们拥有推动社会发展的地理条件（第三篇将详述）。而大巴山中部地区的地理条件就太差了，所以历史发展就不同，已经是春秋之世了，还只是"百濮"离居的氏族生活。

这样一些落后的氏族小部落，当然会被周围大部族欺凌、劫掠和吞并，成为掠卖奴隶的对象。他们自己氏族与氏族之间，也会因发生纠纷而互相掠卖。卖到庸、麇、彭、卢等国的奴隶市场去，向华夏输送。那些被掠卖的奴隶们，一旦被掠卖到生活条件好的中原去，他们并不会感受到伤痛而会感到幸福。尤其是遇到善良主子，给他一点人格的尊重和优惠的待遇，便会心悦诚服，为之效忠。岐周之兴，便是依靠其收抚奴隶，得其死力而取得的。诸如《周本纪》里的泰颠、闳夭、散宜生与南宫括，《周书·世俘解》的荒新、侯来、百弇、陈本、百韦、新荒，这些人，实际都是周初很得力的奴隶①，而周初的奴隶，绝大多数是来自大巴山区。

这里，还有必要讨论一下濮字的含义问题。

《左传》里的濮字，除文公十六年的"百濮"外，还有昭公元年的"吴濮有衅"，那是晋国赵孟劝楚公子围释放鲁使叔孙穆子的话。这说明鲁、吴、楚三国界上有濮人部落，并且相当强大。每每有吴濮联合侵楚的事。其濮，当在今安徽的霍山、英山地区。

又昭公九年，东周甘邑人与晋人争田，王使詹桓叔谴责于晋，有"及武王克商，蒲、姑、商、奄，吾东土也。巴、

① 周族，自太王避狄，由邠迁岐，初不过是一小邑周原的氏族部落。仅才三世，便已三分天下有其二，以至灭殷，统一华夏。其原因，旧史只说是"受天命"。天命的实际力量在哪里。古语说得好，"天命自我民命"。能在奴隶社会里施行奴隶改良主义，得其死力，就什么事都能取得好效果。另外是没有条件取得如此成就的。我撰《周诗新诠》这部书，充分地说明此意。奴隶社会，奴隶主与奴隶是贵贱分明的两个阶级。奴隶，虽功多权大如伊尹，也不得进入贵族阶级享受封国。箕子虽是一代权威的知识分子，因为他是奴隶，武王虽尊为师友，也不能封为诸侯，只因他是殷人，派他到朝鲜做自由百姓，美其名曰"封于朝鲜，免其朝贡"。实际上不能比于诸侯，不得参加朝聘。以上这些功臣不得有封国，亦是因他们身份不高，虽功大也只能解放为受田成家的自由农户，承担兵役，视同百姓而已。

濮、楚、邓，吾南土也。肃慎、燕、亳，吾北土也，吾何迩封之有"句。说明周初的濮族，与巴楚同为大国。《史记·楚世家》说："楚蚡冒于是乎始启濮。"楚兴而濮灭，可见楚国之地，有大部分是故濮国地。《国策》吴起说："三苗之地，左洞庭，右彭蠡。"也就是楚国的云梦之地。则三苗旧有濮之别称，今湖广的太湖地区亦曾被称为濮。

又昭公十九年，"楚子为舟师以伐濮"。费无极劝楚平王："若大城城父而置太子焉，以通北方；王收南方，是得天下也。"这说明楚国的大江以南亦有濮国，相当强大。

《国语·郑语》"叔熊逃难于濮而蛮"。（《楚世家》作"叔堪亡，避难于濮"。）可见楚国所开濮地之外，仍还有个濮地在楚国外。大概就是楚平王欲伐的濮。它远在大江以南的"群蛮"之内。

这些资料可以说明：周、秦、汉世人，常用这个濮字，泛加于从大巴山东至霍山地区，南至云梦地区与大江以南的少数民族，并不是什么少数民族自己有此专称。若言有之，则唯《王会》的"卜人"。但那是一个丹砂产地，与大巴山、霍山，和云梦地区不相干。

到了魏晋年代，以上地区的濮字完全消失了，却在南中地区（今云南、贵州、广西部分）大量涌现出来。常璩《华阳国志》会无县说："渡泸得住狼县，故濮人邑也。今有濮人冢。"又《南中志》云："夷濮阻城，咸怨诉竹王非血气所生，求立后嗣。"又谈蒹县"有濮僚"。又永昌郡"有穿胸儋耳种，闽、越、濮、鸠僚，其渠帅皆曰王"。又"有闽濮、鸠僚、僄越、裸濮，身毒之民"。又"有大竹名濮竹"。又"李恢迁濮民数千落于云南、建宁界，以实二郡"。又"值南夷作乱，闽濮反，乃南移永寿"。又兴古郡"多鸠僚、濮"。又句町县"其置自濮王，姓毋，汉时受封迄今"。又青蛉县"有盐官、濮水"。《后汉书》多采《华阳国志》，不更录。

以上资料，说明魏晋世人书，于金沙江以南多用濮字代表少数民族，而长江南北地面的濮字完全消失了。至隋唐，则南中民族，亦无称濮者，唯对永昌徼外热带民族，乃称为濮。如《通典》所纂，则有"黑焚濮""赤口濮""文面濮""折腰濮""木棉濮""尾濮"等。

看来，濮字不得成为一个民族称呼，而是华人强加于一些落后民族的称呼。又按《汉书·地理志》越巂郡青蛉县，有"濮水，出徼外，东南至来唯入劳。过郡二，行千八百八十里"。又蜀郡临邛县："濮千水，东至武阳入江，过郡二，行五百一十里。"《华阳国志》宋刻本皆加水旁，作濮字。《水经注》误通为一水，并作布僰水。他亦皆作仆字。可见仆、濮二字古通用，而且仆字用得早，濮是后人用于地名时才加水的新字。若更向原始追究，则还只能是一个僰字。它与许多表示低下阶级的字，如僮、奚、奴、婢、臣、妾、倡、伎、俳、优、胥、隶等字，都是奴隶社会时代，先后制造出来，表示奴隶阶级职能、品位的字。奴与婢，是表示家庭奴隶，或本族人的字。僮、仆，是表示服室外劳役和异族人的字。隶、胥，是表示管制劳动者的字。臣、民，是表示为领导劳动者的字。僮与仆，表示从异民族来的含义相当清楚。奴隶社会的仆字，所代表的，既是外族人，又是服粗笨劳作者。封建社会中，仆字含义变了，只为仆从之义，没有族别之义，于是地名仆者加水旁，而把异族奴隶称为僮（这在汉代人文字里，尤其是西南地区的文字，出现得最多）。可以说，周秦时人使用的仆字，到汉魏后，改用僮字了。它俩都是从西南民族地区买来的奴隶的名称字。不同在于：各民族尚未形成时，则用仆字代表其民族；各民族已形成，自有其族名以后，则统称其买来之奴隶为僮。

《尔雅·释地》的四极，"西至于邠国，南至于濮铅（仆沿）"，即是说，古代的华夏，南至仆人边缘为极边。西至邠国还算华夏，邠与岐周之外便是异族了。西极以外是羌戎，他们民族历史悠久，文化水平高于他族，民族自尊心强，不肯接受奴隶身份，虽被掠卖，宁死不服。故周虽兴于邠岐，其奴隶皆买自南方。其时自秦岭、嵩高，与济水以南，称为"南国"，盖统各尚未建立国家的氏族部落为之总称。其人为"南人"，其乐歌为"南乐"。其各氏族皆小，文化低于华夏，尚未形成固定的民族。他们成为华夏的奴隶供应区，其人"递相劫掠，不避亲戚，卖如猪狗。而已亡失儿女，一哭便止。被卖者号叫不服，逃窜避之"。"乃（至于）将买人捕捉若亡叛。获便缚之。但经被缚者，即服为贱隶，不敢更称良矣。"（此六朝人描述僚人之俗的文字，引自《通典》）这乃是奴隶社会开始时代一般民俗，不只僚俗如此，殷周所谓"南国"的社会，大都如此。

这种掠卖人口的风俗，对当时社会发展亦具有推动作用。各氏族为了保护自己的族人，组织加强，遂能形成国家与民族，防止异族的侵掠，从而发展为自己有了奴隶主，而进入奴隶社会。于是附近的弱小部落又成为他们掠卖奴隶的地区了。如此逐步推动，也如波涛状前进。当华夏还是奴隶社会时，南国就是奴隶供应区。称作"仆铅"。当华夏进入封建社会时，南国一般进入奴隶社会了，华夏的仆字含义也变了（太仆还成高级官员之称），南国亦成为封建诸侯之国了。只一小部分山区，还很落后，成为奴隶供应区，被称为"濮"。即《左传》所著的一些濮字。到了魏晋，整个长江流域都已进入封建社会，只西南边地还是奴隶社会，还有落后的奴隶供应区，华人也把它称之为濮。到了隋、唐，不便再把濮字用于国内了，乃把域外的落后民族称之为濮。看来好似濮人在流动转移，其实是标签在转移乱贴。并非有濮这一民族，更不是有自称为濮的人在转移。

民族，是有自称为卜的，为僰的。他们也是转移流动的，也可能原是濮类，但只能是"濮铅"之濮，不能是魏晋与隋、唐人所说的濮。类似这样混淆的民族文字还多，研究民族源流者不可不辨。

2. 平州国与有果氏之国

《汲冢周书》有《王会》与《史记》两篇，多举有上古的国名和民族名称。如《王会》篇说的四夷与其贡品之中，有这样几句话：

西申以凤鸟。丘羌鸾鸟。巴人以比翼鸟。方扬以皇鸟。蜀人以文翰。方人以孔鸟。鸾扬之翟。仓吾翡翠。

这些贡鸟的国族，都可能是西南山林地区的民族。巴人、蜀人，就很指点得明白。"比翼鸟"，就是鸳鸯，雎鸠（今云黄鸭）一类的鸟。是雌雄相依，死都不肯相离的水鸟。巴人习于水居，故能得之。《周南·关雎》之诗，可能就是巴人奴隶贺婚的诗歌[①]。"文翰者，若皋鸡"，是作者自注语。皋鸡即雉，今云野鸡，正是蜀地山间的特产。"方人"，可能就是汁方人，脱汁字，传写又衍人字。"孔鸟"，谓大鸟，即鹭，九顶山区所产也。"仓吾"，应即苍梧（今广西），其人属西南夷类，故列在西方。"西申"即申伯的旧国，属汉水上中游地区。"方扬""鸾扬"未详，疑在三峡地区。

其《史记篇》，是左史戎夫为穆王陈"遂事之戒"（可引为鉴戒的故事），凡二十八条。其中有两条在巴。

功大不赏者危。昔平州之（君），功大而不赏，谄臣日赏。贵功日怒而生变，平州之君以走出。

昔有果氏好以新易故。故者疾怨。新、故不和，内争朋党，阴事外权，有果氏以亡。

---

① 我作《周诗新诠》，发现许多周诗里的奴隶诗歌。至于二南二十五篇，则是南国奴隶的诗歌，随歌手乐手入周而传录出来的。

平州地名今犹存在，在今旺苍县的东河沿岸。东河，从大巴山流出至阆中入嘉陵江，可以行船。晋代曾置县，应是古国旧邑。大巴山区的民族，社会发展原不平衡。此地水通阆中与汉中，接受华夏文化早，故其社会发展快。周穆王以前就已进入奴隶社会了。臣字，就是上古用于执政奴隶的字。有奴隶阶级才有奖惩，有功赏。看来这个平州君世已是公社的组织形式了。虽然尚未成为国家，亦已进入了奴隶社会，所以才有"谄臣"（臣字本义是奴隶）。

南充市西山，古名果山，相传本为有果氏之国。隋唐以来为果州，即因故国为名。"好以新易故"，是事权已有专官分管之证。即是说，在西周初叶已经建成国家了。自然也还是奴隶社会。奴隶争权朋党，失意者勾结外人，因而亡国。其国大约就是巴国灭了的，所以叙次较后。

3. 葭萌的苴与汉中的褒

《华阳国志·蜀志》："蜀王别封弟葭萌于汉中，号苴侯。命其邑曰葭萌焉。苴侯与巴王为好。巴与蜀仇，故蜀王怒，伐苴侯。苴侯奔巴。求救于秦。"同书《巴志》云："秦惠文王与巴、蜀为好。蜀王弟苴，私亲于巴。巴蜀世战争。周慎王五年，蜀王伐苴侯。苴侯奔巴。巴为求救于秦。秦惠文王遣张仪、司马错救苴、巴。遂伐蜀，灭之。仪贪巴道之富，因取巴，执王以归。置巴、蜀及汉中郡。"

同一书中，《蜀志》谓苴侯为蜀王之"弟葭萌"，《巴志》谓"蜀王弟苴"，常璩原文必不如此。应是弟字下的"葭萌"与"苴"字，皆后人窜入，宋刻缘之而衍。即应是"蜀王封其弟于汉中（苴故国），号为苴侯"。未可定为何时之蜀王。以理度之，不是最后之蜀王，盖自扬雄《蜀王本纪》已失其名。《华阳国志》于开明氏十二世蜀王中，失名者九世。则苴侯之封，或已久矣。其非最后蜀王之亲弟甚明。若是最后蜀王亲弟，则能封之，即能召回废之，何至于出师讨伐？唯其封国传世已久，乃能与秦巴为好而背其本族之祖国，以至于战争。《史记·张仪列传》："苴、蜀相攻击，各来告急于秦。"言相攻击，则其为敌国已久，非兄弟之国也。

兹所当考者，为苴国境域与其人民的族属问题。

徐广《史记集注》引"谯周曰：'益州天苴，读为包黎之包（《晋书·徐广传·注》亦引此文，包作苞）'"。《韵补》

苞，"逋侯切，音近褒"①。今按苴，有包裹之义，古音义并与
苞通。《礼记·曲礼》"凡以弓剑、苞苴、簟笥问人者"之苞
苴，为双声语。如今云包袱，亦双声语（伏羲，一作包羲，古
音同也）。包、苞、褒，蜀语音同，古苴国即褒国也。褒姒，褒
谷、褒斜道，皆缘褒国为名。其国即今陕南之汉沔平原。犬戎
灭周后，其地亦属于戎。秦国既强，遂有其地，作南郑城以镇
之。见于《秦本纪》。战国时，为楚、巴、秦、蜀四国互争之地
（事详《华阳国志校补图注》），最后为蜀所得。常璩谓蜀王
杜宇"以褒斜为前门"，又谓"周显王之世，蜀王有褒汉之地，
因猎谷中，与秦惠王遇"。是当时蜀与秦以褒、斜二谷之分水
秦岭为界，两王同猎于界上而相遇晤也。褒国故地已为蜀有可
知。此蜀王亦非最后的蜀王。此王之后，乃有遣五丁力士迎石
牛，开通车道之事。又其后，乃有迎秦女事（在周显王二十二
年）。又其后，乃有苴蜀相攻击，以致秦灭巴蜀事（在周慎王五
年）。是蜀之封王弟于苴，起码在周显王初年，又五十余年而
后灭蜀。还可能早到杜宇之世，则三百年左右矣。

　　蜀得褒国故地，势必建为重镇，以御秦、巴及楚，应是封

---

① 据《康熙字典》引。未检原书。

王弟以建藩国的原因。故《华阳国志》曰："封于汉中。"汉中，即褒国故域也。唯其地距蜀甚远，王弟不愿远处，故营国邑于葭萌。葭萌即故昭化县，在嘉陵江与白水汇合处的西岸，原是汉中盆地的西部（嘉陵江为西汉水，与汉沔坦道相通，故今略阳至昭化一段亦为汉中盆地的西部），去蜀最近，故营国邑，阻江以自固。

苴侯以国接秦巴，修邻好而聘问秦巴，又通商以致盐、铜、工巧之货，是必然的。而蜀王禁之，遂相攻击。亦恃有巴秦之好，故敢于叛蜀。固未虞招致与蜀巴同亡之祸。秦汉中郡辖境，包有葭萌，远达梓潼，而以武都、阴平为蜀郡北部（《后汉书·郡国志》广汉属国都尉曰："故北部都尉，属蜀郡。"），褒国故境固如此也。

苴侯既是因褒国之旧以为国，则其人为羌支民族可无疑。盖远古时，羌支猎人缘陇阪与秦岭，下达褒谷，开辟汉沔盆地，而致富强，与申、郙同为周族婚姻之国。周东迁后，褒国衰亡。至蜀，建为苴国。发展成与巴、蜀鼎立，同灭于秦，亦同时建为巴、蜀、汉中三郡。古音苴、苞与褒无别，秦汉时乃别有沮音。（沮县与沮水，皆汉时地名。因苴之字而音转为"千余反"。见颜师古《汉书·地理志注》。）

4. 七姓賨王和板楯

《华阳国志·巴志》曰：

汉高帝灭秦，为汉王，王巴、蜀。阆中人范目，有恩信方略，知帝必定天下。说帝，为募发賨民，要与共定秦地。秦地既定，封目为长安建章乡侯。帝将讨关东，賨民皆思归。帝嘉其功而难伤其意，遂听还巴。谓目曰："富贵不归故乡，如衣绣夜行耳。"徙封阆中慈乡侯。目固辞，乃封渡沔县侯。故世谓亡秦范三侯也。目复除民罗、朴、昝、鄂、度、夕、龚七姓，不供租赋。

阆中有渝水，賨民多居水左右，天性劲勇，初为汉前锋，陷阵，锐气喜舞。帝善之，曰："此武王伐纣之歌也。"乃令乐人学习之。今所谓巴渝舞也。

我考这连写的两段文字，前段是常氏采自谯周的《三巴记》，后段是取材于《白虎通》。《白虎通》又是缘于前汉乐官之说写出的。《晋书·乐志》有更详的叙述。详见《华阳国志校补图注》，此不更赘。单谈"賨"这个民族问题。

范目，《晋书》作"范因"，《风俗通》作范亘。究竟是哪部书传抄搞错了，颇成问题。免除租赋的七姓中，并无范姓，足见其人是从华夏来的客民。他又能游说七姓賨王出兵，助汉平定三秦，就必然是精通賨人语言、习俗，与七姓賨王素常往来，友好有素的人。当他既定秦地后，又再三辞谢爵赏，要把賨民队伍撤回故乡。可能賨王与他原只约定平定三秦为止，他讲信约，不肯远征关东而一定要同賨人回家。这种不贪赏赐而又不愿做官的性格，是巴蜀少数民族多有的性格。范目也同样具有这种性格，就说明他虽不是賨人，却是居住到賨区已经数世、生活习性已经与賨融合了的人。可能是早在秦灭巴蜀以前，就有祖先经商来此，世与賨王往还的人，还可能是賨人混血的子孙。这样的人，能够代表向封建社会过渡时期的社会特点，所以值得研究。

5. 关于賨人名称的取意问题

旧说为"巴人谓赋曰賨"。他们只纳这种赋，所以叫做賨人。我认为这是倒果为因的错误解释。考常璩《巴志》说：秦昭王时，"夷朐忍廖仲、药何、射虎秦精应募"，射杀为害四郡的白虎。"汉兴，亦从高祖定秦有功，高祖因复之（免徭役为复）。专以射白虎为事，户岁出賨钱口四十。"《后汉书·南蛮·板楯蛮传》作："秦地既定，乃遣还巴中，复其渠帅罗、朴、督（昝讹）、鄂、度、夕、龚七姓不输租赋，余户乃岁入賨钱口四十。"两书微有出入（实皆取自谯周《三巴记》，今已无从检校），要皆先只称"夷人"，称"板楯"，秦时因其射虎有功，许夷人"顷田不租（不纳田租，超过者仍纳租），十妻不算"（娶妻不纳口赋）。汉高祖因其人有七姓首领从定三秦功，再一度免除他们户口的赋役，只按户每口每年纳人口税（口赋）四十个钱。这样的税制，特称"賨赋"，称其钱为賨钱。自此以后，乃称板楯夷为賨人。又因这次立功的七姓人民，多在阆中、宕渠地区（即华蓥山脉以北的红土丘陵区），所以后汉、三国年代，只称巴西的土著为賨民，对巴东的土著仍称板楯。不过也知道他们是同源的近亲民族，有时亦不分别。

賨赋的賨字，与"钟羌"那个钟字，有无联系，从来无人说到。地面既已隔远，两字又无联系，无人说到，应不足怪。近年南充天宫山，发现賨王崖墓的石刻中，表示其居宅的，正是金川和岷江夷区的"邛笼"（宗）。这就可知，賨赋者，賨民特有之赋。他族不得缘之而有。賨民即钟羌之东徙者，故其生活居处与钟羌同。缘秦汉间，其人已自称为宗，故制其赋曰賨，遂称其人为賨人也。

或疑：賨人是前汉高帝时已有之名，钟羌是后汉安帝时方出，中间相隔三百年，何能是巴西賨人为川西北钟羌迁来？

答案是：《西羌传》的钟羌虽是永初元年（公元107年）方出，但它的种落发展却不能是在永初元年才形成的。被称为钟，是由于它创造出邛笼这种住宅方式。这样一种建筑文化，也不会是永初年间才成功的，可能在几百年前、几千年前就已经创造成功成为民族标识了。后汉人呼其西方最强大的入侵华夏的一部分为"钟羌"，与前汉初呼其东进入巴西山区已颇进化的一部分为"賨民"，有何足怪呢？

这里所当研讨的，只是所谓賨民，是何时进入巴西地区来的问题。

这有两个可能。一个是賨民是"百濮"进化了的部落。即是说早到距今几十万年以前的羌族东进入大巴山区时，与进入金川、岷江、涪江、白水与嘉陵河谷各支同源。由于下入嘉陵地区的羌支向金川区学会了石砌住宅之法，同被称为賨人。这一设想有许多难通之处。

另一个可能，是金川的羌支，早在几千年前已创造出邛笼

建筑法。各羌支间相互往来频繁，有一支钟羌转入嘉陵江区来
推广这种建筑，因成为賨人。这支賨人与金川钟羌结为一家。
故永初至阳嘉间，钟羌出山时蜀郡、广汉、巴西族同起响应，
闹得天翻地覆，还赖板楯受抚后，钟羌降了张乔，巴蜀才安
定了。

这次安定以后，巴西地区许多文学、武功和数术名人蓬
勃产生，巴西、巴东完全进入封建社会，賨人、板楯名称亦消
失了。

《后汉书·西羌传》所记永初羌乱，专重关陇、华北地
区，微及汉中、武都，于巴蜀几无成句。实则巴蜀亦甚严重。
《华阳国志》记之特详。例如《巴志》："永初年，广汉、
汉中羌反，虐及巴郡。有马妙祈妻义，王元璝妻姬，赵曼君妻
华，夙丧夫，执共姜之节，守一醮之礼，号曰三贞。遭乱兵迫
匿，惧见拘辱，三人同日自沈于西汉水而没。"国人为之作诗
伤悼。这可见羌乱时此区汉民的惶乱情形。"西汉水"即嘉
陵江之旧称。又："安帝元初三年，凉州羌反入汉中，杀太守
董炳，扰动巴中，中郎将尹就讨之不能克。益州诸郡皆起兵御
之。"又，"顺、桓之世，板楯数反"。"光和二年，板楯复
叛。攻害三蜀、汉中。州郡连年苦之。天子欲大出军。"因益

州上计吏程苞议，改用安抚之策平定之。又，《汉中志》："永初二年，羌反，烧郡城。郡人退住白水。会汉阳诸羌反，溢入汉，杀太守。汉阳杜琦自称将军，叛乱。广汉都屯葭萌。汉使御史大夫唐喜讨琦，进讨羌。经年不下。诏赐死。更遣中郎将尹就讨羌。亦无功。诸郡太守皆屯涪。"至顺帝阳嘉中，益州刺史张乔招降钟羌，巴蜀乃宁。唐喜、尹就、张乔，《后汉书》皆无传，故巴蜀羌乱史文不著。按此各条史料分析，蜀中羌乱由钟羌，巴地羌乱在賨区，其有宗族关系迹象甚明。故虽公元以来事，亦辑附于此也。

以上论述大巴山区华蓥山脉以北四川部分的羌支古民族。其属于华蓥山脉以南的羌支民族，如巫载与楚、濮等羌支民族，皆与巴国结合成另一个文化集团，另于第三篇论述。

本章小结

羌支之进入四川省境先后数十支，以停留于川边高原者多，第6世纪以后，全都为吐蕃所并，同号"蕃巴"，今为"藏族"。其已迁徙入云南高原者，已在四川省境以外，非本文论述范围。

唯自大渡河谷之羌支，因其地势狭促，发展不大。然亦以地形险隘之故，汉族与蕃族政权皆不易插入，故能保存最久。数万年来，氏族递起，名号屡更，而其保持羌俗，至今犹未大变者，尚有若干落。诚今世考察民族源流者最宜重视之地区。故本篇自此区谈起。

岷江上游区，已先详述蜀族。蜀族进入成都平原以后，陆续又有来往于此区之羌支，则于本篇详之。此诸羌支，虽亦建成国家，不能不附隶于强大之蜀国，并与蜀人一同融合于汉族。

涪江与白水上游诸河谷，羌支来历与蜀族不同，另成为一羌支地区。其人与汉族融合更早的居多，亦有至今尚保持本俗，既坚决不接受吐蕃文化，亦不与汉融合如达布人者，所存数量甚小。

嘉陵江以东，及于大巴山区，为远古狩猎羌支所进居的地区，可以称为"大巴山羌支"。原分布于川、陕、鄂、豫四省交界部分，曾被称为"百濮"。周代之楚、夔、庸、麇、邓、申、褒、苴、微、卢、彭、濮及巫载、鱼人，皆与有血缘关系，而发展情况不同。

下篇

巴的兴亡与古老土著

第九章
巫溪盐泉与巫载文化

大巴山区的上古部落，在接近长江之部，进步较快。有许多山区小河谷的氏族文化发展的速度，能与华夏民族颉颃，比肩并立。这是由于长江水运的关系，巴东盐泉的作用或许还是更主要的。不过他们受重山叠水、对外交通困难的限制，局面都很渺小。比较能拓展局面的，只有楚和巴。

巴的境域，主要是在四川东部，长江上游可以行船的地区。它不是羌族的分支，却作羌支民族的大君，主要是凭借巴东盐泉。这一历史事实，长久被掩盖着，没有揭示出来。

一、四川的盐泉

原始人类的文化核心地点，必然要具备下面几个条件：

1. 丰富的食物资源。无论是无毒的果实和块根，无苦味和毒质的花、叶、树皮和草根，还是易于捕杀的虫类、鱼类、兽类和鸟类，供应数量大而长久的地方，总会是原始人类聚居的地方，从而使生产得到发展。

2. 温和的气候，可避寒气侵袭。例如岩洞区、深谷区、密林区、土穴区及不受寒潮和暴风、地震等侵害之地。

3. 石器材料易得。例如火山地区、太古代和古生代岩层分布区和石英石块众多的地区。

4. 食盐资源丰富。这是过去史学家们未曾设想到的条件，但是历史事实证明，这是一个很重要的条件。本篇各章，即将以巴族历史为中心，阐述其重要性。

5. 清洁的饮水。有人会笑我举出这条是无聊。但，他若想到沙漠和大海里为什么没有居民，他便会知道这一条是必须列入的了。

除此五条是决定性的地理条件以外，其他任何生活所需的条件都是人类自己创造出来的，这些条件不能成为原始社会发展的决定因素。只有这五者和劳动的人才是决定性的因素。

中国产盐的地方，有下列几类：

1. 沿海的海滩，潮退后若有未能回海的水自然成盐——

海盐。

2. 内陆湖泽区，历史悠久的内陆湖泽自然成为浓汁卤水，与沿湖的盐层——泽盐。

3. 古海地层的内陆，无雨的干燥区盐岩暴露可取者——岩盐。我国唯大西北有之。

4. 地下食盐岩层溶化于水，涌现于地面者——泉盐。我国唯大西南有之。

5. 地下食盐溶于水，经人工作井取出者——井盐。我国唯四川省有之。

四川省的食盐产地有：

1. 原石渠县北与同普县西有泽盐①。现划出省界以外。

2. 盐源县的黑盐塘与白盐井，是地下盐泉从地面淡水湖泽底部涌出而成盐池。严格说来，只算泉盐的一类。这类盐产地人类发现较晚②。

---

① 石渠县北的哈姜盐海，原是德格土司所辖杂渠卡小土司地面。清末改流时划归石渠县。建国后，黄河沿设玛多县，石渠北部次第被划玛多，改隶青海果洛区。昌都市东北的策零多盐池，原是纳夺土司属地。清末改流，属同普县。其盐，由昌都藏官经营汲煮行销，现隶昌都市。

② 盐源县的两处盐池，是汉代才被汉族人利用的。其被西南夷之人煎煮，可能早些，也不会超过一千年。因为泽水苦咸，附近不生草木，所以被人类发现得晚。

3. 巫溪县的宝源山、彭水县的郁山镇两处，皆有盐泉从山麓陆地涌出。这样的盐泉，人类发现得最早，因而由它所形成的文化核心也最早。本文将于《巫载文化区》与《黔中文化区》两章详述。

4. 奉节县长江南侧的白盐碛，云阳县的云安井，开县的温汤井，万县的长滩井，忠县的溎井、涂井和长宁县的安宁井这七处盐泉，都是从地面淡水河底涌出来的。最初是盐水与淡水混合流行，不为人类所觉，所以发现得很晚。它们的被发现是从巴民族开始的，巴民族善泅，巧于行水，用独木舟采运巫溪盐巴自给。并转售于沿江与其支流分布地区，兑换土产。由于行水往来于各水下盐泉河段，发现潜在的盐泉，创为用木桶隔开淡水的方法，汲以煮盐，使泉盐产量大于巫溪盐泉十倍。巴族世专其利，发展成为统一川东南各民族部落的大国。

5. 四川盆地原是侏罗纪内海，沉积有将近两万万年的盐质，其上部的白垩纪岩层，亦还夹杂有部分含盐层（最上部地面岩层本亦含有一定的食盐，由于多雨，被水流失）。川东地带的九处盐泉（包括地面盐泉与水下盐泉），也都只是侏罗纪岩盐层被地下水溶解，在复杂的褶曲地层内，有机会涌出地面来的。

综观四川的产盐地区，也就是四川社会经济发展最出色的地区。其最早被人类发现的地面盐泉区，也就是人类文化发育最早的地区。巫溪与郁山两泉所诞育的"巫载文化"与"黔中文化"，距今五千年以前便开展起来了。与中原解池所在的华夏文化的诞生，约略同时。不过受地理条件限制，发展面相形见拙，容易衰老，而很早消灭，更为巴楚文化所代替。

巴族承巫载文化而兴，其时间晚于巫载约一千年，比蜀文化的开展亦可早几百年。但由于其内部组织不稳固，容易衰老而卒为蜀秦文化所代替。综巴族历史兴衰、起灭之变，都是与巴东盐泉分不开的（详以后各章）。

蜀文化形成晚于巴。距今二千二百年以前蜀族还是在巴盐支持下发展起来的。自李冰开凿地下盐井，蜀盐自给以后，蜀地文化再开始一个飞跃。两汉四川文物之盛，与蜀盐自给，社会安定、富乐，有密切关系。

李冰开凿的盐井，还是坑度浅、水淡而易竭的大井，所汲只还以白垩纪地层盐水为多。自唐末宋初发明了竹筒小井，汲取盆地下部岩盐溶水煮盐之后，四川经济的发展，再次出现一个飞跃。文化亦随之大进①。虽然宋末、明末两次大乱，人烟几于绝灭，而文化复兴仍能迅速回复往时水平者，经济基础未变故也。泉盐、井盐与四川文化发展变化的关系，明白可见。

不过，食盐与文化发展的关系，愈接近于原始社会乃愈显著，愈接近现代社会，则愈微薄。现代社会，水、陆、空交通便捷，海盐成本低廉，井盐、泉盐都有日渐淘汰之势。故经济学家与史学家已多不注意到盐。

二、《山海经》里的巫载

巫载这个国名，出在《山海经》。《山海经》这个书名，最早见于《汉书·艺文志》。《艺文志》是依刘向《七略》编写的。看来前汉年间已有这部书了。但《艺文志》是把它排列在数术类，形法六家之首的。他说："形法者，大举九州之势，以立城郭、室舍，形人及六畜骨法之度数，器物之形容，以求其声气、贵贱、吉凶。"看来那只是一部相宅、相

---

① 四川社会经济的发展，汉不如唐，唐不如宋。唐代号称"扬一益二"。宋代则天下财赋重心在蜀川矣。这种社会发展的进度，也就与井盐发展的进度恰成正比。这不是偶然的。

墓、筑城相地的堪舆之书，与今本《山海经》文不相应。大约
它原是战国时方士谈论河山形势的书，被堪舆家的形法一派利
用为"捕龙"之说的依据了。今传本的《中山经》十二卷，可
能就是前汉世的"《山海经》十三卷"（加序目一卷）。后世
更增南、西、北、东四篇合为《五藏山经》，托为夏禹所作。
其《海外四经》，又是其后好事者采前汉方士们远出采药、求
仙者侈谈之说所傅益，故多有杂取西域佛法图像之文。其《大
荒四经》，又是三国以后好事者杂采海客传说所纂。故多雷同
复出与分歧抵牾之处。郭璞为它作注，信为实然。后世疑者渐
多，斥为虚妄。我曾审读数遍，觉其也与《水经注》一样，只
采辑了许多前人著作，加以己意，剪接成篇。对于审辨资料和
编纂方法是有许多缺点的。毕竟与向壁虚构者有所不同，在保
存古逸书方面具有一定的作用。不过它未举出所据书名，又多
所窜乱而已。在文献缺乏的今天，研究上古的地区历史，它能
起一定的启发作用。兹引录其有关巫载的几条：

《海外南经》："三苗国，在赤水东，其为人相随。一

曰三毛国。载国在其东①。其人黄能（能字一作色），操弓射蛇。一曰'载国在三毛东'。"

《大荒南经》："有载民之国（郭注"为人黄色"）。帝舜生无淫，降载处，是谓巫载民。巫载民盼（音般）姓，食谷，不绩不经，服也（郭注"言自然有布帛也"）。不稼不穑，食也（郭注"言五谷自生也。种谓之稼，收谓之穑"）。爰有歌舞之鸟，鸾鸟自歌，凤鸟自舞。爰有百兽，相群爰处。百谷所聚。"

《大荒西经》："有人无首，操戈盾立，名曰夏耕之尸。故（昔也）成汤伐夏桀于章山，克之，斩耕厥前。耕既立，无首，走厥咎（郭注："逃避罪也"）。乃降于巫山。"

这三条综合起来，按古神话影射的方法分析，可以简括地说：三苗国的西方，有个"载国"，又叫"载民之国"，又叫"巫载"。传说载民的首领是帝舜的儿子"无淫"。这就等

① 按此东字，当是西字讹。下文明书"一曰载国在三毛东"。则此原不作东字甚明。

于说：虞、夏之际已经有巫截这个部族名称了。那里是个极乐世界，耕地很少，却为"百谷所聚"。其人不耕不织，而衣食有余。山谷多是森林，富有鸟兽，其人也不狩猎，自然就有肉食。让那些鸟兽们成群结队，载歌载舞。

《山海经》文，原来说到盐泉或食盐的字义。但它是把地位定在三苗西界的。三苗见于《尚书》，是与舜、禹国邑（今山西河东地区）接近的地方。"赤水"即今从陕南流入汉水的丹江。丹江之东，即今河南南阳地区，正是古代三苗居住所在。后来三苗南迁了。《国策》中吴起对魏王说："三苗之国，左洞庭，右彭蠡。"即是说大约殷周之际，三苗国已从南阳地方南徙入云梦盆地（今湖北、湖南之间）来了①。云梦盆地之西，正是长江三峡。巫山与巫峡，居三峡正中，也正好与巫截地位符合。截字，以至为声，实即原始的铁字。铁、台、垤、绖都是以至为声的字，皆与黛字声近。《后汉书·南

①　三苗（三毛）原在今河南的西部，可能是南阳地区，原是羌支民族，喜居高地。后世的"伊洛之戎""扬拒泉皋之戎"，可能即其后裔。一支南徙占有云梦盆地，即吴起所说的三苗之国。其后楚国强盛，三苗又分道避者，有可能被楚人称为蛮濮。其进入今贵州省者，被称为布依。其进入云南者仍称为苗。年年搬家，烧山垦种，与他苗不通往来。然已不自知其为三苗之裔矣。

蛮传》李贤注引《世本》把巫载写作"巫诞"。足见载字音与黛字相近，是可以肯定的。今川楚间人，与往来长江的舟人，都把瞿塘峡口的大溪沟，读如"黛溪沟"。那里近年发现新石器、中石器以至于旧石器时代的遗址甚多。可以设想，那就是古所谓巫载民族的遗址，它可以代表上古的巫载文化。

长江下行的舟船，出瞿塘峡，便是大溪沟口。以下的两岸山势突然开朗，有大约一百里长的水程，到巫溪口的巫山县城下，又进入巫山大峡了。四川湖北两省从巫峡分界。峡岸有十二奇峰，其中"神女峰"是最惹过客凝眸恋盼的。我考它代表的是巫溪的盐神。巫溪，发源于大巴山，全长二百余里，所经全是绝壁险峭的石灰岩山谷，耕地与牧场都很缺乏。原始交通应极其不便。原始居民，除猎兽外，应无其他资生之道。但因有了宝源山这眼盐泉，便转为原始社会的极乐世界，地方繁荣，民族强盛，形成长江中游川、楚之间文化突出的巫载之国了。相传有人逐一鹿至此，白鹿恋舐泉水渍地，不去。其人既杀白鹿，怪而试饮其泉，发觉咸，甚回甘，因而引其朋俦居此。初饮其盐水，逐渐发明煎取盐粒之法，用盐向四方居民兑换土产以致富盛。于是远近麇集，发展成为川、楚、江、汉之间的强大部落。于是《大荒南经》所说的极乐世界可以理解了。

在巴东的其他盐泉尚未发现以前，这里生产的盐，成了秦岭和伏牛山脉以南，整个汉中盆地、四川盆地、两湖盆地与鄂西地区的食品珍宝，各有商民，不顾道里远近，运其可以博得臷民喜爱的物品，来兑食盐。所以他们能够不织而衣，不耕而食。意所欲得，无不自至。这安得不成《大荒南经》所说的极乐世界？

三、巫臷文化区

巫溪自大巴山发源，横穿若干重山梁石阃，南入大江。会口当巫峡西端。大江自此直西上至瞿塘峡口一百里，有自南而北的大溪沟入江。瞿塘峡一称"巴峡"，为巴东三大峡之首。其东口（即大溪口）与巫峡西口（即巫溪口）之间百里，河谷开阔，多耕地。与巫溪河谷、大溪河谷相连，构成一小盆地。天然成为这个盐泉民族（臷民）发展的地盘。是为"巫臷之国"。

巫溪由于运盐的需要，水道虽极湍恶亦很早就已通船了。大溪沟源流很短，水流同样湍激，至今无可通船地段，只有沿岸山间开有一条山路，南经庙坝，逾七岳山，进入施南盆地，与彭水县的郁江盆地通联。这两个盆地（合称为黔中盆地）在上古年代实曾隶属于载国。起码也是巫载文化区，所以这条道路开辟得很早。大溪沟这个"大"字本地人读音为黛，与载同音。近年在这大溪沟附近，发现许多群古载民的墓葬（特点是用鱼殉葬）。显然是巫载国王曾推出首领驻此，推销巫盐。"大溪"应是"载溪"字讹。

巫溪上游有许多支流河谷，从这些支谷逾大巴山，有几条小路，通向汉中、安康和房山、竹山这些汉水支流各河谷盆地。那些盆地，自上古迄于近世，都只依靠巫盐为食。人力运负，每百里增值一倍以上。他们把巫盐当如珍珠玛瑙，商贾贩运利厚，而苦于山路艰险，故不须有官府提倡，而就地集资，在那险恶的大巴山上，修建出一段段大石砌成、平稳宽舒、不再泥泞的"盐道大路"来。巫溪是凶滩恶水连绵不断的小河，原是不能行船的，因为用舟运盐入大河省费，古代盐商们才想尽一切办法疏导此河，使其能通舟运，其时比秦蜀间开辟南北栈道还早。若把盐泉这个因素抽掉，是难于达到那样的建设成就的。

此外，其他各种生产，在这石灰岩山谷中，也是很有发展的。例如煤矿的开发。在原始森林茂密的时代，他们用木柴煎盐。迨至森林残毁，燃料缺乏以后，促使他们不能不研求煤矿开发。因而这个山区矿业成就也是突出的。产业发达，地方繁荣，行政机构也就缘之设置。唐宋迄今，这一弹丸地面，随时都置有两县以上，有时还是三县（宋代是巫山、大昌、大宁三个县级机构设在这一短小的河谷内）。人口繁盛，文化普及，在四川边区中，这里也是挺然突出的。这些都说明巫溪盐泉，不但是上古时代创造巫载文化的唯一条件，而且也是保持这个边区地方繁荣的主要力量。由它在后代表现出来的卓越成就，以推究盐泉在上古时代的功能，是可以说明食盐这个东西在研究史前历史的重大作用的。

四、巫盐与巴、楚的关系

巫盐（巫溪大宁厂泉盐）经过艰难水道运入长江后，可以通过长江水运，行销川、黔、湘、楚广大地区。但此泉盐水虽尽量利用，每年也只能煎盐约二十万石，不可能使广阔地区人皆满足。就上古世言，能行盐的区域是有限的。用上古地理条件推断，陆路只能供应大巴山与汉水中下游诸盆地，水路主要通楚。楚地虽大，却不产盐。人民食盐，当仰给于此。是故，楚把巫山地区紧紧掌握着，牢固不放。若楚失去巫盐，人民就难生活；若巫盐落入他人之手，便不得了。楚人宋玉《高唐赋》说：天帝之季女，封于巫山之阳，"朝为行云，暮为行雨。朝朝暮暮，阳台之下"。并对楚怀王说："闻君游高唐，愿荐枕席。"这篇赋是宋玉献给楚襄王的，不能凭空造谣。后世文人只欣赏他的文章，盛传这个故事，却未有人研讨过文章的实质。近世的科学家们，也只把它看作文人游戏，付之一笑而已。我试把它结合到巫溪盐泉来分析，觉得他所说的巫山神女，就是代表的巫盐。巫盐对于楚人的生活来说，正如大旱之望云雨。巫盐能运来满足楚人食欲，宋玉喻为自荐枕席。楚襄王时，被秦国夺取了巫盐，楚国大乱，襄王曾竭其全力夺回巫盐。宋玉的《高唐赋》，便是此时作来歌颂襄王的。楚文学，好借神鬼为寓言，不直陈其事。屈原文章便是如此，故其弟子宋玉也是如此[1]。

不只楚如此，楚国以前住居云梦盆地的三苗和巴族也如此。巫盐与巴、楚文化必然关系很深。我的看法是：先有巫载文化，后才有巴文化与楚文化。巫载文化，现只存《山海经》里这几句话。若离开了盐泉来看，那便成了痴人的梦话，与《高唐赋》一样使人莫名其妙。一经结合到巫盐这个地理因素

---

① 关于宋玉《高唐赋》解释，另有《高唐赋发微》一文，尚未发表。

看，那就可以如上说了。

五、巫臷的历史发展过程

《山海经》里所谓"臷民之国"的国字，与其他诸国字，均当读如域，意为巫臷民族分布地域。其时大约尚未建国，至多只是具有领导四邻部落力量的氏族公社而已。当巴和楚强大建成国家之后，巫臷文化便逐步消灭，遂为巴、楚文化所代替。

按《山海经》所传，巫臷之兴，亦当与虞夏同时，可以算得我国上古时代两朵并蒂花。但它的所在地不似中原那样宏阔开展，而是狭促崎岖的一个石灰岩山谷地区，所以发展到了农业优先的时代，便不能不为巴、楚文化所代替了。

综上所述，可以把巫臷文化的发展过程分期如下：

1. 巫盐发现初期，也可称为巫山氏族形成期。当时的领域，不出巫溪河谷。时间在五千年前，约与中原的黄帝年代相当。

2. 巫盐外销初期，也可称为巫臷民族形成期。尽管巫盐已销到大巴山区的庸、濮诸部族去，到底限于地形，不可能使他们融合为一个民族。唯循巫溪出大江，与载溪住民联络最便。所以他们自然融合成为巫峡与瞿塘峡间这个盆地的巫载部落了。

3. 巫盐出峡时期，也可称为巫载民族的极盛时期。峡路水运既通，巫盐通过夔峡畅销于四川盆地，通过巫峡畅销于云梦盆地，以及黔中高原等广阔地区。巫载国邑（今巫山县）繁盛起来，百货所聚，载民不耕而食，不织而衣，成了极乐世界。时间约在西周前后的六百年间。

4. 巫载衰老时期。即巫盐发展停顿，巴国兴起，开发了水下盐泉，夺取巫盐的四川盆地销场以后，巫盐无法与之竞争，巫载经济发展停顿，但它还是保持其独立古国地位的。巴国与楚国都仍尊重它的地位。楚国更非仰给于它的食盐不可。楚和巴与它都是友好的，并能保护它。

5. 巫载覆亡时期。当它丧失楚或巴的友好时，危亡的征兆就出现了。可能就是楚庄王初年，它与鱼、庸、麇、濮联军伐楚。被楚、巴与秦联合灭庸（《春秋》文公十六年），开始与楚有隙。但因与巴无间，未至亡国。楚亦因食盐需要，与它敷衍。但间隙总是会扩大的。大约在楚平王时，夺去了原属巫载的郁山盐泉。同时与巴国暗契，许巴国兼并了巫载作为交换。是故巫载国未入战国之世，便灭亡了。

第十章
巴族与巴国

一、巴族溯源

巴族在周代，虽已建成大国，有其卓越的文化成就，但它的族源问题，却是传说混乱，没有定论的。

《山海经》的末卷，叫《海内经》，中有一条说：

西南有巴国。太皞生咸鸟，咸鸟生乘禧，乘禧生后照，后照是始为巴人。有国名曰流黄辛氏（郭注：即酆氏也），其域中方三百里。其出是尘土（郭注：言殷盛也）。有巴遂山，绳水出焉（阮元校云：此似释海内西经流黄酆氏也）。

此文前半段似出于《世本》，或魏晋人辑成的《续世本》，可靠性不大。但亦有些依据，不致完全出于虚构。如其所说，则巴族是伏羲氏之后，自太皞下三代人，便形成巴族了。咸鸟的咸字，就是古代咸味的本字，应与盐有密切联系。也就是说与巴东盐泉有关系。由伏羲传三四代，只可能在黄帝、尧、舜以前，可能已有巫载，不可能已有巴国。看来"太皞生咸鸟"一句，是表巴人族源的省文。从"咸鸟"起，才是巴族祖先可知者的开始。它可能是巫载国做运盐行销的商民，故被称为咸鸟。世业不替，到了第三代，便兴盛成为巴人氏族了。就时间性说来，是可信的。

其后段"流黄辛氏之国"，郭璞与阮元，都说为《海内西经》"流黄酆氏之国"的重复。校核这两条文字，只"中方三百里"句同，下文就不同了。"酆氏"与"辛氏"也显然不同。我体会他们是同族分离的两个氏族，他们代表的是巴族和巫载民族。"流黄"是黄莺的古称。这种美丽而鸣声悦耳的鸟，原产在我国长江流域，温暖的阔叶林带。疑所谓"流黄酆氏"，就是指的巴国都邑酆都（《华阳国志》作平都）。而"流黄辛氏"是指的巫载之民辛苦。所谓"巴遂山"可能就是巴国的山①。绳水即金沙江，亦是四川长江的旧称。巴国正是沿这条河发展起来的。

古书一致称伏羲氏为"太皞"，说他是三皇之首，生于成纪。《汉书·地理志》天水郡有成纪县（后汉属汉阳郡），从来学者都说就是伏羲氏国邑所在。考其地，即今陕西陇县西界至甘肃天水区清水川一带，地文上属于陇山东端的天水盆地的边缘。他是以"养牺牲以充庖厨"著称于后世的。用现代研究史前历史的方法来推断，则他代表的古羌族东徙到了陇山地区的一个开始转向兼营农业的氏族。华族农民豢养牲畜，是从他学来的。他只能是新石器时代初期的一个氏族。《山海经》说他才到第四代便开始形成巴族了，当然是荒谬的。但要把咸鸟说为太皞氏族的支裔，则又是可取的。上文说的巫载，正该是从陇西羌族分支东徙，缘大巴山来到长江三峡地区的（说在《羌族源流探索》）。"咸鸟"与"巫山神女"一样，是巴、楚人民用来表达巫盐的隐语。说"太皞生咸鸟"，即等于说巫载为羌族一个支族的意思。乘禧与后照，可能是巫载的盐工，或运销巫盐的船工的名字。巴族本就是由巫载运盐工人起家

———————————————

① 遂宁、遂州，这些地名，可能援巴遂山名取得。

的。"后照始为巴人",是说后照有才能,得封国,其子孙与崇拜者遂拥戴他,自别为巴族了。

巴族虽缘为巫载运售盐巴而兴,却不是羌支民族。《山海经·海内南经》说:"巴蛇食象,三岁而出其骨。君子服之,无心腹之疾。其色青黄亦黑。一曰:黑蛇青首。在犀牛西。"

这里所说的巴蛇,明明说的是热带的蟒蛇。蟒蛇之大者,的确能吞食象等巨型动物。蟒肉鲜美,与其胆汁皆对人身有良好医效。这一传说,应是南方人民实知其物者,很古就有的传说。汉字的巴字,就是依据巨蟒的传说制成的。《说文》巴部:"巴,虫也。或曰食象它。象形。"篆文作张口吞物之形(巳即古之蛇字,象形。《说文》蛇字作它,而释巳与巴皆为时令字,是失了造字本义的)。中华不产如此巨蟒,而很早就有巴字,并又成为民族名称,当是其族有此自称,并以巴蛇为图腾,巴字是依据其图腾造型而用其民族自称之声。若此种看法不误,则可以肯定,巴族是从南方来的,而不是从西北的羌人来的。即巴族不得与"巫载"及"巴氏"等同族源。所谓"太皞生咸鸟,咸鸟生乘禧"之说的"巴人",只能是建成巴国的人,而不能理解为巴族是太皞的曾孙的氏族。

这样说来,则"巴人"这个民族部落,应该是华族的一支。它与华族是从桂林地区进入长江流域来的。初期以渔业为主要生业，其后华族由神农氏创始经营农业，并向中原移进，形成伟大的民族，成为东亚文化最先进的民族了。遗留在云梦盆地，从事渔业的部分，便是巴族（三苗虽也曾居住云梦盆地，那是比巴族较晚的时代）。

今天在两湖盆地（云梦盆地）内，还找得出许多巴族遗存的地名来，可以说明巴族住居在这一地区历史的悠久。

今天湖南的岳阳市，旧称"巴陵"。《元和郡县志》说："后羿屠巴蛇于洞庭，其骨若陵，因曰巴陵。"《元和志》虽是唐代的书，却不能说它没有依据。唐以前我国只有写本书，自秦燔诗书，汉世专崇儒术，所以有许多写本书都隐藏起来了。隋唐统一后，古书才渐渐出世。故唐人著述引据，多有汉魏晋世著述所未见的，而用历史科学方法去分析推断，则是比汉魏纬书更可靠的。当地至今还传有"巴蛇洞"这样一些古迹。又还有"巴丘"地名两个。一个在今岳阳北的城陵矶，它是《三国志》中孙权命鲁肃防备荆州关羽的兵要重地；一个在今江西省内赣江之侧，是孙策初建吴国时命周瑜防备山越的驻兵地。按我国丘字的用法，一个是土丘适于居人作邑之处，一个是古代氏族部落的国邑所在。试审看城陵矶这个地势与部位，说它是巴族的中心邑聚，是恰当的。它位于云梦湖泊地带的中央，下临长江与洞庭湖水的会口，地势高起，最适于渔业民族的聚居，南距岳阳只十来里，正是相传羿斩巴蛇之处。故可以认为巴族原住国邑在此。

又还有许多沿江地名，如鄂西的巴东、松滋、长杨等县皆有"巴山"。鄂东的罗田、黄冈两县界有一条小河叫"巴水"，其入长江处叫巴口。《国语》中白公于张谏楚灵王，有"巴浦之犀、牦、兕、象，其可尽乎"语。"巴浦"谓云梦也。

这些地名，都不在春秋的巴国境内，而是在楚国境内。其地又不出巴蛇，而偏是使用巴字作名，流传甚久，就不能说是偶然的，而只能说云梦盆地以内，古代曾经是巴族渔业时代的居地了。

从"羿屠巴蛇"的传说推测，可以设想：巴族是当夏代有穷后羿当国时，在云梦地区被破灭了的。他们的大首领被诛，小首领分散逃走。其故地为华夏所有，开辟为农耕与水上商业的多种经营地区了。由于他们需食巫盐，有可能夏人把这个地区划归巫载管理。所以夏桀败亡时，"夏耕之尸"逃罪，远奔于巫载（已见上章）。

二、巴族与巫载的关系

如以上史实设想可以成立，则可以肯定巴族是在夏代从云梦盆地溯江进入四川盆地的。它进入四川盆地的过程，可以作如下分析和推断：

巴族善泅泳，习于行水，原是以捕鱼为生的，是我国独木舟的创始者。它有了舟，便可以沿江深入，远达众水上源之部去捕鱼，并与沿江河居住的农牧人民进行交易。所以它不仅是最先习于水上生活的独木舟制造者，又还是长江水系诸河流域最早成功的水运商人。它的扩散性大，早在石器时代，就已是长江中游地区流莺式的民族了（即上文的"流黄氏"）。他们在到处都是受欢迎的。但那时还未建成国家。

他们由于历史悠久，族性顽强，不易为其他民族所征服。他们守旧崇古的性格，表现在：当他们已在巴县建成了强大的巴国以后，他们之间的经济关系，是主从关系，而不是平等的关系。

当云梦地区转入夏王朝统治时，被征服的巴族民众，只有两条道路选择：一条是屈服于华夏，另一条是向巫载逃去。

这时，巴族驾舟西逃，往投巫载的人必然很多。巫载恰也需要这些水上流莺来为它推广行盐。于是在短暂时间内，巴族由巫载的客户转变为巫载的属部了。这可能就是"咸鸟生乘禧，乘禧生后照，后照始为巴人"这句话的实际史事。

后照的后字，已经表示他已由巫之属民转变成为巫之属部的首领。用中华习用于古史的语言说，就是巫载王国的"诸侯"。

巫载王国的诸侯，不止一个巴族部落。在巴族尚在巴陵建国的时候，沿江一带已经有了鱼国、夔国、荆国和一些不必细考的部族。夔国（今湖北秭归巴东地面）与荆国（今长江与汉水之间的荆山地区）都在巫峡之东，后发展成为楚国。鱼国，在瞿塘峡之西，后来置县曰鱼复。这些氏族部落，都是仰食巫盐的沿江部落，而且都是从大巴山来的羌支民族。在上古世，他们有共同的语言。他们的首领，可能是从巫载族分出去的（诸侯）。到了后照时，由于巴族对于行盐有显著的功勋，便亦进为诸侯，而有巴国产生了。或许已营别邑于酆都，故曰"流黄酆氏"。

三、巴族最早立国地——巴乡

巴族的封邑，原在鱼国的西侧，今故陵镇这个地方。载人把它安置在这个地方，是为了运销巫盐向四川盆地沿江诸部落的方便，让后照与行盐的功臣们，往来取盐有个适当的地点息住。《水经注》卷三三云：

江水又经鱼复县之故陵。旧郡（按，谓刘先主以巴东江峡地为固陵郡。固、故字音同）治故陵溪西二里故陵村，即永谷也。……江水又东为落牛滩，迳故陵北。江侧有六大坟。庾仲雍曰：楚都丹阳所葬，亦犹枳之巴陵矣，故以"故陵"为名也。江之左岸有巴乡村。村人善酿，故俗称"巴乡清"。郡出名酒。（按此句当在"故陵为名也"句下，是另一人语。郦注杂取诸家之说，不全出庾仲雍。）

庾仲雍，东晋人，著有《江记》一篇，与盛弘之《荆州记》，多记述巴东地区地理。他与常璩略同时而出书稍后，故《华阳国志》未知其说，郦道元《水经注》乃多采之。所云"六大坟"，实巴族祖先之墓，非"楚都丹阳所葬"。楚都丹阳时，僚国（巫载）、鱼国不但存在，而且甚强大。楚庄王时，此二国与庸、濮联合，七败楚师，几覆楚国（见文公十六年《左传》）。则都丹阳（秭归）时，安能越僚、鱼二国境而葬其王墓于此，至六墓之多？庾仲雍楚地人，徒知楚曾强大，而未知巫、鱼历史，遂妄猜为楚先王陵墓。不如郦氏设想为"枳地巴王陵"之较正确。其所云"枳地巴王陵"，即今冬筍坝船棺葬墓（巴有东枳，有西枳，皆王墓所在，东枳墓今尚未发现）。巴为渔业民族，墓葬皆近水涯，恒属两水汇流，鱼多之处，而以船作棺椁。此六墓今如犹在，可以发掘取验。验证其仍有鱼殉，则巴之先王墓也。楚国兴于山地，应无如此葬俗。

晋代上距巴灭已六百年，其地犹称"巴乡"，已非要地、显邑，仅属沿江村落，而产名酒"巴乡清"，足知其上古的繁盛，与巴族的工商业在此处已很发达。

不仅沿大江如此，其南岸两条小溪，即"阳溪"与"巴乡溪"，并穿过石灰岩绝峡而至故陵附近入江。当庾仲雍与盛弘之在时，此二溪石灰岩绝峡以西的上游部分，虽极偏僻险塞，仍是一片繁荣景象。表现于《水经注》的，有：

阳溪，北流，迳巴东郡之南浦侨县西。溪峡侧盐井三口，相去各数十步，以木为桶，径五尺。修煮不绝。溪水北流注于江，谓之南集渠口，亦曰于阳溪口。（叙在故陵条前）

这里说的是今天的长滩井盐泉。因与云阳县的"北集渠"（彭溪的胸忍盐泉）连言之，故叙在前。其实就是故陵溪的上游（石灰岩峡外）的盐泉。李雄据蜀，逐晋人。南浦县绅民之不服者，徙居于此（羊渠县），奉晋年号，仍称南浦县民。晋因羊渠地置南浦侨县。盐泉在县治西北。本水下盐泉，唯巴人行水能知其水下有盐泉，并造木桶隔断淡水取以煮盐（盐井之名始于此）。同时亦发现了云阳彭溪盐泉，用同样方法汲煎。阳溪盐泉仅三口，胸忍彭溪，则"翼带盐井一百所，巴川资以自给"（均《水经注》文）。巴族得擅此盐泉之利，国始强大，凌驾于賨、鱼、夔、濮之上了。

同时，对巴乡溪上游，即石灰岩绝峡外的七岳山脉顶部、南浦侨县地面的描写说：

溪水伏流迳平顶山（按此谓绝峡为伏流，峡两岸山为平顶山），内通南浦故县陂湖。其地平旷有湖泽，中有菱、芡、鲫、雁，不异外江。凡此等物，皆入峡所无（按此峡字指巴东的大三峡）。地密恶蛮，不可轻至。

这可以说明：这个七岳山脉顶部的小高原内，原是与晋人对立的"恶蛮"居地。但其风物，如菱角、芡实、鲫鱼、凫雁（鹅鸭）之类，本云梦盆地的特产，却有人引种到此地来。加以盐泉，使得地方繁荣如内地。虽然李氏据蜀后，巴东晋人曾逃来此地避难，却不能说菱、芡、鲫、雁就是他们引来的。这只可以设想为巴族早于几百年前从云梦地区引来的。仓促逃难来的巴东人，几十年后又回原县了，他们不可能引进这些自然物的品种。只有定居于此的巴族，经时几百年之久，才可能引入它们，并繁殖起来。巴族是善于行水，不受峡江限制的，所以他们定居故陵后，就能扩展到二溪上游的这个高原上来，发展生产[①]，从而强大起来。

巴国是从故陵这一巫载的附庸部落发展起来的。同时，也可证明他们的族源与华族同，而与羌支的巫载不同。只因为巫盐的关系，曾把他们结合为一个经济集体。又由于巴族发现了水下盐泉，并利用来发展自己的实力，所以到周代便成为大国。由于有了压倒巫载盐泉的经济实力，故在春秋中叶，巫载

---

① 我曾在泸定县的沈村土司署外山间一个水池中，发现养的金鱼和种得结实丰满腴美的菱角。又在炉霍土司地面，发现夹道的酸梅树。又在德格河坡，发现桃树林。又在新龙的博孜村，发现一棵良种的核桃树。皆是其他番区所不见的。经叮咛访问，才知是土司朝贡时引种的，所以别处无有。这类的事，所见还多，可以为此文真实性作证。

（獠人）与鱼人反成为巴的附庸国了。巫峡之外，则荆楚强大起来，但楚必须仰食巫、巴的盐，所以巴、楚是和好、通婚，文化一致的（小摩擦自然也有，主流是和好的），而且是巴强于楚的。只春秋末叶开始，巴国才渐弱于楚，以至于亡。

四、巴国发展的程序

巴族由于擅巴东盐泉之利而强大。它的发展程序为：

1. 巴族尚未建成国家以前，自为独立部落时，其部落核心在巴丘，时间在夏代。其经济生活为捕鱼和为巫载运销食盐。其人的扩散性很大，唯亦不出长江中游舟运所能至之地。

《竹书纪年》夏帝启八年："帝使孟涂如巴莅讼。"又《山海经·海内南经》云："夏启之臣曰孟涂，是司神于巴。巴人请讼于孟涂之所，其衣有血者乃执之，是请生（郭注："言好生也。"）。居山上。在丹山西。"（郭注："丹山，在丹阳南，巴属也。今建平郡丹阳城，秭归县东七里，即孟涂所居也。"《水经注》卷三十四引此文的郭注云："丹山西，即巫山者也。"）是可说明在夏帝启时，巴与巫载同是臣属于夏禹父子的。这两族曾在盐的供需上或运输上发生纠纷，同讼于夏帝。帝启命孟涂到巫山来解决纠纷。夏启时还没有夔、荆之国，巴族则沿江分布，与巫为邻，故有争讼。

2. 巴族的云梦故地为后羿所占后，巴人逃避到巫山地区来，依附巫载，为其开展上游地区的盐业。其时间在夏殷之间，可能有几百年巴人都住居在巫峡地区，为巫载服务。那时巴巫的食盐，已上销到整个四川盆地。

3. 由于巴族运盐功大，巫王才许后照率族定居到鱼国之西的故陵巴乡，为附属部落。其时间大约在殷代中叶。巴人守旧，仍信奉孟涂之神司讼。《海内经》所说的"孟涂司神于巴"，便是故陵的巴乡（"夏启之臣"云者，是追溯语）。故陵巴乡，也是在丹阳的丹山之西，不必只巫山在其西。《水经注》也误解了郭璞注语。巴族在这段时间，发现了所属境内南、北集渠的水下盐泉，创造作井取水煮盐之法，强盛起来。

4. 巴族强盛成立独立国后，又开辟了涂井、濮井两处盐利，于是更强大了一级，境域扩展到枳县（今涪陵）以下。于是徙都邑到平都（今丰都县治），时间大约在殷代末叶。从枳到万县这段长江河谷，是川东褶曲山脉间最大一幅开敞的向斜地带，是川东耕地最宽广的地带。当巴国徙邑平都时，合当已经开始经营农业了，渔业转成了副业。水运商业才是它的主要事业。其时巴人活动地面，深达成都平原与青衣江流域、涪江上游与嘉陵江上游，并与关中新兴的周族也发生了联系。

5. 巴族为与蜀人、青衣人、丹犁人、鄨人、苴人、褒人、氐人①，和关中诸民族联系之便，更西徙都。在枳似曾营邑一段时间②，再西徙到江州（今重庆市）。其时间似在殷末周初。这是巴国旭日东升，临近正午的阶段。从冬笋坝发现的巴王墓葬文物分析，当时工业、商业都已有惊人的成就。就《华阳国志·巴志》文分析，它的统治地区已经很宽，政权也是巩固的，农、牧、渔业也是发达的。它已把土著的各族人民管理得很好，文化相当得高③。本族与土著的民族之间，已经产生为贵族与平民两个阶级。可能它与关中周族的关系，就是买卖奴隶的关系④。

周武王伐纣之师，巴国是以国王领兵去参加的，发挥了次

---

① 这些民族，另篇论述。

② 《华阳国志·巴志》："巴子时虽都江州，或治垫江，或平都。后治阆中。其先王陵墓多在枳。"今涪陵巴先王墓虽尚未发现，按地理形势言，枳之成为巴国要邑是肯定的。既有陵墓，当曾建都。常氏叙次，倒平都于垫江之后，足见其地理形势未明，摄取旧文资料，有所脱误。

③ 已详著于《华阳国志校补图注》。

④ 周族是以购买南国奴隶，并能优待奴隶，从而取得奴隶愿为之出死力搞生产和作战的效果，以致强大起来的。其说另详《周诗新诠》。

于周师的勇锐作用。因而取得赐姓姬氏、列为子爵的荣宠。这段时间，楚国还未定都于丹阳。鬻熊虽封国于楚，并未之国（若干世后才建国邑于丹阳。参看《史记·楚世家》与我的《羌族源流探索》）。巫裁（儵）、鱼与丹阳人成为依附于巴的部落。

6. 巴族营邑于江州以后，王族发展，成立了一些藩属部落，分管地方（例如巴蔓子和苴侯）。而其王族本身则循嘉陵江向关中方向转进。国都自江州徙至垫江（今合川），更由垫江徙至阆中。这显然是倾向于中原周族文化的体现，也是由渔盐商业经济转向农业经济的体现。

垫江（今合川）位于华蓥山大背斜层线的北麓，在嘉陵江、涪江、渠河三大水流的汇合处。其南为川东褶曲山区，山多田少，水运方便，适于商运，难于发展农业。其北属于红土盆地中心，白垩纪松软地层的山区，是适于农业发展，兼有水运之便的人口稠密地区。巴国徙都垫江，就意味着它已经倾向于农业发展了。其徙都垫江的时间，大约在蜀王杜宇之世。《华阳国志·蜀志》说："后有王曰杜宇，教民务农。一号杜主。……七国称王，杜宇称帝，号曰望帝。……巴亦化其教而力农务。"据此，则杜宇是秦惠文王时人。"巴亦化其教"，是巴国政务重心亦转向农业了，所以把国都徙至垫江。

五、巴国的衰亡

巴族把国都徙到垫江，为的是羡慕周王畿和蜀国的富饶，从而决心发展农业。这是显而易见的一个方面的原因。更还有人所不易看见的一个方面，那就是王族已经由于长期养尊处优，逐步腐化。他们要求实物征用的范围扩大，就需要它的属民农业有所发展。《华阳国志·巴志》说："土植五谷，牲具六畜，桑、蚕、麻、纻、鱼、盐、铜、铁、丹、漆、茶、蜜、灵龟、巨犀、山鸡、白雉、黄润、鲜粉，皆纳贡之。"这不是泛谈巴国的物产，而是说的巴王族征取于属民的物资的广泛，其中绝大部分是农民生产的。其时巴无田赋，只有力役之征和土贡。土贡是无定额的，王族可以任意规定，予取予求，漫无限制。农民愈多，农业愈发展，王族的生活便可愈丰足。所以需要发展农业。

农业发展以后，王族生活美好，变成了社会的寄生虫，盐业、商业和一切产业都委于奴隶，而不自己经手了，甚至于兵力亦衰败不振。这就成了它必然亡国的原因。

巴族国都，从垫江徙到阆中的时间，大约在战国之初。那时他们的贵族已经不再是经营水上商业和煮盐等生产劳动的奴隶主，而是巴国官吏，只顾管理土民，发展农业，以丰富他们的寄生生活了。所以要徙都到红土丘陵的中心部分来。

　　若还要探索徙都的第三个原因，还可以说是为了贩卖奴隶的方便。巴蜀地区，原是以贩卖奴隶著名。岐周购买的奴隶，大都来自江汉之间的巴蜀。《史记·货殖列传》《汉书·食货志》把这项商业活动表述得很清楚。所谓"南贾滇僰"的"僰僮"，实际包括有"百濮"之人在内。而《左传》文公十六年芳贾所谓"百濮"，就是这一红土丘陵山区原始住民的统称。他们正是因需要食盐而臣服于巴王的土民，也就是巴王族掠卖奴隶的对象。

　　巴国徙都阆中，还有第四个原因。即是为了与秦、蜀、楚国互争汉中之地。在巴与秦、楚三国灭庸而分有其地之后，四国争夺汉中的拉锯战便开始了（其事与盐泉无关，本文不论，另在《华阳国志校补图注》阐述）。战国中叶，巴国曾经乘汉中人民叛秦之际，据有汉中与苴国之地。又后乃为蜀人夺去。《华阳国志·巴志》说："周显王时，秦惠文王与巴、蜀为好。蜀王弟苴（侯）私亲于巴，巴、蜀世战争。周慎靓王五年，蜀王伐苴侯，苴侯奔巴，巴为求救于秦。秦惠文王遣张仪、司马错救苴、巴，遂伐蜀，灭之。仪贪巴道之富，因取巴，执王以归。置巴蜀及汉中郡。"巴国便是这样覆灭了的。

第十一章
郁山盐泉与黔中文化

一、黔中地区的盐泉与丹穴

　　四川东部七岳山脉与湖南的武陵山脉之间，为一海拔较高的骈褶地带，与川东骈褶带属于同一构造类型，而地质不同。其农地利用价值远逊于四川盆地，从来为少数民族居住区。乌江（黔江）从贵州高原流经此区，通过一路险滩，至涪陵（枳）入于长江。其支流郁江上游的郁山镇有伏牛山盐泉自山麓涌出，被人类利用甚早（大约稍晚于巫溪盐泉）。早在巴族尚未立国以前，即已成为这一地区人民的食盐来源。

　　郁山盐泉的煎煮方法，可能是向巫溪盐泉学来的，或是巫载人去教会的。故这一骈褶地区，曾经是载民之国的一部分，这可由巫载与郁山间的山道开辟得很早而知①。当巴、楚两国并兴时，此区仍是属于载民的。巴国强大以后，并未占领此区。大约春秋末叶，此区为楚国占有，称为"黔中"。秦始皇灭楚，即沿楚旧称置黔中郡，为三十六郡之一，皆缘有此盐泉之利。

此区不仅有此盐泉足以聚民兴利，还是我国古代盛产水银与丹砂的地区。丹砂，为水银之氧化物，中华自新石器时代，秦岭与王屋山中已产之。帝尧之子名丹朱，见于《尚书》。足见其时华人已知采用此物，甚见贵重。但采之易尽，供不应求。大约殷周之际，已有丹工入巫山地区，开采峡外的丹山了（楚都丹阳，在今秭归，即缘丹山为名）。这与巫溪盐业亦有关系。古时，煮盐、炼丹和医药等方技，都是巫师所擅。《山海经》说巫咸等十巫赴灵山采药，中有"巫肦"，就是"巫载民肦姓"的肦（音颁）字。可以设想，巫肦就是到巫山采药，从而改进巫泉煮盐和开采丹山朱砂的祖师。郁山盐泉的煎盐，和黔江丹穴的采朱，与巫肦也有关系。《史记·货殖列传》说：

---

① 大溪沟虽小沟，却有大道逾七岳山进入施南。施南盆地与郁山地区，是很早就合为一体的。

巴蜀寡妇清其先得丹穴，而擅其利数世，家亦不訾。清，寡妇也，能守其业，用财自卫，不见侵犯。秦皇帝以为贞妇而客之，为筑女怀清台。……礼抗万乘，名满天下。

《汉书》用《史记》文，巴下无蜀字。足见蜀字是宋刻本的衍文。秦始皇时的寡妇清，就是巴郡人。她好几辈先人，都是以开采涪陵丹穴而连续致富，富可敌国的专利者。虽然经过七国时兵戈扰害，都能用财自卫，未受侵害。可能她招募有卫厂、卫运输的军队，势力小的暴徒不敢侵犯她。还可能是捐斥一部分财物助军，买得统治者的保护。她家实际是战国时这个地区的土皇帝。所以"比于封君"。

从煮盐、采丹、聚集人口、开发地方产业，到疏通水道运输，便是郁山地区文化的特点。一切都与巫载文化相似。巫盐藉大江水运之便，行销甚远。郁盐地位虽然不如，但加上丹穴之利，便能与巫载比肩发展，进入封建社会了。这个古老的黔中文化区，是巫载文化区的孪生弟弟。它们很早是一家。

二、黔中地区的原始居民

黔中文化区的原始居民，可能就是《巴志》说的"獽蜑之民"①。獽一作狼。考西南民族地区古语，如"夜郎""且兰""头兰""黄螂""樟郎""堂瑯"与"白狼""白兰"等之lang音，皆有统治者（头领）和统治地区之意。《元曲》以来的戏剧，恒呼少数民族君主为"狼主"。可能獽人是川、黔地区最原始的民族名称。近世已经找不出"獽人"了。若把獽字读为攘（汝两切），则与冉同音。今世土家族的酉阳土司家正姓冉。土家族姓冉的还多，都说他们从来就住居在酉阳县（古黔中地）。这些古民族是否就是他们的祖先，还待考订（参看第五章）。

蜑，《后汉书·南蛮传》又作"巴诞"，与近世保存于沿海的水居民族叫作"疍户"的可能有关。这三个字同音，这几种人又都与水居舟处分不开，可能就是巴族在洞庭地区居住时又别称为蜑族。

---

① 《华阳国志》涪陵郡："多獽、蜑之民。"汉发县（即汉复县）又云："诸县北有獽蜑，又有蟾夷也。"

　　至于常璩《华阳国志》汉发县所云"蟾夷"，也是他书不曾发现的民族字。我很怀疑蟾应读如担，与丹同音。可能就是黔中丹穴主人雇用的华夏来的采丹工人，与土著妇女结婚，世守丹业的子孙。本自称为丹人。丹穴采尽后，转为当地农民了，被人讹字作蟾字①。他们恋土不去，经营采矿、行盐等行业，有发展为地方大姓者（《华阳国志》涪陵郡有徐、蔺、谢、范等氏族与韩、蒋等大姓），有衰变为平民者，都是今日土家的先民。

　　这个地区的盐泉，只有郁山一处古今均产盐。至于"丹穴"则必然早已采尽了，矿工们又会向其他处寻找，随时代有兴、盛、衰、竭的变化。大概，当巫载强盛时，秭归丹山一时兴旺。但是藏量小，易采尽。好在从秭归向西南斜行到贵州高原东部的狭长地带，都富有水银与丹砂蕴藏，而且愈向西南愈丰富。土民未知采取，古代华人特擅其术。故知此区采丹，是从巫载地域开始的。涪陵区的采丹，按《货殖列传》"擅其利

---

　　① 蟾，旧只解为虾蟆。窃疑人类无以虾蟆为图腾者。古人对南蛮之称每用其音而加虫字，如"蚰氏"与"蛮"皆是。詹、丹古同音。丹工居此区久，血混，故后来汉民即可能呼其人为蟾。亦或本作蚺，缘与蚰字形近而改作蟾。读獽作攘，读蟾作丹，皆未有前人言及。姑倡此义以俟通人订正。

数世"一句推测，则应是战国初年便已兴盛起来的。丹兴县之部，则到蜀汉时已衰歇了。故蜀后主时省丹兴县，并入汉复。其后丹矿工业转入酉阳、秀山、松桃、铜仁、印江一带。改由湖南辰州集中，输销华夏。故唐宋以来称丹砂为"辰砂"或"朱辰砂"。近世，则更向贵州中部移进了。郁山的食盐，亦即随着生产丹砂的矿工，行销深入苗族住区。其结果，推动了贵州经济与文化的发展。

三、"卜人以丹砂"的解释

在周代，华夏人民不知道黔中地区的社会情形，只知这里出产丹砂。有商人贩运丹砂到华夏的，把这个地区的人称为濮人（卜人），楚国也把他们称为濮人。所以《王会》有"卜人以丹砂"和《左传》有"楚子为舟师以伐濮"[①]的记载。这可说明黔中土民与大巴山区土民是同习俗语言的，是同一族源的，是很早就已从大巴山区和川东骈褶地区渡过大江，进入此区来的。他们在濮族聚居区内，由于拥有郁山盐泉和黔中丹

---

① 文在《左传》昭公十九年。

穴，发展经济，成为强盛而先进的部落，故早在西周年代就已通于中华，名列《王会》。《牧誓》列名最末的濮国，可能就是这个濮人，而不是"百濮离居"的百濮。

四、楚国是如何占有黔中的

楚平王作舟师，通过巴国境的水道来征伐濮国，当然是取得巴国同意的。这还反映出这个濮国（姑且假称之为"丹濮"）虽然水通于巴，又偏在巴国枳邑的南面，但它并未成为巴国的属邑，而只是巴的邻国。大概也如巫载与鱼国一样，保持独立政权，仅仅与巴为好而已。因为它建国的历史比巴早。

此区出产的丹砂，是以舟运循郁江，入乌江，出枳，通过巴国，商运入中原销售的。故郁江和乌江的这一段河，又叫"丹涪水"。《华阳国志》涪陵郡："从枳南入丹涪水，本与楚商于之地接"是也。是故经营丹砂的主人，不是住在此区而是常住巴地（可能是枳邑或江洲），以便调度。故《货殖列传》称"巴寡妇清"。自然也必有由陆路运丹砂、水银入楚的。陆路艰险，不如水运廉便，故知"丹涪水"才是它的主要运道。但郁山煎成的盐，则不出枳。因为巴国盐多，而黔中广大地面须得郁盐。只有巴国盐运进来补助郁盐之不足，没有郁盐运出巴境的。这也是巴国不必兼并丹濮的一个原因。

此区尽管距楚国较远，楚国却是十分垂涎它的，因为楚国需要食盐。由于巴国能顺江充分供给楚国的食盐，而巴楚和好，故在春秋以前，楚国不考虑自己占有盐泉。但它有时也与巫臷和巴国发生战争，必然会受到扼制行盐的痛苦。故当春秋末叶，楚平王取得巴国同意，作舟师通过巴境从丹涪水伐濮，取得了丹濮这块地盘。可能楚、巴的交换条件，就是许巴国也兼并巫臷和鱼国。虽史无明文，形势是会如此发展的。

楚国是从山地发展起来的民族，水上活动非其所长，陆地商业则有惊人的成就。它的商人能在别个国家、别个民族占领地区内活动，并且由经济关系发展为政治关系。当时把这种关系到达之地，叫作"商于之地"。它在汉水流域并未到达武关、商洛、安康、郧阳和汉中地带，但它的商业势力，则早已到达了。所以汉水流域也有它的一个商于之地。《楚世家》说张仪欺楚怀王，许还所取楚"商于之地六百里"是也。它的政治势力还未到达郁山地区时，商业势力则很早已经超过这区，而远达夜郎、滇池了。是故庄蹻能够孤军远征到了那么远而不覆亡，并且建成滇国。《华阳国志》涪陵郡说的"秦将司马错由之取楚商于地为黔中郡"，就说的巴南、黔西这一大块地面。楚商人贩运郁山的盐，东以济楚，西入夜郎，南入武陵，由于这样的关系，奠定了后来开置黔中郡县的基础。

自楚平王征服此国，取为楚地以后，便把这块地方与其附近的"商于之地"合称为"黔中"。于是才自己拥有一个盐泉，减轻了巴盐扼制的威胁。又不知何时夺去了巴国的巫山地区，使得食盐完全足以自给了。巴国那时已经倾向于剥削农民的寄生生活，恃在自己的盐泉还多，不感痛苦。后来，到秦灭巴蜀军事未定时，楚更进而夺取了巴国江州以下的长江南北全部的盐泉地区，把自枳入涪黔的水道掌握在自己手里。这时楚国达于全盛，成为抗秦六国的盟主。但是因此而遭到秦人的痛恨，用尽一切办法来争巴东盐泉，必得而后已。楚失巴东盐泉，国事日非，不久即灭于秦，故苏代谓燕王曰"楚得枳而国亡"。

五、巴蔓子故事的考证

在巴国迁都阆中以后，由于统治阶级的腐朽，巴东长江盐泉区发生过一次民变。当地镇将巴蔓子不能平定，曾借楚军来平定了。楚国大概就是此役取去了巫山、鱼国和巴乡这三座城邑的地面。常璩《华阳国志》记载了这段故事，偏颂巴蔓子的忠贞，说他并未交出城来。志文是：

> 周之季世，巴国有乱。将军蔓子请师于楚，许以三城。楚王救巴。巴国既宁，楚使请城。蔓子曰："藉楚之灵，克弭祸难。诚许楚王城。将吾头往谢之，城不可得也。"乃自刎，以头授楚使。楚王曰："使吾得臣如巴蔓子，用城何为？"乃以上卿礼葬其头。巴国葬其身，亦以上卿礼。

楚国既能代为平乱，岂能无力取其所许之城？蔓子不过当楚军再来索地时，势穷自杀耳。楚王岂能因得其头为满足而遂听其欺骗，竟不取城？兹所当考者为乱在何地，三城为何城耳。

重庆市夫子池旧有巴蔓子墓碑，显然是后人妄因《华阳国志》文所制造。《明一统志》言巴蔓子墓在施州卫都亭山，全引《华阳国志》而续之曰："楚王以上卿礼葬其头于荆门山之阳。巴国葬其身于此。"都亭山在今利川县西，为施南名胜。利川县，在七岳山下，去万县最近。利川赴湖北的捷径，即从万县赶船。它在湖北省，为最偏远之一县。凡傅会忠义遗迹者，率在大都市，无故不到僻县。而利川竟有此蔓子墓，为地方盛传之故事。则其可信度应远较巴地所传为高。利川在周之末世，已是楚国黔中的边界。蔓子因何至此自刎？结合拒授三城来推测，当是他原是巴东镇将，驻在巴族老家的故陵（巴乡盐出产地），管辖巫、鱼、朐忍一带盐务。可能是盐工们不胜暴敛，造反了。他自己无力镇压，又距巴国都城太远，无法待援，便擅自私借外援，以三城许楚。所许三城，就是巫、鱼、故陵三邑，也正是楚王欲夺之地，所以楚王亲自率军来为他平乱。平乱之时，实际已经占这三城了。还可能是巴王不许割地的诏令到来，蔓子拒绝授城，兵败，从羊渠后退，所以到了利川。走投无路，被迫自刎。楚国得了这三处盐泉，踌躇满志，感谢这位愚蠢、颟顸的将军，给予葬礼。巴人从而传扬称颂，得到常璩采录。正是此役使楚国占有巫、鱼地区，巫载故地，为后来进取朐忍、平都和枳邑开辟前道。

第十二章
秦楚争夺巴东盐泉的战争

一、楚、巴的历史关系

巴国以盐泉兴。由于东、西邻的楚国和蜀国的人口都需吃巴国供给的盐，所以楚蜀两国与巴决裂的时间少，和好的时间多。一旦发生决裂，巴不输出盐巴，两国的人就会发生慌乱。不明白这个经济因素的制约作用，就不可能正确理解这三个国家之间的历史关系。

简要说来：楚国依赖巴盐的历史最为鲜明。《左传》桓九年（楚武王三十八年），"巴于使韩服告于楚，请与邓为好"。这是巴准备越楚境从邓境通商到中原去，请楚为之介绍。楚王立即派人去办。邓国的鄾邑人杀害了两国使臣，夺去所携的货币。楚国又派大将斗廉率军助巴师攻邓。"邓师大败。"这是巴国越过楚境远征至邓的一次战役。这时巴、楚和好，关系很深，是很明白的（有人认为巴通使外国都得请命于楚，是误解）。

又，庄公十八年《左传》："楚文王即位，与巴人伐申，而惊其师。巴人叛楚而伐那处（沿江地名，相当于今之董市），取之。遂门于楚。楚子御之，大败于津。"当楚子战败回郢时，守城的鬻拳不敢开门，把楚子逼到黄国去（今黄冈县），死于军中。这说明楚国兵力远不能与巴为比。故巴国水军打到郢都门外，楚子为之败死。

文公十六年灭庸之役，值楚大饥，"戎人伐其西南"，庸人、麇人与"群蛮""百濮"一齐联合攻楚。楚庄王勉强御之，"七遇皆北"。唯有求助于秦人与巴人。因巴人助楚，群蛮皆反与楚盟，百濮亦各还其邑，这才把楚国稳定下来。三国共同灭庸而分其地。此役巴国功最多，得地最广。这是巴强楚弱形势的顶点。其后楚庄王奋起，日益强大。巴国骄逸而渐衰。然楚、巴和好，世通婚姻。楚共王的王后巴姬，见于《左传》昭公十三年。灵王之后亦为巴姬，见《路史》引先秦旧文。常璩亦云，巴与楚"世婚"。

春秋末，鲁哀公十八年，巴人再度"伐楚，围邓"，被吴楚联军在鄾邑（在襄樊北）打败了。事在《左传》。这是巴国远征军第一次失败。这时邓与鄾皆楚国地。楚吴方睦，联军奋击，乃得击败巴师。巴国为何要伐楚？左氏未说原因。只看邓和鄾两个地名，也可联想到文公十六年前事，可能是灭庸之后，巴国分地已经与邓鄾接近了，边界人民发生了冲突。邓鄾那时已是楚地，故楚人联吴捍御。这与庄公十八年那处之役，用水军直向郢都不同。这次是从大巴山区出兵，直攻邓和鄾的。其时巴国已是徙都垫江之后，国力不如在江州时强大了。

由巴蔓子请楚援的故事（详前），可知战国年代，巴人经营的盐业已有一部分转入楚人手中了。巴东有些盐泉产地，亦渐为楚所侵占。例如巫泉与郁山盐泉，是很明显的。

在秦灭蜀、巴的战役中，楚国乘势占领了全部巴东盐泉。占领过程，是由郁山顺乌江占领了枳邑，于是自枳以下，占领沿江城邑，如平都（今丰都）、临江（今忠县）、朐忍（今云阳）、鱼复（今奉节）与巫山的盐泉地区。楚国并在巫山和枳邑驻有重兵，抵御秦人。时为楚襄王初年。于此，导致了秦与楚争夺巴东盐泉的战争。

二、秦得蜀、巴而失盐泉的苦痛

蜀国本身，也出产一点盐，但主要是仰给巴盐。巴国自垫江以北红土丘陵区的农民，也是仰给于巴东盐泉的。秦灭蜀与巴时所占领地区，恰只有这两大片仰给巴盐的地区。巴东盐泉全被楚国占去，给秦国以很大的不利。若还秦、楚交恶，楚国不肯把盐输过江州（今重庆市），则秦所占有的蜀、巴、汉中三郡人民大困，秦在蜀、巴政权不得稳固，将迫使其人民转而附楚。这一着，是秦所最为痛苦而无可奈何的。无可奈何之下的办法，就只能诉诸战争。

三、秦自蜀争夺巴盐的两次大举

《华阳国志·巴志》述司马错、张仪灭蜀后，"贪巴道之富，因取巴。执王以归。……仪城江州。司马错自巴涪水取楚商于之地，为黔中郡"。同书《蜀志》云："周赧王七年，司马错率巴、蜀众十万，大舶船万艘，米六百万斛，浮江伐楚，取商于之地，为黔中郡。"

合观这两条，可得此役全局概况。大抵张仪灭巴时，枳以下已为楚有。江州为最前线，张仪筑城储粮，就是为了大举伐楚。灭蜀在公元前316年，仅几年，便如此大举伐楚，但收功甚微。江州以下的水道，被楚国舟师拒绝了，攻不动，所以才绕由巴涪水进军。巴涪水，即今之赤水河。《史记》《汉书》作"符水"（有巴符关，在今合江县）。巴涪水小滩多，行舟不远，即当陆行趋向鳖邑（今遵义），从枳邑后方攻取黔中，可能夺得郁山盐泉，但粮运困难，不可能更进夺枳。只取得了郁山盐泉与一部分楚国的商于之地，便罢兵了。这次战役，使蜀郡的渰江盐泉可以安全生产，不再受楚军的威胁，又夺得了郁山盐泉，增添了盐的给源。但那是暂时的。秦不可能长时间悬辖这样远在枳后的地方。所以，不久楚国又有了"巫黔中"郡。

由于秦国这次大举无功，所以秦史官不记。司马迁的《秦本纪》《楚世家》和《六国表》也都不载。只巴蜀人还记录得有，但也有些不清楚和不准确之处。

此役十九年后，在周赧王十六年，即楚怀王三十年（公元前299年），大概是秦从巴、蜀屡攻巴东不得，采取要挟楚怀王的诡计，骗他入秦。"秦国因留楚王，要以割巫黔中之郡。"怀王忿不许，困死于秦。楚人立顷襄王，坚决拒秦。

"秦楚绝六年"（并引自《楚世家》）。此六年中，秦先后攻取了楚国的二十四城，然终不能得楚巫黔中。秦乃与楚和亲，以图商购盐泉。至楚顷襄王十九年（公元前281年），仍不可得，乃复用军事强取。《秦本纪》昭王二十七年（即楚襄王十九年），"发陇西，因蜀，攻楚黔中，拔之"。这次大举，巴、蜀兵为主力，更征发到陇西之军。大概仍是从巴符水入，取了郁山盐泉，再置黔中郡，驻兵戍守。或许还取得枳邑，打通了黔中水路。但临江、朐忍、鱼复、巫山诸产盐区仍是楚人坚守着的。

司马错伐蜀本谋"水通于楚，有巴之劲卒，浮大舶船以东向楚，楚地可得。得蜀则得楚。楚亡则天下并矣"。但失算在于：灭巴蜀后三十年了，几次大举，只争得郁山一个盐泉。而蜀人反侧不安，屡有叛乱。在楚国，则它宁可失去汉中、黔中等"商于之地"，也一定要全力捍卫巫郡盐源。因为一旦失去了这些盐泉，秦亦可以闭关扼盐，使楚坐困瓦解。

四、"楚得枳而国亡"作何解

秦既不能从巴蜀取楚巫郡，乃遣大将白起率师，越韩国以向楚的旧都鄢邑，并以别军出汉中与商、郧，同取夷陵（今宜昌），截断郢与巫盐的水上运道（《六国表》在顷襄王二十年）。这一着，可成功了。于是楚人惊乱，顷襄王所率之军，自行崩溃。襄王东奔陈邑。秦取鄢、郢，烧夷陵，使巫郡失去后援，于是蜀守张若之军轻轻松松就把巫郡取得了。秦以鄢、郢、夷、巫诸地置南郡，实现了司马错"楚地可得"的目的。《国策》苏代谓燕王曰："楚得枳而国亡。"谓楚乘巴乱而拓地至枳，使秦不能不争巴东盐泉，因而沦陷了郢都，等于亡国也。

但楚顷襄王不能甘于亡国。他奔陈之明年，又纠合十万之众，乘秦师归国后，打回郢来。沿江十五邑人民纷起响应，包括有大盗庄蹻在内，各自驱逐了秦置的守令，复还为楚。这所谓"沿江十五邑"，主要就是宜都、西陵（夷陵）、秭归、巫山、鱼复、朐忍、临江、平都、枳与郁山等产盐和盐运中心的城邑。巫黔中仍还楚国。宋玉《高唐赋》歌颂巫山神女，朝云暮雨，会襄王于阳台，便是此时作的。

楚顷襄王三十六年卒，子考烈王立。考烈王十年，东徙寿春。可知其时秦又取去了巫山，楚国不能不再弃郢都以就海盐了。再十余年，秦灭楚，统一天下，乃如司马错本谋。

当楚国坚守巴东盐泉地区以制巴蜀，蜀民惊慌失措时，蜀守李冰，创取井盐法以自救。勉强获得安定巴蜀，终于待得楚亡。从来生产技术的创造发明，都是在人民生活切需而不可得的时候，乃有才能出众者想出办法来的。如其秦灭巴蜀时就已取得了巴东盐泉之地，就不会发生这几十年的秦楚战争，也不会有蜀地凿井煮盐之事，而楚国也不可能延命到公元前223年（距灭蜀九十四年）。

第十三章
国亡后的巴族

一、巴国的覆亡

巴族未入川前，三巴地面已经有人居住，这是肯定了的。所住的人属于羌支的濮系民族，是本篇论述的要点。可能也还有属于元谋人体系的原始住民，留待另篇讨论。本章只谈巴国灭亡以后，巴族是否也同归于尽的问题。可以肯定，秦是不会绝灭巴族的。但在巴国的巴族，确是绝灭了。

巴国，是已进入奴隶社会，正向封建社会过渡的国家。巴族本、支本身是贵族，各都占有大量奴隶。它所征服的族落（即汉世所谓賨人和板楯），除俘虏皆分配给战士有功者做奴隶外，其降附者也只算它的农奴，安置有头人管辖，无定额地征取实物与兵役，所以它末叶的军队打不得仗，一接触敌人就会崩溃。秦灭蜀后，轻轻松松地就把巴王擒着了。秦灭巴的措施，不外是：抵抗的，就杀了；恭顺的，许其仍为奴隶主，只是没有政治权力。对赘民是如此，对巴王之族也是如此。由于巴族自有悠久的光荣历史，习惯于养尊处优，他们是不可能甘心屈服于人的，可能被杀戮的很多。有些勉强归顺的，虽然取得了合法的百姓身份，并且还是占有原来的奴隶，但由于他们过去蹂躏人民的罪恶太大，民愤很深，民族报复也必然强烈，秦国的郡县官吏也保护不了他们。其必然的现象，首先是原来占有的奴隶都逃跑了，没有人供养他们。他们自己既难生活得下去，又会转变为别人的奴隶。奴隶是以主人属籍为属籍，不能有自己的姓氏和名称的，并且很难活到第二代第三代（仍是奴隶），便消亡了。所以，巴族这个不可一世的王国贵族，虽未被秦军杀完，也必为这样的社会所消灭。

只有一个例外，就是挟有技艺的巴族人，例如巫师、医师、乐师、文士及其他符合当时社会需要的人，还能活下去。这些人，是会受到官府保护和社会优待的。因为需要。

例如落下闳这个人，《史记·天官书》《汉书·律历志》和《华阳国志》都记载了他演算天文历法的事迹，汉朝廷的人物，包括司马迁这个太史，不能治历，非把他和方士唐都请来研究不可。他二人为汉武帝制定了《太初历》。这个功劳很大。但是，既不授官，亦不给奖，历制成后，便无声无息地不说下落了。唐都这个方士，还有个姓氏。落下闳姓什么呢？史籍里能再找得出一个姓落下的人吗？有人把落下写作洛下，说他是"洛阳的隐士"。这是说不通的。隐士就不会研究天文学有那样的精深，隐士也不会隐在洛阳，更不会到长安去造历。我推测他和唐都，同是两个巴族的天文学者。唐都是郡县政府留用的人，故不给职位，但称"方士"。闳是被卖到赘民家的一个有知识的奴隶，他原是精通天文历法的一个巴王族之后，现在落于奴隶之中了。由于唐都推荐他，同被调到长安治历。历成之功，归于郡县守令和奴隶主，他们没有受赏的资格，所以没有其他的记述。"落下"两字，是闳自己表示自己身份下落的感慨之情的。史官讳其为奴，用来代表其姓。虽然这只是推断，却是符合当时社会实际的。

二、廪君与盐神

还有一个例外。那便是个别有本领、有志气的巴王族将领，逃出了秦国地面，召集了一批巴人，同到楚国地界重新建造族落。我认为廪君便是。《后汉书·南蛮传》有这样一段话：

　　巴郡南郡蛮，本有五姓。巴氏、樊氏、瞫氏、相氏、郑氏，皆出于武落钟离山（李贤注：《代本》曰：廪君之先，故出巫诞也）。其山有赤黑二穴。巴氏之子生于赤穴，四姓之子皆生于黑穴。未有君长，俱事鬼神。乃共掷剑于石穴，约能中者奉以为君。巴氏子务相乃独中之。众皆叹。又令各乘土船，约能浮者当以为君。余姓悉沉，惟务相独浮。因共立之，是为廪君。乃共乘土船，从夷水至盐阳。盐水有女神，谓廪君曰：此地广大，鱼盐所出，愿留共居。廪君不许。盐神暮辄来取宿……积十余日。廪君思其便，因射杀之，天乃开明。廪君于是君于夷城，四姓皆臣之。廪君死，魂魄世为白虎。巴氏以虎饮人血，遂以人祠焉。及秦惠王并巴中，以巴氏为蛮夷君长。……

　　按章怀太子原注，可知廪君一段，是范晔采自《世本》。"及秦惠王"一句以下，乃是晋宋间人所记"巴郡南郡蛮"事。《世本》即《国语》楚申叔时对楚庄王说的"教之《世》

而为之昭明德而废幽昏"的《世》，是春秋中期已有的书。但战国、秦、汉、魏、晋都有人续写（例如孔子的世系）。尤其是关于樊弧、廪君这些氏族部落的传说，则全是魏、晋地方史乘发展以后，好事者搜集来傅益在后的。它与古《世本》性质不同，古《世本》是传录古帝王血统世代的。而廪君、樊弧只记一个人的神话，每每是有头无尾的。但也是根据地方上的传说，与向壁虚构的小说不同。它的地名、人名，与其事体梗概，都有较大的可靠性。

这所谓"武落钟离山"即今天的七岳山大背斜轴的山脉。"钟离"，亦是终南山（秦岭）的别称。"武落"是武陵的讹字。大概这一大山脉，巴人曾经把它比为关中的秦岭。秦岭阻碍关中向南方的交通，逾山便是"南国"，故周诗叫它作"南山"。七岳山脉也阻碍了巴国向南方发展，逾山便是武陵地区，故叫它作"武陵终南山"，传讹为"武落终离"字。

称"巴氏"，明明就说的务相（廪君）是巴族的男子。"赤穴"亦"丹穴"之意。大概务相是巴族一个经营黔中丹业的商人。当秦人占领黔中时，务相与同其他四姓的矿工逃入楚界，在夷城依附楚国成立了一个小国。"夷水"，即今施南河，又叫清江。"夷城"，可能就是今恩施。前说过的丹穴采丹工人，都是华夏来的，受雇于采丹主人，或就是其奴隶，故曰"皆生于黑穴"。

"盐水"即今天的建始河，从建始县治南流，入于夷水（清江）。自建始县治逾山，经大庙坝、大溪沟，至巫山县，有条大路，是古代巫盐输入恩施盆地的"盐道"，故恩施人把这条河叫作盐水。"盐水有女神"，显然是用宋玉《高唐赋》的成法，以"巫山神女"来比喻食盐的魔力。在此处，是表示巫山地区的盐商来招诱廪君，劝他依附巫山，吃巫盐。廪君当时不愿接受，目的在于直接附楚（大概在这段时间，巫戴国还存在，但已是楚国的附庸国，不是完全独立的了，所以廪君不愿附巫，而只愿直接附楚）。但他们若附楚，便不能不吃巫盐，因而不得不与巫周旋。故事说"盐神暮辄来取宿"，亦是《高唐赋》神女来自荐枕席的手法，表示巫盐仍自运销来了。

廪君与盐水女神已经成夫妇了，又为什么要射杀她呢？故事说，因为她天亮后就化为虫飞，遮蔽天日，所以要射杀她。"掩蔽日光"这句话，我体会是因为：她的迷惑，使廪君之国人不能与楚国联系。《诗·齐风·鸡鸣》，是齐哀公中谗，不愿朝周，其夫人劝之往，痛其为周夷王所杀，用"虫飞薨薨""苍蝇之声"等词句来诟斥谗人的诗。故传廪君故事者用来比喻巫盐壅闭了通楚之路。故而从这段神话中可以设想到：当时的巫是想招合附近部落叛楚独立的。可能是楚国终于联合廪君，把巫山破灭了。所以说"廪君思其便，因射杀之"。思其便，就是考虑从巫从楚孰便的意思。既已认清从楚为利，便断姘妇之爱，射杀了她。这是说廪君在夷城建成了社稷，亲附于楚的经过。

章怀注引《世本》原文，还说廪君行谲，袭杀盐神。"使人操青缕以遗盐神曰：'婴此即相宜。'云：'与汝俱生，宜将去。'盐神受缕而婴之。廪君即立阳石上，应青缕而射之，中盐神。盐神死，天乃大明。"青缕为"情缕"的代词。"宜"字，也是使用《诗经》"宜其室家"之意。"阳石"，表示他在巫山之阳（山南）。看来写这故事的人，是熟悉《诗经》和《楚辞》的楚国文士，或稍在宋玉之后，或与宋玉同时，即楚顷襄王时候的人。其时秦已灭巴，与楚争夺巴东盐泉了。故可以作如下判断：

巴氏之子务相，又名廪君，是巴王族的成员，在黔中经营丹砂业，原是与楚人相好的。秦灭巴时，他降附于楚，纠合矿工四姓，在施南建成了个附庸小国。楚亦因之占有黔中和枳，抵抗秦师。他们原是吃郁山盐的。当司马错大举从巴符水取楚商于之地时，郁山盐泉为秦所夺，只能改吃巫盐。巫山蔱族企图联合他叛楚，恢复巫蔱故国。他为了食盐，曾与巫人联合，大约经过十多年的时间（《后汉书》作"积十余日"）。当楚襄王从陈国起兵十万回转来争夺盐泉时，廪君奋起附楚，破灭了蔱民，夺回沿江十五邑，使楚国复兴。所以楚人称道他，编成了这样一个故事。时间、地点、社会情实和人事变化，都是符合的，只史文未明而已。

三、廪君与白虎

还有个重要的问题，"廪君魂魄世为白虎"这句话，是魏晋人的记载，不是《世本》已有这样文字，是很明白的。既言"世为白虎"，巴氏"遂以人祠"，那就是廪君后若干世人的记载了。《华阳国志·巴志》说："秦昭襄王时，白虎为害，自秦、蜀、巴、汉患之。……白虎常从群虎，历四郡，害千二百人（谓黔中、蜀郡、巴郡、汉中这四郡。秦为黔字音讹）。"这个白虎，显然就是影射的廪君与其后裔的军队，不必真是一头"常从群虎"的特别的大虎。今世出土有许多巴国的地下文物，具有白虎雕饰，考古学者判断为巴族的武器。巴国以商业兴起，农业亦颇发达，只工艺方面很少发现文字记载。其许多工艺品，可能是从楚国购来的。廪君附楚后，由于怨恨秦人灭巴，取得楚国之助，组成一支庄蹻式的远征军，从司马错置的黔中郡，打入巴郡、蜀郡、汉中郡，流转杀掠，不占城邑，使秦军无法消灭他。最后在从巴西杀回黔中的路上，被賨人廖仲、药何、射虎秦精等，在胸忍地方，设伏袭击，把他们消灭了。賨民对晚期的巴族是反感的，这次响应秦王的赏募，消灭了一支巴军。他们无文字纪实，只有口头传述，遂把廪君后裔组成的这支远征军说成是一只白虎。

关于射杀白虎这个问题，廖仲、药何、秦精等是巴国属民，白虎是巴国的国徽，廪君就是巴人。白虎何能危害巴地？巴人又何得射死白虎？现依史籍残缺不完的文字，结合地理因素分析是这样的。

秦昭襄王元年（公元前306年），上距秦灭巴、蜀（公元前316年）为时十年，他在位五十六年。嗣孝文王未一年卒，嗣庄襄王在位四年，即是秦始皇元年（公元前246年）。又二十二年灭楚。廪君之国强盛时代应只不过五六十年，当楚幽王丧失巫郡和郢都东迁寿春时，廪君的后裔亦不可能再在夷城立国，必然是率族随楚东迁，部民亦随之流徙入南郡，故《后汉书》称之为"巴郡、南郡蛮"。

宋齐梁陈世，南郡蛮更由荆州向豫州、扬州移进。屡与官吏发生冲突，受到剿杀。直到隋、唐才未见有叛乱。南北朝史书里屡见的"蛮"（诸史多有《蛮传》），其实就是巴族残存的一部分人在廪君之国保存下来的后裔。但不能仍称他们为巴族。因为他们不但亡了国，亦已丧失了古代巴族的特征而被称为另一种民族了。

四、黔中的南界与其住民

《华阳国志》说：巴国的疆域，"南极黔涪"。黔涪是乌江（黔江）与其支流郁江（丹涪水）的统称，也就是秦黔中郡地的主要部分。黔中郡的南界，并不极黔涪而止，更还包有今湖南的湘西土家苗族自治州与黔阳地区和贵州的东部，即所谓"五溪地区"。那些溪谷住民，依靠郁盐为生，视同珍宝，有"斗米换斤盐，斤盐吃半年"之谚，至今还在土家语中流行着。是故，巴国虽然设官遣戍不到五溪，巴盐却在此区人民的经济生活中奠定了牢不可拔的纽带，为巴民族的向南发展打下了基础。即是说：郁盐的实际领域，也就是巴族的实际领域。

秦灭巴、楚后，即以郁盐领域为黔中郡。巴国灭亡后必有一部分巴人避居于此，依楚抗秦。楚国灭亡后，他们虽作黔中郡民仍自保持其巴人旧俗，便是今之"土家"。

巴国王族在亡国后被暴秦杀害的人很多，至大江以南的黔中地区，必然还保存得不少，绝不只廪君的五姓，可能还有更多的人留在黔中。这可由下面一些条件推断：

第一，此区以郁盐关系，与巴国发生经济依赖，从而发生政治关系，同样在军事上也会有利。加以地形险阻，适合为巴族人民最后抗秦的地盘。陶渊明《桃花源记》虽被人视为小说，也可能有传说的事实作为依据。其地正在此区。

第二，巴国虽强大，其东、北、西三面的楚、秦、蜀更强大。要向那三方兼并小部落，到了一定限度就会受到限制，不能向前更进。商业争夺地盘亦正如此。唯独南方各民族都文化落后，资源丰富，最适合于巴民族的侵入。善于经商的巴人是最容易笼络其人的。当巴族还在经营四川盆地之时，他们还未注意到这样一些水道艰险，交通很不方便的民族部落。楚国的商人，早已从涓江河谷深入到巴的地方，占领郁山盐利，行商到鳖邑与且兰地区。当巴既强大以后，楚国本身尚且受巴威胁，占去"那处"，逼近郢都，何况巴南这些民族部落，当然会被巴族所控制，又何能限于黔、涪，不向更南发展呢？

第三，黔涪以南的五溪地面，秦代是划属黔中郡的。汉废黔中郡，才把其南部的五溪地面划为武陵郡而以其北部的黔涪地面划隶巴郡。由这一过程，亦可知巴国南界是到了五溪的（其实在秦灭巴蜀的战争中，楚国已乘时抢先占据了枳县以东的沿江城邑，和枳县以南的黔、涪、五溪的巴国故地，置黔中郡。秦不过因其旧制列入三十六郡而已）。

五、何谓土家族

秦黔中郡地，恰好是今天土家族分布的地面。这一地区，是从古以来行销郁山泉盐的地区，和出产水银、丹砂历史最悠久与藏量最丰富，至今还能保持居全国首位的地区。又是一个林深箐密，溪洞迷离，外人难到的民族地区。从政治上说，又是几千年来都在华夷接界处，封建官吏未曾加强管制，民族相当固定，社会改变不大的地区。现在这个地区的民族，除部分自腹地迁来的汉人与少数苗族外，还有大多数若干世代的土著，自成一种民族，叫作"土家族"。他们自呼为"毕兹卡"。

　　据长期研究土家族的酉阳文化馆的同志说："他们没有人知道他们的祖先何时从何地迁来，也不知道他们自己是何民族，只知道他们是世世代代住居下来的土著民族。文字是用的汉文，语言也能说汉语，也保存有他本族的语言和一些本族特有的风俗。"当进行民族调查时，无法定名，只好叫作"土家"，以与外来的"客家"区别。

　　近年土家子弟普遍读书，也有研究民族的学者，自己考订他们的族源是巴人。但又有人说他们最远的族源是羌族，意似指的濮人源出于羌。这问题，值得翔审分析。

　　我的看法，两种说法可以统一起来。"卜人以丹砂"，是《逸周书·王会》的话。这个民族是从巫载分出来的煎盐工人的后裔，又擅丹砂之利。他们住居此区，成为附近各民族部落最先进的民族，至今已有三千多年的历史了。由于他们擅长煎盐、炼丹之技，楚人统治需要他们，巴人统治时也需要他们，秦人统治时，以及汉、晋以下各朝代统治他们的官吏，都有必要使用他们安定生产，所以他们能够世代居留，未曾迁流转徙。秦灭巴国，是从北来的。其时巴王定都阆中，距长江以南甚远。无论巴王能拒守多久，总不是一天就能破邑擒王的。所以巴国南方的王族、官吏、戍军和商民能有时间退到江州以南，保存实力，仍可凭借郁山盐利与道路的险阻，支撑一时。那时楚国虽已占有枳县以下沿江城邑，却只是与秦争夺巴地，而不是与巴人为敌。可能还是用的助巴御秦的旗号进军，与沿江和黔中地区的巴族联合行动的。这在秦灭巴国之际，只起了保护巴人的作用，而不会是与巴国的地方将领和人民为敌。于是黔中以南的巴人亦如廪君一样，得以保留下来了。

六、酉阳的冉土司

酉阳县多冉姓。旧时土司就姓冉，有族谱说他的先人是内地人。凡土司家称内地人，多是伪托。认真考核，起码也只能是住居到当地若干世代了与土夷混血的氏族后裔，不能是纯血统的内地人。有可能，冉土司家就是《华阳国志》涪陵郡说的"獽蜑之民"的獽民。獽读如攘，与冉同音。

廪君在时，獽民是隶属于他的。廪君死，其族东徙后，为"巴郡南郡蛮"，已如前述。这支被称为"蛮"的民族，历晋、宋、齐、梁、后魏、周、隋，都还保持他们的民族性格，屡与封建守令冲突，见于正史。唐代才未再见，可能是死亡的人很多，接受封建文化而融合于唐人的也有。

其中有仍留住在三峡南北地区的，有冉氏、向氏、田氏三族，很顽强。杜佑《通典·边防三》记有这样一段：

自后魏与宋、齐、梁之时，淮、汝、江、汉间诸蛮，渠帅互有所属，皆受封爵焉。及魏末，为暴滋甚。有冉氏、向氏、田氏者，辄落尤盛。大者万家，小者千户，更相崇树，僭称王侯，屯据三峡，断遏水路。荆、蜀行人至有假道者。……后周明帝时，蛮帅冉令贤、向五子王等反，攻陷白帝。武帝天和初，诏开府陆腾讨斩之。蛮众大溃，斩首万余级。腾乃积其骸骨于水逻城侧为京观。后蛮蜑见者辄大号哭。自此，狼戾之心辍矣。

这里虽以冉、向、田三姓并言，唯田姓最强盛，分布地面最广，大都流徙甚远。见于上文者，有宋文帝元嘉中，"蛮田向求为寇，破溇中"（在今湖南常德地区），"齐武帝永明初，黔阳蛮田豆渠"（在今湘西黔阳地区）。又永明六年，"除三左郡太守田驷路、田驴生、田何代"（皆在今湖北西北汉沔诸山区）。后魏"宣武帝景明初，太阳蛮田育邱等共二万八千户叛齐附魏。诏置四郡四十八县"（皆在今河南西境伏牛山区）。所谓"淮、汝、江、汉间诸蛮",指的这些田姓的巴蜑（蛮蜑）之族（参看廪君条）。田姓是比较恭顺的，隋唐世已与汉族融合。另还有部分田姓后裔留居五溪的，唐宋世还有首领姓田的。另有一部分廪君子孙东徙入江汉汝淮地区的，叛乱，受到残酷镇压。如"鲁阳蛮鲁北燕等聚众万余攻逼颍阳"，讨平后，"徙万余家于河北诸州及六镇（六镇在今山西北界）。寻叛南走。所在追讨。比及河，杀之皆尽"。大概，凡巴族集团东徙入内地者，被称为"蛮"，宋、齐、梁、魏、周诸书皆有专传。隋、唐之世，更未见有"蛮乱"的记载，"蛮左"与"左郡"名称亦皆消失。这说明巴族的历史才真正结束了。

冉氏与向氏，则是停留在黔中地区的廪君族属。只有周明帝时冉令贤与向五子王一次叛乱，北渡江，攻占了白帝城。因遭到惨痛教训，不再敢谋叛了。唐、宋、元、明及清，皆设土官，因其俗而治，赋役甚轻。明代播州之乱，清代苗疆之役，此区土司皆不附乱，酉、秀、黔、彭与施南地区一直安静，约达一千四百年之久。他们无文字传其史事，早已不知其与巴族的源流历史了，只知他们世代居此，称为"土家"，姓冉的人特别多。若后周的冉令贤出于他们这一族，则他们是巴族遗裔就可以肯定了。

第十四章
淯江盐泉与僰侯之国

一、淯盐与僰侯之国

长宁盐泉从淯江侧涌出，故俗称"淯井"。产量虽小，却自巴人发现，进行隔开淡水，汲泉煎煮以来，产量始终如一，未衰歇过。早在蜀王开明氏时，已经从巴国取得了这个盐泉。取得的方法，或许是和亲，或许是战争，也可能是用郪、苴、梓潼地方与巴交换。总之当在巴国都邑向阆中方向移进，放松了商业，倾向于发展农业的时候。巴国向北发展，蜀国乘时向南发展，自然就会有办法取得这个盐泉。而巴国在满不在乎的忽视下，失去了这个盐泉。

蜀国取得这个盐泉时，这里已经有个叫作"僰"的民族居住在这盐泉附近。蜀王曾封有个亲属管理这个民族地区，称为"僰侯"。秦灭蜀后，在这地区建置僰道县。常璩《巴志》说：巴国境域"西至僰道"。《汉书·地理志》犍为郡僰道县，颜注"应劭曰：故僰侯国"是也。这个僰侯的国邑，原就在滑溪与长江的汇口，距滑井不到十公里。近世都还有建筑遗迹可见。但它的辖地，则包括了今天的长宁、江安、高、珙、筠连、古宋、叙永、古蔺和贵州毕节，云南镇雄、彝良、大关等县，是当时的一个大国。当蜀王拒秦师，战败奔逃时，曾经逃向僰国，因秦军追得紧，才跑到武阳，就被秦军追杀了。但有一个蜀王子，却逃到越南去，取有其地，建国，称安阳王。这个王子是带领军士走的。他不可能是当时蜀王之子（当时蜀王的亲属全已死于秦军），只能是封为僰侯的蜀王子，才来得及逃跑，才可能率领军队逃走，才可能通过百千里的民族区到达越南，而取国称王。是故知道安阳王是僰侯，或僰侯之子。因他是蜀王分封到僰的，所以叫"蜀王子"。

《蜀志》还说"高后六年，城僰道"。犍为郡僰道县又说："高后六年城之，治马湖江会。水通越巂。本有僰人，故《秦纪》言'僰童之富'。汉民多，渐斥徙之。"古称岷江为江，称金沙江为马湖江。"马湖江会"，即今宜宾县的位置。这就说明了原僰侯国邑不是今之宜宾。今宜宾市，原亦有僰族的人，由于筑城后，汉人来得多，把所有原来的僰人挤走了。僰侯国域虽然那样宽，最重要的还只在于淯江盐泉。故知淯江汇口的废墟，才是古僰侯国都。

二、何谓僰僮之利

僰侯虽是蜀国王子，僰人却不是蜀王同族。僰人又是什么族属呢？《汉书·地理志》论巴、蜀、广汉的风俗，说："南贾滇僰，滇僰僮。西近邛、笮、笮马、旄牛。"《货殖传》说临邛卓氏"富至僮千人"。王褒文有《僮约》。这些僮（《华阳国志》作"童"），都是奴隶。僰人被当时的奴隶主作为商品，视同牛、马一般卖与汉人。自然不只是掠卖僰人，而特"僰僮"见称者，应是因为僰人占最多数，而且是最标准的商品奴隶。

这里值得特加解说的，是为什么西南夷区的奴隶市场，要以僰僮为最标准？这必然是由于僰人与汉人在语言上没有很大的隔阂，起码是容易听懂汉语的（否则汉族富豪购来，不便使用）。其次才是性格、仪貌都是汉族买主惬意的，而不是憎恶的。这就可以说明汉族与僰人虽是两个民族，但他们之间曾有长时间的接触，文化是接近的。只有进入奴隶社会以后，才有奴隶买卖。驯顺的商品奴隶，又是进入奴隶社会很久才会产生的。是故从"僰僮"这个标签推断，就可知秦、汉时的僰族人民，已经进入奴隶社会很久了。正由于他们已经进入奴隶社会很久，他们才会有倾向封建社会的情感，而甘于卖到汉族市场来。若还停滞在原始社会的民族，是很难接受封建制度而投身到封建家庭去服役的。

三、僰人的族源问题

由此看来，僰人，是一个历史悠久、进化得相当早的民族，比西南夷中的其他民族文化高些。他们与华夏的汉族有很久的交往，语言、文化都与汉族相近，并且是乐于接受封建制度的。不过他们还保存祖先遗传下来的习俗，未与汉族融合，却是已经接近于融合阶段了。大概是由于他们从未建立过自己的独立政权，所以才会成为这样的情况——有悠久历史而无独立政权。所以他们能接受蜀王委派个王子来统治。蜀亡后，又接受秦、汉官吏的管理，终于不久就融合于汉族而同为犍为郡县政权的支持者（僰人在历史上，几未发生过叛乱）。

那么，这个地区的僰人，族源何在呢？我们可以作如下的几个推论：

1. 是本地自生的人。这项假定不能成立。若是本地固有的人，则当其进入奴隶社会时，应已与丹犁、郪、徙、邛、夜郎等族自成大国，起码要与外来的巴、蜀发生摩擦战斗。但历史上没有这样的记载，甚至没有这样的迹象。

2. 是羌族从康藏高原扩散到此来的一支。这也难于成立。蜀国、青衣羌、白狼、旄牛（笮）都显然是从这方面来的羌支民族，许多到了近世还未进入奴隶社会。便如蜀族，由于占据了成都沃野，进化快速，但其进入奴隶社会也不过与僰族同时。僰族地在大江以南，应该比蜀族更来得早，何能不占四川盆地的良田沃土，反而居住到盆地边缘的山区瘠土，接受蜀王子的统治呢？

3. 是从大巴山区移徙来的百濮一支。这有可能了。第一，僰与濮音近，古时是同音字，汉人写得不同。第二，濮人参与牧野之师，历史悠久，早已与汉族亲附。还有第三个现还隐蔽的重要理由是，濮人是最先发明石板墓的民族，而凡僰族分布地也有石板墓的葬制。关于石板墓这点须得略加阐述。

前面说到"百濮"的分布地在大巴山区。大巴山区与四川北方山区,普遍分布着白垩纪砂岩。这种砂岩,层理清楚,水平重叠,就像书页蚀断一样显露于河谷山崖间。截断石材,只需轻轻循层加以钻锲,便可得平整如同木板的石板,厚、薄、宽、长,无不如意。濮人在石器时代,便已能用坚硬的燧石石器取出石板来进行建筑。葬时以代棺椁,较用木器方便。从古代的濮人墓,到现代的汉人墓,都是用石板修的。凡人事用品的创造发明,都是自然地理先有适合于创造条件的物资,才可能有利用厚生的发明。例如竹器必然是南方人最先发明的,石器必然是火山区的猿人最先发明的,木船必定是渔业民族发明的,皮船就必然是牧业民族发明的。住居在四川北方山区的濮人,最先发明取石板,和用石板作墓,是可以理解的。若是石灰岩的地区(如巫山地区)则是断不能有这种发明的。

但是,虽有这三种可能,定为僰就是"百濮"流变的一支,仍也有其不可能的地理因素来作否定。第一,川北地区的濮人,不可能横越巴国,渡过大江,在叙南地区发展起来。第二,叙南的僰人,进入奴隶社会很早,早到与巴、蜀同时。而川北区的濮人,则在春秋世还停滞在原始社会,这就不可能说僰人是他的支裔。谁要否定僰为"百濮"之裔,是有理由的。

4. 是从郁山地区发展来的。这个可能性就大了。郁山就是早在石器时代渡过长江来此的濮人之国，是周初便已派遣军队从武王伐纣的国家。郁山盐是从来就向大江以南地区诸民族部落行销的，其濮人随行盐到了此区，便依恃涪江泉盐就近运销，从而发展为一个支族，仍自称濮，音变为僰，都是说得通的。他们原是石板墓的民族，其在郁山，虽多石灰岩，亦有砂岩，应仍能保持故时的葬俗。到了叙南，这种砂岩又多了，这种墓葬必会发展起来，成为僰族的定俗，从而流传到更广泛的僰族分布地。由于郁山文化前进得比其他濮类为早，故叙南僰族文化也随之比大巴山的百濮为早。又由于郁山濮族与华夏民族接触得很早，并也是从来从属于人，未曾自己建成国家，具有驯顺的性格，所以僰族也有同样的性格。这就成为全面都说得通的假说，不必待有史籍明文作证就可以肯定的了。

总结这些论述的理据，都是围绕于涪江盐泉这个因素的。是故关于僰族文化的问题，必须结合到巴东盐泉这个地理因素来作分析。结论是，秦汉华人，把濮人写作僰人，是古今援音作字，写得不同。叙南的僰人和巴山百濮是同源的。但这个同族源的各支，由于历史悠久，随地发展，很不平衡，百濮区是比较落后的，从秦统一起才开始接受汉族文化，到汉末，全部融合于汉族了。巫山区是最进步的，殷周间已建成了国家。

到战国已融合于巴族与楚族，巴、楚文化代替了巫载文化。郁山区，是次于巫载的前进者，但未建成国家，历史上隶属于巫山，附属于巴，于楚，于秦，于汉，到汉末全部融合于汉族了。叙南区是又次于郁山的前进者，它随着郁山区进入奴隶社会，也未建成自己的国家，却在西汉年便已融合于汉族了。这后面的三个地区，都是由于盐泉关系孕育成功了三个不相连接的文化区，形成了同源异流的三个以上的古代民族，在不同的时代融合于汉族。他们在我国的民族史上，可以称为"濮系民族"。

四、僰人迁徙的地区

叙南区的僰人，是从郁山区向西徙来的。在淯溪停留发展成为叙南一大民族部落的期间，由于北有巴、蜀，南有夜郎、且兰的民族高压，制约了他们的发展方向，被迫渡过长江，西向大小凉山这一民族低压区移进（那时彝族还在滇西，羌族还在笮区，邛族还未建成国家，凉山还是空白地带）。司马相如文把它称"西僰"，字亦作蒲。《谕巴蜀檄》云"邛笮之君，西蒲之长"（《史记》《汉书》《文选》文字不同）。蜀汉时越巂郡沦陷于斯榆和邛、筰，太守退居安上县（今昭觉），就是依靠此区的僰人支持。昭觉古城坪宣统元年发现汉砖、汉钱甚多，证明那就是安上县。近年又发现许许多多的石板墓，证明那是住的僰人。

僰人虽无法进入蜀国本境内去发展，却曾自凉山区过大渡河，从蜀国边缘进入了邛崃山区。临邛县西山火井槽的盐井，可能就是僰人开的。故火井槽这条河，古称"布濮水"。蒲江这条河之所以称为蒲江，是否因西蒲人曾居住过，还难说定。西蒲与布濮，都是僰字的同音异字。

僰人又从大小凉山进入安宁河区，更渡金沙江进入云南境内，建有国邑。《华阳国志·蜀志》越巂郡会无县云："路通宁州（今昆明）。渡泸得住狼县，故濮人邑也。今有濮人冢，冢不闭户，其穴多有碧珠。人不可取，取之不祥。"这是说会无（今会理县）县境大，管辖过金沙江（泸水）以外的一部分，从前曾设置过住狼县。后并入会无县了。那里（住狼县）原是濮人的部落，有濮人石板作穴的墓葬群，曾被人打开过，取得一些碧珠（铜矿、孔雀石琢成的珠子）。其人不久倒霉死去，据说是濮鬼为疠，所以后人不敢再去取了。我所见川北的古代石板墓，都是厚石板相嵌为穴的，前头饰为门户，有檐有柱，摹拟住宅。苔藓厚结，久被破坏，穴内人骨已只残片，尚空静无人敢进入。也是传有鬼祟，与《华阳国志》所传濮人冢相似。可以设想这种濮人，亦必然是与川北百濮、郁山濮、叙南僰人、凉山西蒲同源流的。

西昌地区的土民，即《史记》《汉书》说的邛人，他们是否就是僰人，也很值得探讨。邛国名声大，但自东汉初年诛邛君后，邛族名字就不再见了，唐代以下，只把西昌地区的土著称为"白蛮"。白蛮与乌蛮（彝族）在越巂（邛国）地区，唐代还是并存的，宋代白蛮便渐就消灭，或远徙，或融于其他民族了。现代在会理、盐边等山区还保存有零碎的一些被称为"白儿子"的人家，有可能就是僰人的支裔。濮、卜、僰、白，一音之转。单从古史文字，结合地理条件谈，他们应该是一个系统的民族，随着时代和地区的转变而被称不同。

濮族也还有散居到四川盆地中心部分的。他们与汉族区别不大，未久便已融合了。其迁居到云贵高原的，或被称为濮，或被称为僰，或被称为白蛮，都是唐宋以下的记载，不在本文论述的范围内。

第十五章
四川盆地最古的土著

四川省境的自然区划，可分为四川盆地、川边山谷区、康藏草原三大部分。

康藏草原部分，从古就是羌族住区，亦是羌族寻找耕地时代进入的地区。四川盆地是三者中最主要的部分。巴、蜀两族凭之建国。但巴蜀两族进入盆地内部的时间，距今不过四千年。巴蜀二族未入四川盆地之前，盆地早已有人类居住了。

一、元谋人

1. 元谋人居住的地理环境

1965年5月1日，在云南元谋县金沙江畔那蚌村西北一个小丘上，发现两颗古人类的门齿化石，接着又发现石器、炭屑和一些古脊椎动物残骸的化石。考古学家定名这一古人类为"元谋人"。据中国历史博物馆编印的《简明中国历史图册》说："根据科学测定，元谋人生活在距今一百七十万年前，它是我国目前发现最早的人类化石。"结合禄丰石灰坝和开远小龙潭两处出土的腊玛古猿的化石看，这种元谋猿人，可能就是生活在云南高原亚热带森林中腊玛古猿进化成功的。

按地理条件说：元谋县的龙川江，与自四川冕宁县泸宁区向南至攀枝花市入金沙江的雅砻江段，又自攀枝花市向南再折向东的金沙江段，几乎合成一条正南正北，挨近东经102度的一条直线。显然古雅砻江与古金沙江都是一直向南并行流入红水河（绿汁江，或元江）与黑水河（把边江，或墨江）入海的。由于云南高原的上升，截断两河，迫向东汇为金沙江的一条河，弯曲流入四川盆地。因而在攀枝花市与元谋县之间造成这一个纵横三四百公里的河谷盆地。这个盆地，河谷海拔低到一千米左右，两岸高山在二千米左右；纬度则仅在北纬二十五度至二十七度之间；气候属干燥的亚热带型，与一般的回归线地带相似，生产的动植物种类繁多。腊玛古猿是已接近于人类的古猿，在非洲与亚洲的西南部的回归线地带生活。他们进入此盆地后，进化成为真人，比居住在高原顶部的羌人容易。这当是元谋人能在一百七十万年前出现的原因。

可以设想：元谋人停留在这个盆地内很久，并且在这个盆地里进化成为真人。正如羌族在康青藏高原进化成为真人一样。但他们也必然会在生齿日繁后向四面扩散。

他们扩散的路向，必然是循金沙江、雅砻江与安宁河，及龙川江与大姚河，这几条河谷推动的。因为他们的身体已与这些干燥而温暖的河谷气候适应了。他们的猎食技能，也日渐与这些河谷的生物群落适应。离开这些河谷，便是气温低、云雾重的潮湿地面，生物种类不同，他们一下子转变不过来。

但是，他们最后仍然慢慢地翻过了一些低小的山丘，推进到另一个河谷盆地去，并且定居下来，慢慢做到与新的环境相适应。对他们迁徙最为便利的路线是循金沙江河谷而下，一直进入四川盆地。这个大盆地内的金沙江（长江）河谷，海拔只有二百米左右，纬度亦只在北纬三十度左右，气候与物产一切与攀枝花至元谋这个盆地（姑且称为元谋盆地）相似。即其支流各河谷，海拔亦多低于四百米，适合于这批元谋人后裔（姑且称为滇人）的再扩散。

自然，从元谋到四川盆地的金沙江渠道，还有四百多公里长，中间重重峡江，岸山绝高，足以阻碍人类的循江移进。可能要经过几十万年，他们才会发现四川盆地。从四川盆地的长江河谷，再向岷江、沱江、嘉陵江与其他支流河谷推进，又还需若干万年才能到达资阳。估计"资阳人"是"元谋人"后裔发展演变来的，似无不可。

从元谋盆地沿金沙江河谷上溯，也应是很适合的扩散路线。但不久便抵达三千米以上的康藏高原，气候变冷，那是元谋人不愿去居住的，而是耐寒的羌人所乐于居住的。从金沙江套、雅砻江套与大渡河曲以南，才是元谋人后裔可能发展的地盘。

从元谋县的龙川江与大姚河谷向南，以及金沙江一些支流河谷向南，不久便进入两千米高的云南高原了。这个海拔仅仅二千米以内的低纬度高原，没有霜冻，而有鱼盐之用，元谋人的后裔很快就能与之适应而定居发展，在昆明湖区与南盘江河原地区，和其北的邛海与安宁河区，及洱海以东的海迹小盆地内发展农业建成国家。并且再扩展到其南的红水河、黑水河、盘江（西江）与黔东五溪地面去。《史记·西南夷列传》里若干的南夷部落，都可以设想为元谋猿人后裔演变所建立起来的。

2. 《史记》中的南夷部落

《史记·西南夷列传》是我国最先记录云贵高原上古民族部落的经典著作。它说：

南夷君长以什数，夜郎最大。其西靡莫之属以什数，滇最大。自滇以北君长以什数，邛都最大。此皆魋髻，耕田，有邑聚。

这里所举南夷三大部分，首称夜郎，次滇，皆在金沙江以南，属云贵高原农耕地最优越的地区。"夜郎者，临牂牁江，江广百余步，足以行船。"按这十六字来检核云贵高原上的地形，只有曲靖大平原北端沾益县的黑桥镇才符合夜郎国邑的形势（详具《华阳国志校补图注》）。曲靖平原南临赵州平原及路南平原，为云贵高原上最大的一个冲积平原，夜郎国便是在这样一个良好的农业基地上建立起来的。所谓"竹王"的族属问题，近年虽有许多拟议，亦还未得定论。

滇国，是楚人庄蹻建立的。在庄蹻未到以前并无国家。《史记》只称为"靡莫之属"，表示其还无城邑，无君长，是否已有农业都很成问题。比起夜郎来，文化差距很大。夜郎似还未曾征服它，只楚国的庄蹻将军"将兵循江上，略巴黔中以西，……至滇池，……以兵威定属楚"之后，那些民族部落都慑伏了，才得开辟滇池附近土地，兴盐、铁、工商之利，建成高文化的国家。

汉武帝开西南夷，"滇王与汉使者言：'汉孰与我大？'及夜郎亦然。"司马迁笑他们："以道不通故，各自为一州主，不知汉广大。"（并引《西南夷列传》文，本节引号内文同）。后世华人嘲笑妄自尊大者曰"夜郎自大"。不嘲滇王者，滇文化高，近似内地，故不讥；夜郎文化低亦妄自大，乃讥之也。

然夜郎自元谋人出现开始，阅百余万年未得外文化帮助，独自扪索于山谷间，用自己劳动创造文化，不断前进，到汉武帝时，亦已进入"耕田，有邑聚"，建成大国，为一方民族首领，其创造历史的艰难历程与庄蹻用楚文化跨入而开滇池之国有所不同。则夜郎人之有自豪感，亦不足怪。且夜郎辖境实亦辽阔。史迁所记南夷，自金沙江以南实皆夜郎文化属区。即汉世牂牁郡十七县与犍为郡堂琅、朱提、郁邬、汉阳四县地。相当于今世贵州全省与云南东部半省，约三十六万平方公里的地面，比今世欧洲的波兰、罗马尼亚、保加利亚、希腊、意大利、葡萄牙、比利时、荷兰、丹麦、瑞典、芬兰为大，亚洲的越南、泰国、马来西亚、菲律宾、朝鲜等国亦不能及。约略同时的巴、蜀两国亦正相当。徒不可与秦、汉比拟耳。其文化虽不逮华夏与滇，在元谋人扩散区内，则是最杰出的。其旁数十部落，都只算得它经济、文化领导下的附落。

这些附落，史有明文而可举者如下：

且兰 《西南夷列传》云："及至南越反，上使驰义侯因犍为发南夷兵。且兰君恐远行，旁国虏其老弱，乃与其众反，杀使者及犍为太守。汉乃发巴、蜀罪人尝击南越者八校尉击破之。……遂平南夷为牂牁郡。"《汉书·地理志》牂牁郡治故且兰，沅水所出。考其地在今贵州黄平县的老黄平盆地。这是黔东仅有的一个湖迹黄土盆地，故能成为且兰这样的故国。南夷唯夜郎最大，建元六年，武帝已遣唐蒙风晓夜郎内附。"约为置吏，使其子为令。夜郎旁小邑皆贪汉缯帛，……听蒙约。"且兰应是听蒙约，请置吏的一国，故当受征调。犍为郡即于当年置，初治鳖邑（今遵义），距且兰只一百二十公里，故汉命犍为太守发南夷兵。而且兰反先杀犍为太守和征兵使者（犍为郡由是徙治平夷县，后又徙僰道，昭帝时又才徙治武阳），故灭且兰置牂牁郡时即以且兰为郡治。

鳖 本亦南夷国邑。为楚国商于之地。置吏，是为"鳖令"。战国初以罪逃入蜀之鳖令，是楚所置吏非鳖邑本族人也。汉以鳖为犍为郡治时，鳖君当仍存在，似因从且兰叛，其国乃灭。郡治亦徙。

鳖为犍为郡治与且兰为牂牁郡治，皆位于各该郡的极东，不取居中控驭之制者，凡夷郡新开，皆邑君与守令并治，守令但役使邑君，不问民事。畏夷人反叛，必居近腹郡以资威慑故也。

头兰 传云："头兰，常隔滇道者也。"故汉八校尉兵因南越已破，不更下牂牁江去伐越而"引兵还诛头兰"。《汉书》改史记文，作"会越已破，汉八校尉不下。中郎将郭昌、卫广引兵还，行诛隔滇道者且兰。斩首数万，遂平南夷为牂牁郡"。后人遂谓"头兰即且兰"，皆甚错误。且兰在滇与夜郎两国邑之东千里，不能隔通滇道。所谓"滇道"，谓汉使通往夜郎与滇国之路，即唐蒙最先出使夜郎的旧路。建元六年，"拜唐蒙为中郎将，将千人，食重万余人，从巴蜀筰关入（《汉书》无蜀字），遂见夜郎侯多同。蒙厚赐，喻以威德，约为置吏"。所谓"巴蜀筰关"，是"巴符关"的传抄误衍字。《华阳国志》江阳郡云："符县，郡东二百里，元鼎二年置，治安乐水会。东接巴郡乐城。南，水通平夷、鳖县。"又"司马错自巴符水取楚商于之地为黔中郡"之巴符水，即安乐水，今合江县赤水河是也。唐蒙使夜郎路，系从褒斜道泛西汉水，至巴郡，溯江至符县，更溯赤水河至平夷（今毕节县地），过头兰入夜郎。即今自毕节度七星关，经赫章、威宁、宣威至沾益、曲靖之路。头兰当在威宁、赫章一带。屏蔽夜郎，故曰头兰（兰、郎，皆其土语"首领"之意的异译）。初贪唐蒙赏赐，故通。嗣恶汉使征发频数，故屡阻绝汉使。头兰诛而夜郎震恐，入朝乃得开置牂牁郡。八校尉兵先击灭且兰。闻越破，不下，乃回军灭鳖与头兰。夜郎服，入朝，乃更渡金沙江诛邛君、笮侯，略斯榆（徙）、青衣、朝冉、臣駹，还蜀。《汉书》混头兰为且兰。传抄《史记》本衍蜀字，讹符为笮，俱当订正（说详具《华阳国志校补图注》）。

劳深、靡莫　史迁既云"靡莫之属以什数"，皆"耕田、有邑聚"。又云："滇王者，其众数万人。其旁东北有劳深、靡莫，皆同姓相扶，未肯听（谓从汉使者风谕）。劳深，靡莫数侵犯使者吏卒。元封二年，天子发巴、蜀兵击灭劳深、靡莫。以兵临滇。滇王……举国降，请置吏入朝，于是以为益州郡。"《汉书》同。皆谓"劳深、靡莫与滇同姓"。滇王为庄蹻之裔，不得与劳、莫同姓。而云同姓者，盖二族与滇池土民同族源。庄蹻王滇，是夜郎王划滇池居民隶之以立国。庄氏既抚有滇民，滇民乐其为君，因以同姓故诱至劳深、靡莫，为滇屏藩。滇邑东北距夜郎国邑不过百二十公里，则劳深、靡莫位于其间，相当于今嵩明、寻甸两县之地。原当亦是夜郎附落，不隶于滇，滇国亦未兼并其地，但二族皆已疏于夜郎而亲就结好于滇，为之屏蔽。这显然是滇文化比夜郎文化优越，受到人民爱悦的结果。

劳深与靡莫，自然与滇人和夜郎都是元谋人后裔的四个分支。夜郎国王号称"竹王"，是否竹是其族号，还待研讨。靡莫，前汉置县曰"收靡"，后汉为"牧靡"，显然靡是其族称，是否与楚国姓芈的字义有关，而把它作为与庄蹻和其部族结婚后的新称谓，也值得讨论（从"同姓"二字设想）。劳，与僚和牢同音，后世所谓僚人是否便是劳深演变的，抑劳深与哀牢同类，都有值得探寻之处。

滇池的土著　益州郡治滇池县。《前汉志》云："大泽在西。滇池泽在西北有黑水祠。"显然说的是两个湖泽在其境内，一个叫"滇池"，一个叫"大泽"。《后汉志》曰："滇池（县）出铁，有池泽，北有黑水祠。"也是"池泽"叠称。

《华阳国志》云："滇池县，郡治，故滇国也。有泽水，周围二百里。所出深广，下流浅狭如倒流，故曰滇池。"（系从谯周《南中志》说）是否《前汉志》把滇池分作滇池与草海两部分了，抑或是别指有泽？

窃按，滇池北有草海，是湖水日浅，北端沙洲逐年出现所致，古代原无草海。滇池县治亦非今昆明市而是在今池东岸的呈贡、晋城地面，有滇王墓群与故城遗址可证。《前汉书》云"大泽在西"者盖指今之安宁盐泽，与黑盐井盐泉群。只"滇池"（泽字衍）是在晋城西门外。《后汉书》之"池泽"亦系兼指滇池与盐泽。《前汉书》连然县"有盐官"。《华阳国志》"连然县有盐泉，南中共仰之"是也。连然县治安宁井，为一盐泉群。其北龙川江上游，又有一盐泉群，世称"黑盐井"。凡盐泉群所在，原始人类不能管制，听其溢泛成泽，故南人恒呼盐泉所在为泽，或盐池泽。庄蹻入滇后，始大兴煎煮，采冶铁矿，以工商富民，国以富强。故言滇事者，首重在盐泽，滇池之美乃在其次。庄蹻未至以前，夜郎似未重视此盐泽。滇族之人，虽必已能挹取咸水制盐运销，因方法陋而成本高，故无可获利。

滇池，为滇人从安宁河舟运销盐于沿湖村聚的要道，遂

以其人名湖，非取颠倒之意。湖水虽有广狭，不得遂被误认为
"倒流"。故晋人之说无取。

　　安宁井与黑盐井，皆与元谋县上那蚌村相近，即属于元谋
猿人聚居的核心地区。它与此猿人种族生活的发展进化应有密
切关系。所谓"滇人"可能即是元谋猿人直系后裔之氏族，据
此等盐的时间最久。此间人呼盐为龄，译写作临，作连。连然
县名取意在此。滇，连为双声字。疑滇池、滇濮、滇歌、滇国
等滇字，皆此民族远古已经使用之称谓字。经六朝剧乱后，盐
利乃转入昆明人手，乃有昆明湖与昆明县之称以代替滇字，其
时滇人与夜郎人皆已融合于汉族了。

　　同师　《史记》有"同师"地名，《汉书》作"桐师"，
在叶榆南。常璩《南中志》有"滇濮、句町、夜郎、叶榆、桐
师、巂唐侯王国以十数"句，则是汉世一民族部落之称也。
《汉书·地理志》牂柯郡有同并县。"应劭曰，故同并侯邑。
并音伴。"是同师亦作"同伴"。古铜字只作同。疑其人是庄
蹻部队中采铜工人居此繁衍之部落，或更早之堂琅铜工采铜至
此所繁衍，故史事极少而名颇著，并使用师、伴字称。

　　句町、漏卧　《汉书·西南夷传》续《史记》言孝昭帝
时讨平姑缯、叶榆叛乱："上曰：钩町侯亡波，率其邑君长人

民击反者，斩首捕虏有功。其立亡波为钩町王。……至成帝河平中，夜郎王兴，与钩町王禹、漏卧侯俞，更举兵相攻。"牂牁太守陈立召斩兴。"钩町王禹、漏卧侯俞震恐，入粟千斛，牛羊劳吏士。"《地理志》作句町，云"文象水东至增食入郁"，则其国当在今云南东南文山州内。漏卧亦为县，其地位置当在句町之北，滇、黔、桂三省之间。

以上南夷国之可考见者，大都原是夜郎附落，可以称为夜郎文化区，亦即元谋人裔扩散之地。古谓滇人为元谋人嫡裔，则此谓诸部族皆属滇族分支可也。

3. 竹王与牂牁

夜郎王号竹王。《华阳国志·南中志》有这样一段神话：

有竹王者，兴于遁水。有一女子浣于水滨，有三节大竹流入女子足间，推之不肯去。闻有儿声，取持归，破之得一男儿。长养，有才武。遂雄夷狄。氏以竹为姓。捐所破竹于野，成竹林，今竹王祠竹林是也。……武帝转拜唐蒙为都尉，开牂牁。以重币喻告诸种侯王，侯王服从。因斩竹王，置牂牁郡。以吴霸为太守。……后夷濮阻城，咸怨诉竹王非血气所生，

求立后嗣。霸表其三子列侯。死，配食父祠。今竹王三郎神是也。（夷濮，《后汉书》引作夷獠）

这条神话，可以说明所谓"竹王"，是夜郎由母系氏族转入父系氏族的第一代首领。因其以竹为氏，后人遂编造为破竹得儿之说。母系氏族，是狩猎经济与牧业经济时代的必然产物。父系氏族，则是有农业，已定居后产生的。夜郎之进入父系氏族在何年代，无凭考订。由其神话传说之久，已经深入人心，到了"夷濮阻城，怨诉竹王非血气所生"的迷信程度，及为竹王立专祠，并配享其三子亦立祠祀的程度，应已有千余年的竹氏递嬗了。可以肯定：上举那些金沙江以南的南夷部落，在汉以前，全是夜郎竹王文化所被，经济相依，政治信仰所系属的地区。可以称为夜郎文化区，或竹王区。只庄蹻来后的滇区除外。

汉开南夷置牂牁郡，牂牁这两个字的含义，从来有多种解释。《南中志》又曾说："蹻，楚庄王苗裔也。以牂牁系船，因名且兰为牂牁国。分侯支党，传数百年。"《后汉书·西南夷传》则作"楚顷襄王时，遣将庄豪从沅水伐夜郎。军至且兰，椓船于岸而步战。既灭夜郎，因留王滇池。因且兰有椓船牂牁处，乃改其名为牂牁"。

这两种说义,可能同于一种旧说(谯周《南中志》或魏完《南中志》),各所体会去取不同。要皆谓庄蹻是从沅水、且兰去征服夜郎而王滇的。我认为理必不然。第一,庄蹻是楚顷襄王自陈邑还军夺回沿江十五邑后溯江到枳,再由黔水向鳖邑到夜郎,而王滇的。不是从沅水到且兰就开始步战而灭夜郎。按当时地理与社会情势说《后汉书》错误更多,无取。第二,是齐桓公时已有牂牁国了,见于《管子》,不当至战国末年庄蹻系船而后有牂牁之名。第三,汉牂牁郡治故且兰,不是且兰先叫作牂牁国。第四,且兰国土偏小,只算得夜郎的附庸之国。牂牁郡十七县,皆围绕夜郎。夜郎未降,即不能有牂牁郡。故牂牁只能从夜郎求义,不得缘且兰求义。第五,"夜郎者临牂牁江",只能是指的南盘江,亦即是唐蒙所见番禺城下的西江。以其"从牂牁来",故称牂牁江,是郡名牂牁是取夜郎之牂牁江为义,与且兰之沅水无关。

南盘江又何故有牂牁之称?还当再进一步索解。我的设想是:竹王的"竹",对音便是"牂牁"。只缓读,促读不同。《左传》僖公五年的"寺人披",僖公二十五年作"寺人勃提"。译夷语者事所常有。竹王国邑与祠皆在南盘江上,则称南盘江为牂牁江,与称竹王水无异〔《华阳国志》:"从者曰

无水。（竹）王以剑击石，水出。今王水是也。"王水，应是
"竹王水"，与牂牁江同义〕。是牂牁之名缘于"竹王"。此第
六解。

自牂牁为郡后，金沙江以南的南夷诸国的民族次第转入封
建社会，逐步与汉族融合。这些民族，皆发派于元谋人直系之
滇族，似可以统称之为"滇支民族"。即夜郎竹王，也是滇支
之发展前进，跻于较高程度者。这些民族部落名称，魏晋六朝
以后，全部消失，而另有夷、獠、爨、濮、苗、僇等代称，不
在本文讨论范围以内。

二、邛国民族的族源问题

1. 建南高原的邛国

《史记·西南夷列传》有一个人所忽视的特点，即夜郎群
君长、靡莫群君长，及冉、駹、白马等君长与巂、昆明诸部落
皆不称都，独于金沙江北与大渡河区的地区称都。如"自滇以
北君长以什数，邛都最大"。又"自巂以东北君长以什数，徙、
筰都最大"（徙都、筰都连举，省一都字）。徙都一作"斯都"
（见《三国志》与《华阳国志》）。若谓它的国名或族名本是

二字，则何以各书以及《史记》其他地方又只用"邛君""邛人"，与"徙""筰"之一字？或称"斯榆"也不称都？若说是表示它国邑所在，凑为二字以适华言习惯，则滇与冉、駹皆一字，何以又不称都？窃尝探求其故，盖由此间语言，与金沙江以南和四川盆地以北不同。都字，是羌语"多"字的音变。藏文译羌语，本义为：河原可耕，邑聚所在之处。康青藏地名如打折多（打箭炉）、结古多（玉树县）、察本多（昌都）、硕板多（硕督县）、阿兰多、策零多、东兰多等大小地名甚多。羌民尤其是白兰语支羌民乐于使用，因为用为地名能把该地点的地形性质同时表达出来，习惯上便与其地本名割不掉了。金沙江与大渡河之间，原是元谋人裔与羌支民族交会线上的地区。元谋人支虽自称为邛，羌支人民则必称之为"邛都"（徙都、筰都同）。司马迁赴滇，系自成都、临邛来，先入此种连有都字的称谓之地。殆入滇后，录滇系人语，不闻连有都字。返成都后，则蜀人已习以都为城邑首要者称，于冉、駹亦不连都字。此正是司马迁叙史如实之处。称其国，就国邑所在则曰邛都、徙都、筰都，称其人则曰邛、曰筰、曰徙也。

金沙江与大渡河间的地区，即今世的凉山州地区，属于川边山谷地区内的开阔地带，地理学家称"建南高原"（旧上南道称建昌道，此区属建昌道的南部）。平均海拔二千米，与云南高原一切相似。只缘金沙江侵蚀深陷，划割成为两省。元谋人化石出土地点虽在金沙江南岸，按猿人泅水能力估计，是必能在南北两岸扩散的。古所谓"邛人"，必定属于滇族的一个分支。《史记》所云"自滇以北君长以什数"的数十民族部落，可能都是"滇支民族"。邛国只是其中最大一个而已。

邛国之所以能为最大一国，正如夜郎一样，因为它拥有一个大的冲积平原（在邛国为安宁河平原），农业文化成熟得较早。它与夜郎虽隔金沙江，彼此没有联系，但能各自就地劳动，发展前进，到汉武帝时，亦俱已进入"耕田、有邑聚"的衣冠之国了。所以建南高原内的其他邑君都必然要受邛人的制约，亦如金沙江南诸滇支民族之必须附属于夜郎是一样的。可以说：周、秦年代，四川盆地内，是巴、蜀民族的天下；金沙江以南是夜郎竹王的天下；建南地区，则是邛人的天下。这四者，是政治、文化不相隶属的四个独立王国，只民间的商业有频繁的往来作为其经济联系。

2. 邛国的结束与邛人的转化

邛之为国，建立殊久，周世不与巴蜀通使，然其民经商者多至临邛。《华阳国志》曰"本有邛民"，盖邛有盐泉，商人行盐有至者也。布濮火井旁有盐泉，可能即邛民所作。其主要商品，则为筰马、僰僮，与自蜀贩取绢、帛、蜀布与其他工艺品远销滇濮以至印缅，兑换海舶珍异。三国以前，海道未通，蜀、邛、滇、缅，为主要商路。邛人居于其间，经商极便。故其人与外界接触机会多，社会发展速于夜郎。邛王富乐自负，无视异域，不如夜郎竹王之贪缯帛，易役使。秦灭巴蜀，曾招抚之。故司马相如曰："邛、筰、冉、駹者近蜀，道亦易通。秦时尝通为郡县。至汉兴而罢（谓因秦亡，其事不果也）。"武帝"以为然。乃拜相如为中郎将，建节，往使。副使王然于、壶充国、吕越人，驰四乘之传，因巴蜀吏、币物以赂西夷。……邛、筰、冉、駹、斯榆之君皆请为内臣。除边关（谓废汉、邛边徼为一家）。关益斥，西至沫、若水，南至牂牁为徼（谓把边徼展拓到沫水、若水，与牂牁江上去）。通零关道，桥孙水以通邛都"。（《难巴蜀父老文》作"镂零山、梁孙原"。谓开凿小相岭山路，在孙水上架桥，今泸沽孙水关桥是也。）新开十余县，置蜀郡西部都尉领之。厚赏赐邛、筰君长，理其国如故。嗣因劳民，从公孙弘言，权罢置吏，转饷诸役，但遣使者达朝旨。迨且兰反，杀犍为太守，邛、筰不受调遣亦杀汉使者。八校尉兵平南夷，"诛且兰、邛君，并杀筰侯"，遂以"邛都为越巂郡"。时为元鼎六年（公元前111年）。

建郡后百三十余年，地方安谧。南中屡乱，越巂为汉不二。至王莽时，"郡守枚根调邛人长贵以为军候。更始二年（公元24年），长贵率种人攻杀枚根，自立为邛谷王，领太守事。又降于公孙述。述败，光武封长贵为邛谷王……授越巂太守印绶。（建武）十九年（公元43年），武威将军刘尚击益州夷，路出越巂。长贵闻之。疑尚既定南边，威法必行，已不得自放纵。即聚兵，起营台。……尚知其谋，即分兵先据邛都，遂掩长贵诛之。徙其家属于成都"[①]。

《三国志·张嶷传》言："自丞相亮讨高定之后，叟夷数反，杀太守龚禄、焦璜。"《华阳国志》作："章武三年

---

① 此据《后汉书·西南夷传》文。《前汉书·西南夷传》作"粤巂蛮夷任贵亦杀太守枚根，自立为邛谷王。会莽败。汉兴诛贵，复旧号"二十八字。《后汉书》作"长贵"者，盖贵上计时自称，取今长之意。实自有汉姓曰任。刘尚征南夷取道越巂，任贵实任转输有功，故得平定。归途诛任贵，复以汉人任太守，为当时体制所必然。公贵酿毒酒军者，"欲加之罪"之冤词也。贵以谷王兼太守者二十年，颇著威惠，为一方所怀。其称"谷王"者，盖邛人种稻，自贵倡始。故《后汉书》云"其土地平原，有稻田"。筰、徙种稻缘之而盛。故雅、黎、巂、会诸州人民奉任贵为"土主"之神，直至近世犹然。我于1942年在雅安看土主诞日"赛神"，山乡若狂。至土主庙看神像碑匾，记任贵为邛谷事，克知其如此。

（公元223年），越巂叟大帅高定元称王恣睢。遣都督李承之杀将军梓潼焦璜，破没郡土，……"又云："斩斯都耆帅李承之首，乃手杀焦璜、龚禄者也。"斯都与叟，皆徙都旧族亦即白狼楼簿的变称。说明其时越巂郡为徙族人所据。徙族后援为旄牛王与白狼槃木王，皆羌支民族也。邛国旧民，除一大部已与汉族融合外，尚有一部分据守安宁平原东北群山中，称为捉马。张嶷先抚有之，乃次第驱除旄牛、白狼等羌支势力，恢复郡土。故《张嶷传》云：

嶷将所领之郡，诱以恩信，蛮夷皆服，颇来降附。北徼捉马最骁劲，不承节度，嶷乃往讨。生缚其帅魏狼。又解纵，告喻，使招怀余类。表拜狼为邑侯。种落三千余户皆安土供职。诸种闻之，多渐降服。

盖张嶷初只仍居安上，招抚邛人。邛民未附者唯捉马。然亦未附斯叟。故嶷先服其心，借以招怀诸部。遂克，恢复全郡。

自是之后，越巂复为腹地郡县。齐梁之后，没于僚人。仍奉正朔，称为"獠郡"。隋、唐复为巂州。然俣苏（乌蛮）据有东部山区，吐蕃攘夺西北山区。虽如韦皋之强未能恢复安宁河原全部。其后没于南诏，成为南诏入掠西川的孔道。元世祖征云南，亦取道此区。分设乌蛮、白蛮土司治理。明玉珍据蜀招抚诸部，而羁縻之。明太祖平蜀，立卫所守御之制，始复为建昌道与宁远府，由中央政府派官治理。邛族名称则已消灭千数百年矣。

3. 建南盐泉的争夺

金沙江北、雅砻江套之南，今盐源县境，有盐泉两处，皆自地涌出成池。邛人自古据之，制盐运销于建南全域，远及蜀、僰与旄牛王地。其制盐方法极简陋。积柴薪于石盘上，焚而浇以盐池之水，盐粒与木灰相混，故曰"黑盐"。氯化钠加钾灰，刺激性强，狩猎、牧畜之民嗜之，行销远达临邛。邛国由是富强。汉虽开越巂郡，因其国君为守令治之。其池偏在郡西，汉族盐工无至者，故其煎法迄未获得改进。《华阳国志》定筰县云：

县在郡西，渡泸水（指今打冲河）宾刚徼（谓县极西边徼），曰摩沙夷。有盐池，积薪，以齐水灌，而后焚之，成盐。汉末，夷民皆锢之（谓不供给汉人）。张嶷往争。夷帅狼岑、槃木舅，不肯服（《后汉书》作"定筰率豪狼岑、槃木王舅，甚为蛮夷所信任，忿嶷自侵，不肯来诣"）。嶷擒挞杀之。厚赏赐，余类皆安。官迄有之（此下后人妄增"北沙河是"四字。白沙河，今云白盐井）。

张嶷所夺回的只是定筰东池，即今盐源县治所在之"白盐井"。其西池（今云黑盐塘）在当时则为摩沙夷据。至于煎盐之法则两池俱同。

"摩沙夷"者，羌支民族，最早自康区南下，入居于康滇间河谷低地之民族也。盖与木里、木雅同源，自九龙与木里地区进入金沙江区。逐渐排斥邛民，占有黑盐塘建成国家。南诏时为"越析诏"（六诏之一），《元史》与明《徐霞客游记》均作"摩些"。沙、莎、析、些，皆一音之变，木、摩亦同。故其王号"木天王"，官曰"木瓜"。近世乃作"纳西"，又作"拉哈"。两千年中民族称呼音变之小者也。

南诏占有此盐泉后，昆明盐工煎盐，其法略有改进。设长灶，用多枚瓷碗作锅，次第加水。煎盐成凹窝状小块，俗称"碓窝盐"，色白，质固，便于运输和削用，优于黑盐甚多。

直至近世，仍遵此法，与内地煎盐不同者，其地工矿落后，无铁锅故也。清季，黑盐塘为黑夷所据，仅东池开煎白盐，曰"白盐井"（实非井盐）。

自有邛人至近世，建南各族人民皆仰食于此二盐池，得之者富强，失之者困踬。以其关系一方民族数千年来兴衰、进退之迹，故下述至今世，冀有助于研究民族历史者参考。

4. 姑缯的族属问题

《汉书·西南夷传》续《史记》文，云"孝昭始元元年（公元前86年），益州廉头姑缯民反，杀长吏。牂牁、谈指、同并等二十四邑凡三万余人皆反。"经过了大镇压，"后三岁，姑缯、叶榆复反"。这一战役，阅时两年，汉军初大败，后赖句町等部助汉，"斩首捕虏五万余级，获畜产十余万"。以后，不再见"姑缯"之名了。

《汉书·地理志》越巂郡有姑复县，云"临池泽在南，都尉治"。临池泽，刘昭《郡国志·注》引《地道记》作"盐池泽"，所指为今云南大姚县西北的盐丰镇盐泉区。汉越巂都尉驻此以护盐利，则姑缯为跨金沙江地面之一强族可知。"姑"，其族名，"复"者免其徭役之意。各县唯此称复，则他县皆当供力役与军役，独免此县可知矣。南中历次反叛，皆缘赋役繁重，此免役县民而亦反者必自有故。既其地有盐泽，驻都尉，则姑缯之复，由于其人专供制盐可知。亦如鱼复之鱼人，汉复之郁人，以煎盐运盐而免除徭役也。

"廉头"二字，既非县名，亦非族名，又非职官之称，加于姑缯之上，更不得为人名。第二次姑缯反，又无此字。我曾反复求义，以为南夷呼盐为临。临、连、廉音近，异地异时，人之作字不同。"廉头"，即盐工头目之意。姑缯之族，盖为当时都尉治下之盐工。不胜都尉苛暴，激成叛乱。盐工，是当时有组织的劳动集团，所以只称廉头姑缯，不用人名。盐工一叛，盐业停顿，二十四县三万多盐工与倚盐为生的人都响应，便成为难以镇压的怒涛了。第一次镇压杀的姑缯人似不少，杀的盐工不会多。但姑缯盐工是要失业的。他们不服，又逃到西部叶榆去，联合嶲、昆明造反。这次镇压后，姑缯人存者不多，潜伏不动了。

今世云南西北部的苦聪人，《维西小志》作古宗（加有犬旁），他们是否是姑缯后裔的残存者，还待民族学家研究。若就是古宗，则当属于羌藏民族。若不是，则姑缯原在地正是元谋—渡口之间的金沙江两岸，应是元谋猿人的后裔。

三、四川盆地内的原始居民

1. 资阳人来源的推断

1951年资阳黄鳝溪出土的"资阳人"，生活于距今二万年前，自不能说是"巴族人"或"蜀族人"。是否可以说是羌支民族？也觉不能。因为羌支人民在二万年前，还只能在高原地区和秦岭、巴山地区生活，不可能居住到资阳河谷内来。资阳河谷，海拔只有三百米左右，气候属亚热带型的热温带，与龙泉山脉以北的成都盆地不同。一万年以前的羌支民族还未曾有进入成都平原的痕迹，更何能进入资阳这样温暖的河谷。只需用柑橘、甘蔗的生产情况来比较就行了。从江津、泸县、内江到资阳的河谷内，所植柑橘同品种者同风味，品质不变。就说明它们同是亚热带气候。一经北逾龙泉山脉的金堂峡，或其西端牧马山下的岷江口，柑橘与甘蔗的生长情况就不同了：任何地方的良种引种到来，两年后便会劣变。南丰橘会变成四川橘，甜橙会变成酸橙，福建蜜橘会变成川橙，红蔗、白蔗的甜节会缩短到只有一二节，甜味变淡，纤维变硬了，这说明它不是亚热带气候了。

如生长于金沙江谷的元谋人进入四川盆地，必然能在万年以前生活于资阳河谷以至于简阳河谷，而不可能入居于金堂峡内的成都盆地。同样道理，还生活在龙门山地与大巴山区的羌支民族，也还不能进入成都盆地与海拔四百米以下的河谷。这是自然规律做出的限制。

因此，尽管"资阳人"还只是一块头骨和两颗牙齿，也可判断他的族源出于"元谋猿人"。而其在四川盆地内的活动范围，远在距今万年以前，只能是在海拔四百米以下的河谷。那样的河谷，也是羌支民族所不能到的。

但他们都不能永远停滞在这样的分界线内。近一二万年内，他们的身体都渐能适应这条界线以外的气候，把耕地和居宅向界线外推进。于是怕热的羌支民族与畏寒的滇支民族相互接近以至于错居生活了。进入这一阶段时两者的社会都会出现一大跃进。互相友好，融合会成为社会的跃进；即使互相对立，战争持续也能促成跃进。四川的社会历史，应该从这个历史时代开展，尽管文献记录没有，地下资料缺乏，研究历史的人也该把注意力提高到这个时代来，等待地下发掘。

2. 铜梁铜矿的发现人

左思《蜀都赋》："外负铜梁于宕渠。"刘逵注云："铜梁，山名。宕渠，县名。铜梁在巴东，宕渠在巴西，出铁。"
其意谓左赋误为牵合。今按，川东褶曲山脉骈列，以华蓥山脉
为最高。其北为红土丘陵山区，为汉魏巴西与宕渠两郡地。其
西南端，逾嘉陵江之温汤峡，为铜梁县与巴县地，有断陷部，
车马可通[①]。断陷之西乃再起为永川、璧山诸山。此断陷部，
古代产铜，故华蓥山脉古称铜梁山。唐武后长安四年（公元
704年）于陷口之北置铜梁县，因山名也。汉时尚能产铜。其
铜用人力运至长江，舟运出川。今巴县"铜官驿"，即古铜官
监运处也，今已久不产铜，而旧名犹存。

四川采铜历史，此为最古，临邛铜山次之，飞鸟铜山又
次之。然皆属侏罗纪铜矿，采之易尽。不似东川、会理藏量之
富，迄今未竭[②]。（今铜梁、临邛与飞鸟地区皆已无铜。）刘
渊林但知宕渠出铁，不知此间出铜而疑之，当订正。

我作这条考订，是为了进一步追溯铜梁采铜究是何时开始
的问题。

这得回想到"元谋人"来。元谋人出现的地区，与会理、

---

① 华蓥山脉西段璧山与铜梁之间的断陷处有温泉和纸厂，地名西泉，公
路平通，不觉其为山口。
② 关于四川矿产，拟另撰文详论。

东川甚接近。那些产铜的山，多有翠绿色的孔雀石与空青、翡翠等宝石，为人类所喜爱。元谋人的子孙（前章已称为"滇支民族"）是否成为大西南最早的采铜民族，很值得探索。例如：东川会泽县，即汉代的堂琅县。堂琅铜，周、秦、汉世，已远售到华夏，见诸金石文记。其时还未开南夷，无郡县官吏提倡采铜，则其采铜之早为属于滇、邛、夜郎等"滇支民族"之祖先为可定矣。纵使华夏曾有工巧奴隶逃来此处采矿，亦必先有土民发现开采，华工有所闻知，才会奔赴来帮助其提高采冶方法，相处成家。否则矿山在如此僻远之万山中，华人何能于建置郡县之先就已找到？

滇、邛、夜郎耕地面积不大而能成为南夷大国者，绝不可能单恃农牧生产。由其商运物资之远达（蜀布、邛杖远到大夏，枸酱远销番禺，皆滇、邛、夜郎商民所致），足知其工矿、商业亦盛。但史无文记耳。滇支民族之善于采矿则是可知的。

滇支民族之进入四川盆地者，首当聚居于最低暖之长江谷地，例如自宜宾至奉节之沿江谷地。再扩散，即必乐山以南之岷江，内江以南之沱江，与合川以南之嘉陵江等四时温暖的河谷内。又再扩散，才会到达彭山、资阳、三台、阆中与渠县以南的河谷，而扩展于海拔四百米以下的丘陵地。他们是最先发现铜梁山中铜矿的人类，是可以初步肯定的了。

遗憾的是尚无地下发掘的资料可以作证。至于文献资料，那更是断不可能有的。因为那是四川有文字以前几千年，甚至几万年的事。只有铜梁山这个名称提供一条探寻线索。

"铜梁"这个名词，可能就是其时滇支民族的语言，表示的这里发现和采冶铜矿氏族的专称。即是说：铜梁是滇支民族进入四川盆地后，最早著名的一个氏族，山名由之而得，县名也由之而得。

3. 郪王城与郪县和郪江

两《汉书》广汉郡皆有郪县，无注。《元和志》《寰宇记》与明、清《一统志》皆定为今三台县。窃考三台县城，古称"伍城水口"。属涪县南界。刘宋始于此置北五城县与新城郡。不当是古郪县治①。

---

① 五城水，即中江县之凯江。秦汉各郡皆有仓城。凯江曲原置五仓储谷，故曰五城。蜀汉于五仓置五城县，故三台山下凯江汇口称五城水口。刘宋始分涪与五城县地立北五城县，后遂发展为新城郡、新州、梓州、潼川府。

汉郪县治，蜀汉曰"郪道"。《三国志·姜维传》谓姜维自沓中闻魏命钟会等伐蜀，回军守剑阁拒会军。会不能克。而邓艾军自阴平间行出江油破诸葛瞻，径趋成都。维欲还就后主，"或闻后主欲固守成都，或闻欲东入吴，或闻欲南入建宁。于是引军由广汉郪道，出审虚实"。维此时，既自剑阁撤退，当保存全军速就后主。决不能从涪、雒趋成都，致遭钟、邓夹击。亦必不能取五城水（今中江县之凯江）赴成都，因其道与魏军迫近，而后主之守与出走未可知。则循五城水撤退亦危道也。其取郪道者，必因能避魏军，又能兼顾三路。即后主能守，则便于自外围破魏军，解成都围；若后主东入吴，必从中水、内水；若奔南，必从外水（岷江）：郪道皆便于奔赴。此其地，必在涪水与沱江之间，为魏军所难到达之处。这是分析史文以求郪道部位的第一点。

今蓬溪、三台、中江三县交界的蓬莱镇、千字坟、通山场（唐宋铜山县）与胖子店（唐宋飞鸟县）之间有涪江右岸一大支流，从古即称为"郪江"。其名早著于《隋书·地理志》的玄武县（今中江县），《元和郡县志》与《太平寰宇记》的梓州郪县。后世地理书和方志莫不遵用。其上游支流歧错，山谷复杂，僻险郁闭，外人难到。其与涪江汇口，在蓬溪、遂宁界上，距涪城二百余里。唯有商运小道自遂蓬通连中江、金堂以达成都，蜀郪道县，只合于此地区求之。此就地理形势以求故郪县部位的第二点。

秦汉巴蜀县治，全在水运通便之处。偶有置于山谷不通水运处者，必为原是旧国都邑，如什方、梓潼、青衣、徙、邛都、旄牛之类。郪字在汉文里，除此地名外，别无意义。其为故国名称可以无疑。郪江，亦缘其地为郪王故国而得名。此就郪字文义以定部位，为第三点。

《华阳国志·李特、雄、期、寿、势志》："既克成都，众皆饥饿。（李）骧乃将民入郪王城食谷、芋。"这就明说有郪王之国了。郪王城应即郪王都邑，置县时以为县治，县废乃曰郪王城。李特与罗尚战，出没于广汉郡界若干年，川西平原农事久废，人烟殆绝，无粮食可征，亦无草根树皮可食。惟郪水山原间有野谷（谓苡仁子）、野芋尚可疗饥，故李骧率众就之。盖其时郪县荒废已无官吏，故还称为郪王城耳。《寰宇记》梓州郪县云：

按常璩《华阳国志》云：汉高帝六年，置广汉郡管县六，郪县是其一也。旧县在今县南九里，临江（当云"九十里，临郪江"。脱二字）。郪王城基址见存。又云，以郪江为县名。《蜀志》：姜维等闻诸葛瞻破，乃引军由广汉郪道以审虚实，即此地。

　　这段文字显有脱误。今本《华阳国志》文不如此。广汉郡是八县，非六县。只"郪道是其一"句合。以下三句，不知出于何书。"又云"二字亦非指《华阳国志》。其下"以郪江为县名"则当是隋唐时人之书。其时新城郡治已改称为郪县，故有"旧县、今县"之别。旧郪，治郪王城，临郪江，应是今三台千字坟（郪江公社）或菊河场位置。其距三台为九十里，非九里。乐史引据甚博，而文不矜慎。传抄者又复妄为删改，以致如此。要其窜乱之迹，犹可诊察，得其概略。这是我分析资料的第四点。

　　如上分析，可以肯定如下：

　　《汉书·地理志》郪县，是因故郪国设置。故城即郪王城，在郪江岸。蜀汉曰"郪道"。晋世因乱废。周隋以后，别于新城郡治立郪县。郪王城乃在县界。其后分郪故地立玄武、飞鸟、铜山、长江诸县，郪名乃转为新城郡治之专称。明初省入潼川州。清雍正十二年，升州为府。置三台县，以为府治（因三台山为名），郪名遂灭，人亦莫知有郪王之国矣。

郪王之国立于何时？我估计与巴蜀同时。由其距水道远，位巴与蜀之间，交通不便，赋役无足重，故得免于吞并。其时食盐仰给于巴（后亦自有盐井），故为之附庸，置县当在灭巴以后。汉高帝分巴蜀二郡地立广汉郡，郪县在割中。原不废其王，故以王城为县治。经六朝之乱，王族故绝，乃徙县于三台山下也。

郪国旧民，应为滇族的一支。其进入郪江河谷道路，可能与采铜有关。因郪江区古铜矿唐代尚在开采，宋代乃尽，其河谷与铜梁逼近，故疑滇支民族循此发展为郪国也。

郪国既成立，其人民应已成为"郪族"。他们自负历史悠久，族性顽强，故巴蜀均未能吞灭之。秦汉不废其王，亦缘此故。蜀汉改名"郪道"者，缘《汉书·百官表》有"县有蛮夷曰道"一语，已大流行，故定县秩时，加道字也。其后县徙。王族多成地方"大姓"。皆有部曲如王侯。《华阳国志》郪县云：

有山原田，富国盐井。濮，出好枣。宜君山出麇，尾特好，入贡。大姓王、李氏（此言晋时郫县，汉民住区）。又有高、马家，世掌部曲。蜀时，高胜、马秦皆叛，伏诛。

把高、马两大姓特划为"又有"，以与汉族大姓区别，显然是有种族歧视之见。"部曲"即家兵，蜀汉时，唯边邑少数民族乃有①。郫县在腹地，不当有。而云"世常部曲"，则其为郫王世族可知。郫王族仍是大奴隶主，有奴隶武力，故得缘边县例称为部曲也。

《三国志·蜀志·李严传》云："成都既定，为犍为太守，兴业将军。（建安）二十三年，盗贼马秦、高胜等起事于郫。合聚部伍数万人，到资中县（今资阳县）。时先主在汉中。严不更发兵，但率将郡士五千人讨之，斩秦、胜等首。枝

---

① 《华阳国志》涪陵郡云："大姓徐巨反，车骑将军邓芝讨平之。……乃移其豪徐、蔺、谢、范五千家于蜀，为射猎官。分羸弱配督将韩、蒋，名为助郡军，遂世掌部曲，为大姓。"又《南中志》云诸葛亮"以多刚狠，不宾大姓富豪。乃劝令出金帛聘策恶夷为家部曲，得多者奕世袭官。于是夷人皆贪货物，以渐服属于汉，成夷汉部曲"。谓南中大姓，无论汉人、夷人，皆得有部曲。又有郡兵编制，即所谓"四姓五子"是也。

党星散，悉复民籍。"①郢王之族实际是至此乃灭。他们覆亡得如此容易，显然是由于封建制对奴隶制的优越性，高、马家不能不至此而灭。其枝党复民籍者，已与汉族融合。郢族名亦渐灭。

4. "丹犁臣蜀"的丹犁国

《史记·秦本纪》惠文君十四年，"更为元年"。盖其时，魏、韩之君皆称王。秦亦称王，故更为元年也。惠文王更元之九年，"司马错伐蜀，灭之"。又"伐取义渠二十五城"。十一年，"公子通封于蜀"。十四年，"丹犁臣蜀。相壮杀蜀侯来降"。武王元年，"诛蜀相壮"。又"伐义渠、丹犁"。昭襄王六年，"蜀侯恽反。司马错定蜀。"不更见丹犁字。盖秦人已灭丹犁，以其地为蜀郡南安县也。

张守节《史记·正义》释丹犁云："二戎号也，臣于蜀。蜀相杀蜀侯，并丹、犁二国降秦。在蜀西南姚府管内，本西南

---

① 此处"枝党"二字，所指为共同类的氏族。分析此文，汉民无从乱者。郢属广汉郡，而高、马不作乱于广汉界内，乃作乱于犍为郡之资中者，盖其同类多在资中界（其时资中县治在今资阳坝子，辖地则南抵内江）。这可能与原始的贵阳人子孙分布有关。

夷。战国时蜀（属）滇国，唐初置犁州、丹州也。"中华书局校点本，据此分丹与犁为二，我以为不然。其理由为：（1）史文迭见，皆连称，不分为二。（2）唐代乃于云南之姚州都督府有犁、丹二羁縻州，地去蜀两千里，时距秦灭蜀近一千年，何能牵合两者为一事？（3）秦灭蜀已六年，丹犁二戎始远从云南来臣于蜀，岂有此理？所欲臣之蜀，为开明氏之蜀耶，则何能不在保子帝"雄张獠僰"之时而乃在其亡国数年之后？所臣服为秦王所封之蜀侯耶，则是求附秦也，又何能与"相壮杀蜀来降"于秦合连成句？审其文，为蜀侯欲反，招丹犁与义渠为援。蜀相陈壮不欲，反杀蜀侯以绝丹犁与义渠，乃报请附秦。秦讨其擅杀之罪，诛壮。并伐勾结作乱之义渠与丹犁。或相壮图据蜀，勾结丹犁与义渠，杀秦子通，乃诬以谋反，自请附秦为国王。而秦讨灭之，并伐从乱之义渠与丹犁。总之，丹犁应是与蜀侯通和蜀相壮的居近之地，不能远到云南（义渠国界包陇西，公子通国邑在葭萌，亦颇相近。则丹犁当在蜀川附近）。（4）隋于眉州西界置丹棱县，无人能说县名取意。不止丹字同，犁、棱亦音近。其县在眉州西七十三里，属眉州西界的第三纪黄土丘陵区。南齐时置"齐乐郡"，见《元和志》，而《南齐书·州郡志》并无此郡，其为齐初暂时抚有之"夷郡"可知。夷叛即废。"周明帝复置齐乐县"者，再抚定，遂永为县治也。"武帝改为洪雅县。隋开皇十二年，因县南有洪雅镇，就立洪雅县，改今理为丹棱县。"（并引《元和志》。同卷洪雅县云："开皇十三年改洪雅为丹棱县"）由此可以设想：丹犁虽为秦所灭，其民族仍存在，但只退入眉西瘠土丘陵地，为顺民。历两汉、六朝，皆自有王侯，承担赋役，习汉族语文、风俗，自语则仍称丹犁，音转为棱。周隋始置实县，因其自呼作丹棱，而以为县名也。舍此别无可解。

据此分析，丹犁故国，在武阳以南，青衣江下游洪雅、峨眉、夹江地界。秦灭丹犁，亦只开通岷江水道。其人民众多，族性顽强，不可尽诛，只分隶于武阳、南安两县，因其俗以治之而已。前汉立犍为郡，沿岷江只三县：武阳（今彭山）、南安（今乐山）、僰道（今宜宾）。武阳、僰道之间，四五百里，只南安一县。若眉山平原、青衣江盆地、犍为沿江皆无县治，可以说明夷强汉弱，难以治理的情况。丹棱一族，所据为川西平原之南部，亦至周隋乃克驯顺，接受汉制。则其民族历史悠久，不易屈服于汉族可知。

按元谋猿人的活动地面推断，丹犁人应属于滇支民族之最早入居于四川盆地者。其入居于嘉眉盆地之早，可能比蜀族与青衣羌更早。蜀国与巴国，虽文化较高，亦不能占有其地，但能通岷江水道而已。青衣与徙皆后至，故不能出熊耳峡（今云竹箐关）与之争地。由其人文化低，经济生活当仰资于巴蜀，故少叛乱，史文鲜及。迨蜀已亡，乃欲相结抗秦，以致灭国。然非灭种，其种终归融合于汉族。

丹犁与郪，实为四川盆地在巴蜀进入以前的土著民族中，已经具备国家组织的大奴隶主。谈巴蜀民族古史者鲜予注意，合当提及。

5. 关于僚族的问题

本章已提到铜梁、郪、丹犁是滇支民族。但都是没有文献资料可据，只能用地理条件推断。若历史地理学是不可靠的科学，则我这样推断不值一噱了。若还是值得研究的科学，也盼望得到学者们讨论，把它发展下去。

上章所提到的"牧誓八族"中的卢、彭、濮人，和《王会》的"卜人"与叙南的"僰人"，他们是否也是很早进入四川盆地的滇支民族，亦很值得探究。本文只能提出问题，姑且表达我自己的初步看法。不能像我对于羌支的蜀族、青衣、徙、笮、钟羌和巫蜒与巴蜒民族那样的自信。

另外，需要特别提到僚（古作獠）这个民族。

关于僚族的记载，莫详于杜佑《通典》，他纂辑南北朝关于僚人的记载，加以整理。兹录其文，校以《通鉴》，进行分析。

《通典》卷一八七《南蛮·獠》：

獠，盖蛮之别种。往代，初出自梁益之间。自汉中达于邛笮，川谷之间所在皆有。……蜀本无獠，李势时诸獠始出。巴西、渠川、广汉、阳安、资中、犍为、梓潼，布在山谷，十余万落，攻破郡县，为益州大患。自桓温破蜀之后，力不能制。又蜀人东流，山险之地多空，獠遂夹山傍谷与人参居。参居者颇输租赋。在深山者仍为匪人。

《通鉴》卷九七把僚患归咎于李势。其书说：

势骄淫不恤国事，多居禁中，少接公卿，疏忌旧臣，信任左右，谗谄并进，刑罚苛滥。由是中外离心。蜀土先无獠，自是始从山出，自巴西至犍为、梓潼，布满山谷，十余万落，不可禁制，大为民患。加以饥馑，四境之内遂至萧条。

比较两文，《通鉴》系因杜氏文，进行精简，删改未尽适当。《通典》比较审慎。如云"往代出自梁益之间"，就知蜀地有僚不自李寿始。至李势时只因蜀地人稀，诸僚人始出居山谷，"与人参居"。非"蜀土先无僚"也。又如李势时僚人分布地面，《通典》举了七郡，《通鉴》才举三郡。虽用"巴西至犍为、梓潼"句划出范围，究不如《通典》明确。

僚人亦非绝对野蛮，"大为民患"。《通典》说他们"参居者颇输租赋"，这就是各民族倾向于接受封建文化，自愿与汉族融合的进步现象，与郫人、丹犁人、卢、彭、濮人，和巴、蜀人之走向融合阶段是一样的。如在良好的政治之下，是会促进社会的安定与进步的。只有坚持大民族主义的人对他们处处歧视，才会发生所谓"僚乱"的说法。

当桓温伐蜀成功后，留下周处为益州刺史，他自己挟投降的蜀国君臣东还建业。故蜀遗臣邓定、隗文等立即入据成都，奉范长生的儿子范贲为帝。闹得晋的振威护军萧敬文都叛据了巴西和汉中，僚人却并无叛乱。从梁武帝封武陵于蜀开始，才与僚人发生冲突。《通典》说："至梁武帝，梁益二州，岁岁伐獠，以自裨阔，公私颇藉为利。"试看这句话，就可知当时的贪官污吏与劣绅土豪都以"压獠"为发财机会。他们不但掠其财物，并"获其生口，以充贱隶"（掳其人口为奴），"复有商旅往来者亦资以为货"（贩卖獠为奴隶）。故"公卿达于人庶之家，有獠口者多矣"（并《通典》文）。这何能怪獠乱蜂起，阅二百年，倾中国之力不能讨灭呢？

以下，试谈獠的族属问题。

"獠"，《说文》云"猎也"。与老、劳、撩同音。《史记·西南夷列传》的"劳深"，近世黔、桂的仡佬，与中南半岛的"老挝"，皆可能是"獠"字的译变。按他们的分布地面来说，都应该是元谋猿人的后裔。邛人、僰人、夜郎，且兰诸种是否与之同族源，是可以肯定的。但他们是否都是獠族，则难肯定。因为他们都早已融合于汉族，没有留下形体和语言来供鉴定。又缺乏地下资料，单凭封建文人偏见歪曲的习俗记载，是无用的。就《通典》所记文字说，只有"干栏"一条值得分析。

依树积木以居其上，名曰干栏。干栏大小，随其家口之数。往往推一酋帅为主，亦不能远相统摄。

这种居宅，是热带雨林原始住民的方法，我国古所谓"有巢氏"就合当是这样的居处方法。他们断不会是羌支民族。羌族的原始住地是树木不高的草原，不会如此生活；其后发展到森林区，则是住乱石砌的"邛笼"或木条扎的"板屋"。僚人也断不会是华夏系的民族。华夏系的民族，住窑洞，住瓦屋，住石崖，不把有巢氏认为祖先。干栏这种住宅，是在毒蛇猛兽威胁下必然要采取的方法，亦只有山谷森林中过猎食生活的人类，才有可能保持这种方法。我国造字的人，把"獠"字释为打猎；把居住干栏式住宅的人称为"獠人"，是有理可解的。

我认为獠人，是元谋猿人的支系。正由于他们最先进入四川盆地，并长期安于密林中的狩猎生活，所以长期落后，未能与巴、蜀诸族一同进入农、工、商业的社会。巴蜀诸先进民族，亦只向沿江河水道与其冲积平原及可耕的山原发展，未注意到那些森林内的居民。纵然有看见的，也只如鄂西人民看见神农架的野人一样，两不相犯地避开。

《水经注·汉水篇》记述了汉中南山有一条"老子河"。有人说它是僚子河的省写，是有道理的。这些僚人，由于没有强大的氏族组织，无力抵制外人砍伐、焚烧和开垦他们所占有的森林，遇到外敌侵入，只好后退。由温暖的长江河谷退入丘陵林区，还保持了很久的时间。秦汉设置郡县后，垦地日辟展，森林愈退缩，僚人被迫逐步退入四川盆地四周的高山区去了。他们并不妨害河谷农民的开垦，因而不与各当地人民发生冲突，所以不见于史籍。亦如近世云贵年年搬家的苗民一样，他们不妨害当地人，当地人亦不妨害他们流莺式的生活。

这段时间，大约五百多年内（公元前3世纪至公元3世纪）的郡县时期，四川盆地部分是两个世界。一个是交通便利的农、工、商业活跃地区，全在川西北平原与川东南河道沿岸，汉族密集，城邑密布，已经进入封建社会，可称为"城邑区"。另一个世界则是山谷错杂，森林密布，汉民不处，官吏不管的"山林区"，那便是僚人所在地。原来山居的羌支民族，此时皆已进入平地经营农业，成为官吏的属民了，空出的山林，恰好供僚民退住。两个世界，面积相当，文、野悬殊，因而显晦不同。史籍所载，只汉族事。山林中人，只如《桃花源记》里的人一样，"乃不知有汉，无论魏晋"了。他们过着有巢氏时代的、散漫的、原始社会的生活。《通典》说："其种类滋蔓，保据岩壑，依林走险，若履平地。性又无知，殆同禽兽。诸夷之中，最难以道义招怀也。""道义"是封建社会的美名。"獠"是原始社会的人称。他们还未经过奴隶社会的阶段，如何就可以用封建礼俗去招怀呢？

但是，那些僚人，毕竟在被汉人掠卖不已的刺激下，进入奴隶社会了。他们最初只有小而散漫的氏族组织，"推一酋帅为主。亦不能远相摄。父死则子继，若中国之党族也"。氏族太少，力弱，不能庇护其族人。经常被人掠卖为奴（秦汉世，蜀地掠卖少数民族之风盛行。所谓"僰僮之利"并非只掠僰人）。所以《通典》说他们"多仇怨，不敢远行"。所谓"仇怨"，实为掠卖者所借口（近世大小凉山掠卖奴隶，还是如此）。他们之间亦渐互相掠卖，发展私利。于是较强的世族，也就逐步发展成为奴隶主，有了力量霸据一块地盘与汉族官吏往来了。

他们在逐步发展向奴隶社会过渡的时间，大约在魏晋南北朝时。那时汉人掠卖他们，他们也相掠卖，并掠卖汉民。他们不愿被卖做奴隶，若强力机捷，有机会袭击掠卖者与买奴者，亦每反将其缚卖为奴。《通典》说："被卖者号叫不服，逃窜避之。乃将买人捕捉若亡叛。获便缚之，但经被缚者，即服为贱隶，不敢更称良矣。"这就是魏晋南北朝时，僚族已进入奴隶社会与汉族及其他各民族互相掠卖的情况。

当西晋末年，赵廞、罗尚、李特、李雄、谯纵和蜀中封建地主们的军队相互勾结，错综战斗数十年，所有城邑地区杀得人烟断绝的时候，那些一向隐蔽在山林中的僚人，恰好在互相掠卖的锻炼中强大起来，敢于出山来进行耕种了。初还只在山林边缘荒僻之区，未曾受人注意。迨李雄既死，蜀国政乱，李寿篡夺，连年用兵，民困田荒，而莫之恤。至李势时，诸僚大出，"布满山谷"，有"十余万落"之多。造成"不可禁制，大为民患"的局势，是势所必至的了。是故桓温力能破蜀，而不能制僚。苻坚虽得全蜀，亦因不能制僚，旋复弃之。梁武帝时国最强盛，命其子武陵王纪镇蜀，必须"岁岁伐僚"。汉僚冲突，开始白热化。盖潜伏于山林数百年之僚人，一旦出山，生产发展突飞猛进，已由散漫氏族成为若干大奴隶主，其势足与州郡势力相抗，愈受战斗锻炼，愈益强大。历魏、周、隋、唐，数百年，乃获平静。

此盖元谋猿人后裔进入四川盆地者保存最久之一支。亦四川盆地原始土著之未被史学家所注意的一支。因其至李寿时始大出平地，据城邑，始被载入史籍。后世史家，遂有谓李寿时始有僚人，或谓"李寿引僚入蜀"（宋人《蜀鉴》语），皆非。